THE ORIGINS OF YOU

How Breaking Family Patterns

Can Liberate the Way We Live and Love

親という傷

幼少期の心の傷を

とりのぞけば

あなたの人生は好転する

Vienna Pharaon

ヴィエナ・ファロン

牛原眞弓 訳

SB Creative

わたしの心の支えであるコナー、コード、ブロンクスへ。
この世のよきものとは、あなたたちにほかなりません。

The Origins of You

How Breaking Family Patterns Can Liberate the Way We Live and Love

By Vienna Pharaon

Published by arrangement with Folio Literary Management,

LLC and Tuttle-Mori Agency, Inc.

親という傷

目次

Introduction
わたしが育った家庭・あなたが育った家庭 014

Part 1
わたしたちのルーツ

Chapter 1
過去が現在をつくっている 032
育った家庭でのあなたの役割 040
本来の自分らしさ(真正性)と愛情(愛着)との交換 044
過去が現在と未来への鍵 047

Chapter 2

心の傷に名前をつける

心の傷に名前をつける　050
自分の生い立ち　052
生い立ちについての質問――はじめに　054
心の傷を見つける　058
いちばん欲しかったものは……　059
心の傷をごまかす方法　062
隠す／避ける／演じる／人を喜ばせる
心の傷をごまかす代償　066
反応性／物事を大げさにとらえる／非機能的パターン／わざと壊す／自分にはできないことをアドバイスする
心の傷に名前をつける　072

Part 2
心の傷とその原因

Chapter 3
自分に価値があると感じたい

自分に価値があると感じたい 080
わたしには価値がない。なぜなら…… 083
愛情不足／条件付きの愛／言葉の暴力
自尊感情の傷への対処 101
自尊感情の傷を癒やす 103
心の根元を癒やすワーク――4つのステップ 105
名前をつけよう／客観的な目撃者を得よう／悲しもう
新しい道へ方向転換（ピボット）しよう
さあ、始めよう 113
名前をつける

客観視する
悲しむ
方向転換する

Chapter 4

何かに属したい 118
帰属意識の傷の原因 119
無視と回避／支配／不寛容と屈辱／社会の影響
帰属意識の傷への対処 137
適応する／拒絶する／本来の自分らしさへの道
帰属意識の傷を癒やす 143
心の根元を癒やすワーク 147
名前をつける／客観視する／悲しむ／方向転換する

Chapter 5

優先されたい　150

優先の傷の原因　152
気をとられている家庭・注意散漫な家庭／親の未解決の傷

優先の傷への対処　165
繰り返す／反対の行動をとる

優先の傷を癒やす　172

心の根元を癒やすワーク　180
名前をつける／客観視する／悲しむ／方向転換する

Chapter 6

信頼したい　184

信頼の傷の原因　185
裏切り／嘘／見捨てる

信頼の傷への対処　195
自分のなかに閉じこもる／過度な警戒／試すこと・壊すこと／不安定型の愛着
信頼の傷を癒やす　204
心の根元を癒やすワーク　209
名前をつける／客観視する／悲しむ／方向転換する
信頼の傷に手紙を書く

Chapter 7

安心したい

安心したい　213
安心の傷の原因　214
虐待／無責任／解離／怖い体験
安心の傷への対処　228
恐れながら暮らす／心を閉ざす

安心の傷を癒やす 240
心の根元を癒やすワーク 243
心の根元を癒やすワーク——ガイド付き瞑想

Part 3

人とのかかわり方を変える

Chapter 8

衝突 248

見てもらい、聞いてもらい、理解してもらいたい 250
衝突はどのようにして始まるか 252
非難しないでほしい／防衛的にならないでほしい／支配しないでほしい／侮辱しないでほしい／壁をつくらないでほしい
反応性を理解に置き換える 276

衝突していないときにワークをしよう 280

Chapter 9

コミュニケーション 282

伝えること、伝えないこと 284

コミュニケーションの邪魔ものをなくす 287

自分の声を大切にする／他者を尊重する／自分自身と他者につながる／安定させる

言いたいことを明確にする――進むべき道 314

あなたの自由

Chapter 10

心の境界線 319

2種類の不健全な境界線 322

穴だらけの境界線／硬すぎる境界線

心の傷が健全な境界線を妨げる 325
本物ではないつながりによってコミュニケーションと境界線が妨害される
穴だらけの境界線から健全な境界線へ 331
わたしの勇気ある行動
硬すぎる境界線から健全な境界線へ 337

Part 4 あなたは再生できる

Chapter 11 変化を確かなものにする

変化を確かなものにする 344
自分らしく生きる 349
いったん立ち止まることの大切さ 354

平和か、苦しみか　357
自己愛　359
おわりに　362
謝辞　365
原注　373

装丁・本文デザイン　轡田昭彦+坪井朋子
カバー写真　©Uwe Umstaetter/Westend61/amanaimages
翻訳協力　株式会社リベル

Introduction

わたしが育った家庭・あなたが育った家庭

わが家から喜びが消え、わたしが心に傷を負ったのは、まだ5歳のときだった。その傷によって、わたしはその後何年間も人とのかかわり方を左右されてきた。

わたしは長いあいだ、過去が人生のあらゆる面に影響していることを認めようとしなかった。それどころか、もし心理学の教育を受けておらず、トラウマ（心的外傷）による後遺症の実用的知識や人間関係への強い好奇心がなければ、幼少期の体験の重要性を十分に理解することすらできなかっただろう。過去の体験の影響を知り、他者とかかわる際に自分らしくふるまえるようになるには、何年もの努力が必要だった。本書では、わたしが学んだ教訓をみなさんにお伝えしたいと思っている。だが少々先走りすぎたようだ。最初から始めることにしよう。

まず、わたしの幼少期の体験から話しておきたい。

1991年の夏、美しく晴れわたったある日のこと。わたしはおもちゃの金色の腕輪を流行りのフープ・イヤリングにつくりかえようと苦心していた。よく言われるように、5歳児とはいえ気持ちはもうすぐ15歳だったのだ。そのとき、子ども部屋の閉じたドアの向こうから、父の怒鳴り声が聞こえてきた。父の怒りに、わたしはいつもおびえていた。父はつねにその場を支配するタイプの人で、その力と威圧感は脅迫的で逆らいようがなかった。アクセサリーづくりの楽しさは一瞬で消えうせた。

「出ていくなら、もう帰ってくるな」父は母に怒鳴った。

その言葉が心に突き刺さった。わたしの愛する人にそれほど激しい怒りがぶつけられるのを、それまで聞いたことがなかった。父だって母を愛しているはずなのに。「出ていくなら、もう帰ってくるな」だなんて。

数分のうちに母が階段を駆けあがってきて、荷物をまとめるよう急きたてた。何が起きているのか理解する暇もない。わかったのは、わたしたちが出ていくことだけだった。

途中で母方の祖母も車に乗せ、ジャージーショアへ向かった。わたしは波とたわむれ、砂の城をつくり、家に帰る途中で「アイスクリームを買って」とねだった。ただ、そのときの「家」がほかのところを指すとは、まだ気づいていなかった。祖母を降ろしたのは、たまたま寄った場所ではなかった。そこが目的地だったのだ。

祖母の家に着くと、わたしたちは暑い一日のあとでようやく落ち着き、くつろいだ。ほどなくして電話が鳴った。発信者番号は非通知だが、誰がかけてきたのかは明らかだ。父は「すぐに母を出せ」と言ったが、祖母はもちろん母に電話を渡さなかった。わたしたちはすぐに隣の家に走っていった。考えている場合ではない。とにかく逃げなくては。

約10分後、父と叔父が祖母の家の私道に車で入ってきた。わたしたちは離れたところから、ふたりが玄関ドアをたたいたり、家の周囲をまわったり、なかの動きを覗こうとしたりするのを見つめていた。母の車がとまっているから、遠くへ逃げていないのは明らかだ。警戒しつつ窓枠から顔を覗かせ、向こうの家で何が起きているかを見ていたのを、今でも覚えている。父と叔父は遠くの小さな人影に見えたが、ふたりが怒っているのはよくわかった。

わたしは父に呼びかけたかったけれど、同時に怖くもあった。母とともに隠れて不安におびえながら、心のなかでこうも思っていた。「ここにいるよ、パパ」

数分後、警察が祖母の家の私道に車を乗りいれた。母が一緒にクローゼットに隠れるよう命じた。その声に恐怖が混じっているのがわかり、「これは本当に起きていることなんだ」と思った。覗き見しないようにと注意された。それからノックの音がした。おなじみの音だ。隣の家の人が玄関ドアを開けると、怒っている男ふたりと、数人の警官がいた。警官が質問する一方で、父と叔父が非難を浴びせかける。わたしたちがなかにいることは知られていたが、隣の家の人は家の中に入れようとしなかった。

　父の怒りが増していくのがわかる。わたしは心のなかで祈りながら思った。「わたしがなんとかしなくちゃ。どうしたら止められるの？　とにかくパパとママに仲よくしてほしい」

　しかし、両親ともに満足させることなど不可能だった。両方を選ぶことはできない。一方に味方すれば、他方が傷つき失望するだろう。そうに違いないと、わたしは思った。このけんかを止めるのは無理だ。

　この出来事のあいだ、母とわたしはクローゼットのなかで手を握りあい、ひたすらじっとしていた。

　そして、当時はそれを表す言葉をもたなかったが、まさにその瞬間、わたしの心に安心の傷が生じたのだ。自分がどれほど長くその瞬間にとらわれつづけることになるか、そのときは知る由もなかった。


　両親がいくら努力しても、わたしをふたりの怒りから守ることはできなかった。身体的な安全は脅かされなかったが、家族はつねに衝突し、怒りで燃えていた。争いが日常になった。わたしはふたりの大人が面と向かって脅したり、ごまかしたり、妄想をぶつけたり、感情をぶちまけたり、暴言を吐いたり、支配したり、恐れたりするのを見た。両親がどれほど隠そうとしても、わたしは目にし、感じとり、すぐそばで体験した。わたしの世界はすっかり変わり、安心できないものになった。わたしを守ってくれるはずのふたりはけんかに夢中で、そのあいだわたしのことを忘れていた。

わたしは、自分で安心をもたらさなければならないと悟った。

争いを鎮めて家族がうまくいくように、とりなし役を務めることにした。5歳の子どもにはかなりの大役だ。自分の責任ではないとは知らずに、わたしは全力を注いだ。そして驚くほどの役者になった。わたしがいつも機嫌よくしていないと両親は我慢できないと気づいたので、ふたりの重荷を増やさないためだけに、「わたしは大丈夫」とよく言ったものだ。そして両親を喜ばせ、ふたりが聞きたいような話をするため、自分の好みは言わずに、ふたりの好みに合わせた。わたしは何も求めない子どもになった。両親の重荷を軽くし、衝突から気をそらすために自分ができること以外は。

わたしの安心の傷（これについてはあとで詳しく説明しよう）は癒やされないまま、繰り返し傷つき、わたしの人生を無意識に操りつづけた。わたしはいつも警戒し、次に起こりそうな衝突の火を消そうと努めてきた。火種をもたらすのが両親だろうと、友人だろうと、やがては自分のパートナーだろうと。でも何年も経ってから、とりなし役という不適切な役割や、すべてを丸く収めようという誤った努力が、いつまでも影響を及ぼしているのだとわかった。わたしは人を喜ばせるために、自分や体験をごまかしたり、小さくしたり、大きくしたり、ゆがめたりする癖がついていた。この癖を直すのに、のちほど辛抱強く取り組まなければならなかった。本当の人間関係を結びたいなら、そうする必要があるからだ。

また、両親に起こったことが自分に起こらないよう努力した結果、かつて恐れていたものを蘇らせてしまった。支配されたときの恐怖から、父が母を支配したように自分を支配した。人を喜ばせ要望に応えようとして、弱音を吐かず、自分を偽り、真のつながりを拒むようになった。そして、「何事にも動じないクールな女」という仮面をかぶっていたせいで、本当の感情を表したり、必要なものを求めたりできなかった。繰り返すまいと誓ったはずの思考や行動のパターンを繰り返して、プライベートでも職場でも人間関係に行き詰まってしまったのだ。

わたしが初めて心理カウンセリングを受けたとき、このことにはまったく気づいていなかった。解決すべき問題は、「コミュニケーションの向上と人間関係における葛藤の改善」だと信じていた。わたしはどういうわけか、人生のあらゆる面で人とうまくいかなかった。友人、同僚、とくに恋人とも。それでも、これらのさまざまな挫折や苦しみが、幼少期の体験によって引き起こされているとは思えなかった。「だって、ちゃんと生き抜いたでしょ。わたしが家庭の平和を守ったのよ」と自分に言いきかせていた。

しかし、心の奥底ではよくわかっていた。潜在的な問題（葛藤の本当の原因）は、あの恐怖に満ちた日にあった。自分が育った家庭と、そこで受けた心の傷のせいだ。それに気づいたとき、つまり、育った家庭というレンズを通して自分を探りはじめたとき、わたしはやっと解放されたのだ。

この新しい視点から見たとたん、自分の生き方が理解できるようになった。何十年も前の一時的な体験が、どれほど長いあいだ影響を及ぼしてきたことだろう。わたしは自分の安心感を打ち砕いた心の傷を無視し、その痛みを避けようとしてきた。家族に余計なストレスをかけないため、目立たないよう行動する人間になろうとし、その後の人間関係においても同じようにしてきた。

重要なポイントを先に言っておこう。人にストレスをかけないよう努めても、自分自身にストレスをかけ、自分の痛みが増すだけだ。原因を正しく認識しないまま、びくびくしながら衝突をくぐり抜けるという方法は、大人になってからの人間関係では役に立たなかった。わたしのもうひとつの防衛方法の「何事にも動じないクールな女」という仮面も同様だ。痛みを避けて自分の「安全」を保とうとする試みは、まさに逆効果だった。**本当はどう感じているか**を隠し、自分の要望や意見を言わないことで衝突を避けていたものの、結局ほかの場所で痛みがまた現れるだけだった。痛みや傷を隠すだけでなく、それらがあることさえ無視して、自らの癒やしを拒んでいた。

ここで、よいニュースをお伝えしよう。わたし自身の経験や、公認マリッジ・ファミリーセラピスト［訳注／家族関係の改善のために心理療法を行うカウンセラー］として15年間、何百人という相談者（クライアント）とともに取り組んだ経験から学んだことだが、必ずしもそうなるとはかぎらないのだ。幼少期に心の傷を負ったからといって、同じパターンを繰り返す運命にあるわけではない。いったん立ち止まって、傷が生まれた原因（幼少期の体験）を理解し、別の選択をするよう努めれば、効果的な癒やしが得られる。それどころか、もし本気で見ようとすれば、幼少期の体験が癒やしのロードマップにもなり得る。

わたしは職場で、クライアントと2万時間以上も心理カウンセリングを行ってきた。またインスタグラムでは、60万人以上のフォロワーたちと交流している。本書ではわたし自身の話や、ともに取り組んだ多くの人たちの話を紹介しよう。プライバシー保護のため仮名にし、さまざまな点を変えてあるが、どの話もあなたに何かを示し、自分自身と他の人とをしっかり見つめるのに役立つだろう。わたしの願いは、あなたが自分の生い立ちを探り、心の傷に名前をつけ、その傷と不健全な行動との関係を理解し、やがては今の生活で健全な人間関係を築けるよう手助けすることだ。

本書を読んでいけば、カウンセリングで解決したい問題（専門用語では「主訴」という）を超えて、もっと先を見られるようになるだろう。自分の信念や行動、そのパターンの根底にあるものを探りあて、育った家庭がどのように影響しているかがわかるようになるはずだ。失望をもたらすよくないパターンのほとんどは、子どもの頃に受けた傷に原因がある。自分の**心の根元にある傷**と、それによる長年の不適切なパターンを理解すれば、今悩んでいる葛藤や行動の解決に役立つだろう。

この作業（ワーク）は、育った家庭から始めていく。育った家庭でこそ、他者、自分自身、まわりの世界とのかかわり方の基礎ができはじめたからだ。幼少期のあらゆる関係性、すなわち親の存在や不在、放任、過干渉が、今の生活すべてをどうとらえるかに影響している。あなたの育った家庭はいつもきちんと機能していたかもしれないし、ときどき機能していたかもしれないし、もしくはほとんど機能していなかったかもしれない。程度に差はあっても、完璧ではなかったはずだ。たとえば、自分が切望していたものを親は与えられなかったか、与えようとしなかった。守られる必要があったのに、親はそれに気づかなかったか、（気づいても）守ろうとしなかった。感じたり体験したりしたかったのに、親は自分の感情が脅かされるのを恐れて、どちらもさせてくれなかった。ほかにもいろいろあるだろう。

わたしのところへ相談にくる人たちの人間関係の問題の大半は、過去の人間関係、とくに育った家庭でのトラウマや未解決の痛みが根底にある。だから、わたしはクライアントと行うワークのことを「心の根元を癒やすワーク」と呼んでいる。

心の根元を癒やすワークは、家族療法と力動的精神療法を組み合わせたもので、統合システム療法に基づいている。これは、わたしがノースウェスタン大学でマリッジ・ファミリーセラピストになるための教育を受けたときに学んだ治療法だ。[*1] 現在の行動が育った家庭とどうつながっているかを探り、その人が苦しんでいる問題をもっと大きな人間関係のなかで見つめていく。

このワークをしなければ、Part 1で述べるように、あなたの痛みやトラウマは消えずにいつまでも残るだろう。つらい過去をいくら避けようとしても、どんなに遠くへ離れても（心理学者フローマ・ウォルシュ博士のいう「転地療法」）、あなたを傷つける家族と完全に縁を切っても、あまり効き目はない。心の問題は癒やしによらなければ解決しない。そのためには、自分にこびりついている心の傷に気づき、理解する必要がある。

わたしはこれまで、なんらかの心の傷をもたない人に会ったことがない。本書では、よくある5つの傷について探っていこう。おそらく、あなたにも当てはまるものがひとつはあるだろう。もしかしたら幼少期に、愛される価値があると感じられなかったかもしれない。また、つねに何にも属していないように感じたかもしれない。優先されるほど大切な存在だろうかと疑問に思ったかもしれない。いちばん身近な人を信頼できなかったり、身体的や精神的に安心できなかったかもしれない。

心の傷に名前をつけることが癒やしへの第一歩だ。Part 2の各章で、それぞれの傷の原因や、そのために身につけてしまった不適切な対処法を探り、癒やしについての話をしよう。それから、心の傷の治療へと進む。そのなかで取り組むのは4つのステップのワークだ。傷に名前をつけ、客観視し、ともに悲しみ（そう、ここでは感じることが大切だ）、それから方向転換して持続的な変化をもたらし、大人になってからの人間関係で苦しんできたパターンを繰り返さないようにする。人生で大切な人たちへの不適切なかかわり方を繰り返したくないなら、この癒やしのワークに取り組みたくなることだろう。それに、あなたは自分の痛みを無視できないはずだ。どんな手を使おうと、心の傷を避けて新しい道を開くことはできない。ことわざにもあるように、抜け出すための唯一の方法は、やり抜くことだ。さあ、わたしがそばにいるから、ともに歩いていこう。

心の根元にある傷について理解できれば、その傷や家庭で身につけたパターンが現在の人間関係にどう影響しているかわかってくるだろう。Part 3では、あなたがコミュニケーションや衝突への対処をどのように身につけたか、また人との心の境界線について学んだこと（あるいは学ばなかったこと）について具体的に見ていく。過去のパターンをよく理解してから、コミュニケーションや衝突の方法を変え、心の境界線を正しく引いて、人と健全にかかわり、自分らしく生きられるよう、わたしが手助けしていこう。

何かに過剰に反応したり、不適切なパターンに陥っていると気づいたら、これまでと違う方法で対処できるように、自らに問いかける習慣を身につけよう。パターンや反応の理由を知るだけでは不十分だ。心の根元を癒やすワークは、自分が知っていることを生かしてこれからの人生を過ごし、幼い頃に奪われたものや、思いやり、理解、自分と人への共感を取り戻す道を見つけるワークでもある。過去を癒やすことに重点を置くが、現在の自分を行き詰まらせている教化や条件付けを中断させ、変えていくことにも力を注ごう。

全体としては、さまざまなアドバイス、練習、ガイド付きの瞑想によってワークを進めていく。最初のプロセスは、あなたの人間関係や人生を妨げている好ましくないパターンや行動から自分を解放することだ。癒やしと自己発見のための具体的なステップに取り組もう。

ここで、はっきりさせておきたいことがある。このワークはけっして、親や養育者、もしくは親のような存在だった大人を裏切ることではない(注意——本書で「親」、「養育者」、「大人」という言葉を使うときは、幼少期に親のような存在だったすべての人だと考えてほしい)。実際、わたしはクライアントとのワークで、誰かをあからさまに非難することはない。このワークのためには背景を知る必要があるが、その際には寛大さと思いやりをもつことが大切だ。世話をしてくれた人たちにも、欠陥家庭や苦しい生い立ちなどの過去があることを忘れないでほしい。

ただ、非難はしないものの、有害な行動を正当化するわけではない。ワークの目的は、体験を最小化したり、ないものにしたりせず、そのまま認めて名前をつけることだ。親なりに力を尽くしても至らなかったのかもしれないが、それをいくら釈明しても、必要なワークは変わらない。

あなたの過去は、わたしの過去とも隣人の過去とも違うだろう。どの知人よりも多くのトラウマ体験があるかもしれないし、それほど悪くないことに感謝しているかもしれない。程度の差はあっても、自分の過去には思いやりをもって慎重に注意を向けてほしい。

このワークは、育った家庭が自分に与えた影響に名前をつけ、認め、感じ、受け入れること——そして、その気づきや理解を導きの光として、健全で持続的な変化を自分にもたらすことだ。もちろん一日でできることではない。あなたは自分自身、パートナー、家族について学びつづけていく。そうすれば年齢にかかわらず、自分が何に反応するか新たに発見し、心のどこかで気づいてもらいたがっている悲しみに気づくだろう。そして、あなたの傷ついた内なる子ども(インナーチャイルド)に何度も出会うだろう。その子は、あなたが気づいて目を向け、ともに悲しみ、そばにいてくれるのを切望しているのだ。

心の根元を癒やすワークは、わたし自身が行っているものでもあり、日々クライアントと取り組んでいるワークでもある。このワークは変化(持続する全体的な変化)の機会を与え、信念をつくりかえ、家族の複雑な痛みやトラウマを受け継ぐ前の真実を思い出させてくれる。

わたしは道がひとつしかないと思っているわけではない。人の数だけ道はあるだろう。だが、わたし自身が家庭というレンズを通して自分の幼少期を探りはじめたときに、ようやく自分の在り方や生き方を理解し、癒やしを得られるようになったのは本当だ。

幼少期の傷を再現するようなタイプの人をパートナーに選ぶのをやめ、仕事に精を出しながらも忙しい合間に会ってくれる人を選べるようになった。わたしの恋愛関係は穏やかなものになっていった。

- いつも大丈夫でいる必要がなくなり、人に弱さを見せられるようになった――本当の姿、弱い自分を見せてもよい人を見分けられるようになった。
- とりなし役をしたり、人を喜ばせたりすることを優先する必要がなくなり、自分を大切にするようになった――たとえ人を失望させることになっても。
- 人を変えようとしたり、違う生き方を押しつけたり、その人の苦しみをわかろうとしたりするのをやめ、人をありのまま受け入れるようになった――そして、その人の変わらない面とのかかわり方を変えた。
- つねに自分を律する必要がなくなり、わたしを利用せずに導いてくれる人がいると信じられるようになった。

わたしの家庭は複雑で苦痛に満ちていた。両親は1991年11月に離婚することになり、わたしと母は1992年5月に家を出た。これが、ニュージャージー州で当時最長の9年に及ぶ離婚訴訟の始まりだった。わたしはさまざまな恐れと悲しみを経験しなければならなかった。その後、両親の関係は大きく変わり、今では仲がよいほどだが。わたしはその9年のあいだに受け取った手紙を、何度も片付けたり出したりしている。今日カウンセラーとして使っているスキルの多くは、長年務めた両親のとりなし役に端を発している。親しい友人で同僚のアレクサンドラ・ソロモン博士の「傷と才能は隣りあわせ」という言葉どおりだ。耐えてきた苦痛から優れた才能が生みだされると思えば、いくらか慰めにはなるだろう。

しかし、ハッピーエンドはある。自分の生い立ちを深く探ることは、自分自身や家族を理解し、過去をつくり直すためだけではない。それは癒やしの機会となる——あなた自身、祖先、そして子孫にとっても。ファミリーセラピストで作家のテリー・リアルが語っている。「機能不全家族は世代から世代へと受け継がれる。山火事のように、まわりにあるものをすべて焼きつくしながら広がっていく。ある世代のひとりの人間が勇気を出して振り返り、炎に立ち向かうまでは。その人こそが祖先に平和をもたらし、子孫を救うだろう」。さあ、あなたは炎に立ち向かうだろうか?

あなたが何年もカウンセリングに通っていようと、カウンセリング嫌いだろうとかまわない。家族のワークをしたことがあってもなくてもかまわない。幼少期の思い出がたくさんあっても、ほとんど思い出せなくてもかまわない。痛みがあまりに大きくて記憶が消えることもある。それでも感じることはできるだろう。大事なのは、見たり、受け入れたり、認めたりするのがつらいものを、心を開いて自ら探り、感じ、見ようとすることだ。また自分を大切にして、本書を読んでいるあいだも、このまま続けるべきか、しばらく休むほうがいいか、気をつけながら進めてほしい。

本書をどのように使うかは、あなたしだいだ。正しい使い方も間違った使い方もない。カウンセラーと一緒に使っても、ひとりで読みこんで効果があるか考えてもいい。恋人やパートナー、家族、友人と読んで、会話の糸口に使う人もいるだろう。

いずれにせよ、あなたが本書を手にしたのは、何かを求めているからだろう。注意を引かれる何かがあるから、そして重荷に疲れ、いつものパターンにうんざりし、変わりたいという願いがかなわずに疲弊しているからだ。わたしがあなたを見守っている。あなたの声を聞いている。わたしにも経験があるから大丈夫。そして、あなたとともに歩み、この大変なワークに一緒に取り組めるのを心から喜んでいる。

自分の生い立ちを探ることは、癒やしの旅への勇気ある大きな一歩だ。さあ、それでは始めよう。

Part 1

わたしたちのルーツ

Chapter 1

過去が現在をつくっている

問診票には詳しいことは記されていなかった。名前と年齢、そして相談したいことが少々大げさに書かれているだけだ。

ナターシャ・ハリス、38歳

今のパートナーが、一生ともに過ごせる人かどうか知りたいのです。ずっと気になっていましたが、もう目をそらすことができなくなりました。助けていただけますか!?

ナターシャが心理カウンセリングを受けるのは初めてだった。友人たちに説得されて、ようやく誰かに、つまりわたしに相談する気になったのだ。初めての面会でナターシャは緊張し、気が高ぶっているようだった。

「どうしても相談したかったんです」ナターシャが言った。「お時間をくださってありがとうございます。ずっと先延ばしにしてきたけど、もうこれ以上は無理なんです。それに友人たちから、愚痴はもうたくさんだって言われてしまって」と、ぎこちなく笑う。

わたしが微笑むと、ナターシャは続けた。

「同じような愚痴を何度も何度も聞かされたら、うんざりしますよね。昔からずっと聞かされてるんですから」

「ご友人たちとは知り合ってどれぐらいになりますか」

「あ、みんな幼なじみなんです。古くからの友だちで、30年以上の親友です」

友人たちが聞き飽きたという彼女の不満は、今のパートナーに対してだけではなかった。男性と付き合うようになってから、彼女はほとんどすべての相手に同じ不満を抱いてきた。

「友人たちが聞かされてきたという、あなたの不満とは、どのようなものですか」

「ええと、むしろ感覚みたいなもので、なんだか妙な感じがするんです。それを友人たちに話すと、わざわざ欠点を探してるだけだって言われるんです。せっかくの幸せを壊そうとしてるみたいだって。よくわかりませんけど、わたしはいい相手を自分で追い払ってるんでしょうね。みんながそう言うから、たぶんそのとおりなんだと思います」

ナターシャの心のなかにいる彼女の姿が、わたしには見えてきた。自分についての話なのに、他人の言葉や意見が染みこんでしまっている。ナターシャは自分がどう感じているかを知り、自分が何を知っているかを認め、自分にとって何が真実かを明確にするのが苦手なのだ。

「あなたの恋愛について、ご友人たちにはさまざまな意見があるようですね。でも、わたしが知りたいのは、あなたの意見なんです。自分のパートナーや恋愛について、あなたが本当に知っていることを教えてもらえますか」

「ええ、もちろん。クライドはすばらしい男性です。頭がよくて、魅力的で、おもしろくて、仕事でも成功してて、とても優しくて思いやりがあります。クライドを見たら、欠点なんて見つかりませんよ。よい結婚相手だと誰でも思うはずです。わたしはやっとふさわしい人に出会えたんです」

わたしは口を挟んだ。「あなたは、クライドがよい結婚相手だと思っていますか」。ナターシャに彼との関係を振り返らせるためだ。

「はい。クライドは最高の相手です。すばらしい人だし、なんの不満もありません。ただ、なんだか妙な感じがするというか、そのうちおかしくなるような気がするんです。ひょっとしたら、何か見逃してるかもしれないでしょう？　それで、恐れていることがいつか起きたらどうしよう、とか考えてしまって」

「ほかの恋愛で、恐れていることが起こった経験があるのですか」

ふいにクライドのことから話がそれたので、ナターシャは驚いたようだった。

「いえ、ないと思いますけど」

「家庭内で起こったことは?」わたしは続けて尋ねた。

ナターシャはためらい、困惑した表情でわたしを見つめた。「家庭のことなんて関係ないでしょ。どうしてカウンセラーはいつも家庭のせいにしたがるの? はっきり言って、子どもの頃はとても幸せでした。当時を振り返っても無駄だと思います。わたしはクライドとの関係について知りたいだけなんです」

こういうとき、わたしは心のなかでクスッと笑い(もちろん愛情を込めて!)、世界的な講演大会TEDで講演を行ったブレネー・ブラウン〔訳注/ヒューストン大学ソーシャルワーク大学院の研究者〕のことを思い出す。「傷つく心の力」という有名な講演のなかで語ったように、彼女は心理カウンセラーとの最初のセッションで、はっきりとこう告げたそうだ。「家庭の問題も幼少期の傷も関係ありません。攻略法が必要なだけです[*1]」

先に言ってしまうと、そのやり方はブレネーには効果がなかった。あなたにも効かないだろう。認めたくてもそうでなくても、あらゆる問題の根底にあるのは、「家庭の問題」と「幼少期の傷」だからだ。

そう、わかっている。あなたが聞きたいのはそんな話ではないだろう。ずっと前に起こったことなど今の自分にはまったく影響しないと、頑なに主張するかもしれない。もう成長し、大人になったのだから、すでに許したかもしれない。何十年も前のことがまだ黒幕のように自分の人生を支配しているなんて、とても信じられないだろう。

それでも、わたしはたしかに知っている――あなたの過去が思考や行動のパターンをつくり、現在の人生に影響を及ぼしていることを。

だから、たとえ成長して立派な大人になり、昔とは別人のようになっても……あなたは数世代にわたる鎖のひとつの輪のままなのだ。[*2] そして気づいていなくても、その数世代の家庭環境があなたの人生を多かれ少なかれ導いている。かなりの確率で、あなたの過去が「あなたの人生というショー」を陰で操っているはずだ。それに気づかなければ、あなたは苦しみつづけることだろう。

過去はなかなか消えないものだ。目を背けようとすればするほど、つきまとって注意を引こうとする。なぜ同じことで何度もけんかするのか、考えたことはないだろうか。なぜ同じタイプの人をパートナーに選ぶのか。どんなに変えようとしても、なぜ同じように反応してしまうのか。内なる批評家が、なぜ繰り返し自分を批判するのか。それは、過去があなたの注意を引こうとし、「幼少期の傷」が今も人生をコントロールしているからだ。

それを知ることが大切なのだ。

ナターシャは幼少期を振り返るのを拒んだが、じつはそのおかげで多くのことが明らかになった。すぐにわかったのは、彼女とともに過去を探る旅をするまでに、少し手こずりそうだということだ。すぐにはできないだろうが、大丈夫。むしろワクワクしてくる。いずれ彼女の家庭について探っていけば、必ず過去と現在との重要なつながりが明らかになる。ナターシャにも、育った家庭と今の生活にまつわる問題との関係が見えてくるだろう。それをしっかり見つめれば、クライドへの不満が思っていたほど単純で表面的なものではないことに気づくはずだ。

ナターシャが例外というわけではない。ほとんどの相談者（クライアント）が彼女と同じく、もともと相談にきた問題について話したがる。ナターシャの場合は、今の恋愛関係を続けるかどうかだ。自分の過去について、すなわち何十年も前の家族関係、教化、条件付け、体験について深く掘り下げることなど、この問題と関係なさそうだし、役立ちそうでも重要そうでもない。婚約が間近なので（クライドはすでに婚約指輪を買おうとしていた）、この恋愛関係以外のことに時間を費やすのは無駄にしか思えない。クライドと結婚するか別れるか——これが片時も頭から離れない悩みなのだ。

もちろん、ナターシャにすれば当然のことだった。過去より未来に目を注ぎたいと思う人がほとんどだろう。でもナターシャが理解していなかったのは、クライドだけに注目しているから、いつまでも真実がわからないということだ。これから数カ月にわたるカウンセリングのなかで、ナターシャは自分の幼少期や過去の人間関係だけでなく、両親と姉についても深く見つめ直していく。そのなかで、ようやく多くのことがはっきりしてくるだろう――クライドについても、何年も苦しんできたほかの問題についても。

育った家庭を見つめ直すことには、時間を費やすだけの値打ちがある……ただし簡単とはかぎらない。これこそ一緒に取り組もうとしていることである。自分のパターンに気づかなければ、相変わらずよくないパターンを繰り返してしまうだろう。ちょうどナターシャのように。

多くの人がそうだが、ナターシャも自分で新たに気づくまでは、自分の幼少期は理想的だったと主張していた。両親の結婚生活は今も続いているし、自分は愛情に満ちた家庭で育ったと言う。「不満はありません。すばらしい子ども時代でした。あら探しするなんてバカげてます。もっとつらい目に遭った人がたくさんいるんだから、なおさらです」

ナターシャは理想化と、「傷の比較」とわたしが呼んでいるものに陥っていた。「ほかの人の幼少期のほうがひどかった」から、自分が不満をもらすのを許せないのだ。実際、ナターシャには苦しい幼少期を過ごした友人たちがいた。ある友人は父親から虐待されたことがあった。13歳で母親を亡くした人もいる。また別の友人は、兄が家の全財産を盗んでギャンブルですってしまったという。

「こういうのが本物の問題、本物の困難というものでしょ。本物の痛みとトラウマですよね」とナターシャ。彼女の傷や痛みは友人たちとは比べ物にならないから、自分には感じる権利がないというわけだ。

ナターシャの「本物」という言葉の使い方に注目すべきだと、わたしは感じた。その言葉の裏には、このような思いが隠れている——「わたしの痛みやトラウマは、みんなほどはっきりしたものじゃない。そんなぼんやりしたものを、人は傷だと認めてくれるの？自分でそう認めていいの？　わたしの痛みなんて、あってもいいの？」

ナターシャは過去に痛みを感じている。彼女の声や話の端々からそれがわかった。しかし、その痛みには気づかれる価値があると本人が考えるまで、一緒に取り組むことができない。

傷の比較は、大小にかかわらず邪魔になるだけだ。比較にこだわっていると自分自身が見えなくなり、自分の傷や弱さ、さらには癒やしからも遠ざかることになる。また、ナターシャのように過去を理想化することもよくある。これは自分を守ろうとしているのだ。家庭を肯定的なレンズを通して見つづければ、痛みに向き合わなくていいし、家族を裏切っているように感じたり、たしかに与えてくれた愛情や世話に対して恩知らずだと思ったりせずにすむからだ。だが、じつは過去が自分で思いこんでいるほど安心できるものではなかったのなら、さまざまな喪失感や、現在と将来への不安を心に抱えているかもしれない。

これは多くの人が苦しむパラドックスである——育った家庭の愛情と努力に感謝しつつ、その家庭を批判的に見るのだ。相反する考えを同時にもつのは難しい。でも生い立ちに目を向けず、痛みやトラウマに気づかないまま、体験を実際より小さくしたり大きくしたり、理想化したり、理性で片付けたりしていたら、人生の傍観者になってしまう恐れがある。

ナターシャは人と比べるのをやめ、何にも邪魔されずに自分の痛みを認める必要があった。本当の生い立ちを認識し、家族を維持させるために担った役割に気づくことから始めなければならない。

育った家庭でのあなたの役割

子どもたちは信じられないほど敏感だ。まわりで起きていることを絶えず観察し、見守り、感じとっている。人の感情によく気がつき、親やきょうだいが悲しんだり動揺したりしていると、ハグやキスをしてあげる。大人がたいてい見逃すものでも子どもたちが気づくのを見ると、本当に驚かされる。直観力がまだ損なわれていないし、絶え間ない雑音に悩まされることもない。子どもたちはそこにいて、まわりと調和している。自分や人の痛みをごまかすことを知らず、言い訳したり小さく考えたりしない。人の痛みを指摘することもためらわない。そして、気づいた問題をすべて解決したいと本能的に考える。

痛みに対する驚くほどの感受性と、解決したいという衝動から、子どもたちは家族の維持のために重要な役割を担うようになる。家族を励ましたり、弟や妹の世話をしたりするかもしれない。両親が抱えている苦しみから気をそらしたり、助けてあげようとしたりするかもしれない。もし障害のあるきょうだいがいるなら、両親のストレスや疲労に気づいて、自分は手のかからない子どもの役割を演じようとするかもしれない。自分の世話でもなんでもできて、危機に瀕している家庭に余計なストレスをかけない子どもになろうと決心する。まわりに順応した子どもは必要なものに気づき、自分や家族を守る役割を担いはじめる。

これが落とし穴だ——あなたがその役割を演じたのはいつだろうか。その役割が今でもあなたの行動や反応をコントロールしているかもしれない。これは過去があなたを支配しつづける主な方法のひとつなのだ。パートナー、友人、仕事などを無意識に選んでいても、そのなかで同じ役割を担うようになる。もし家庭が完璧主義だったなら、大人になっても完璧主義になりがちだ。親やきょうだいの世話をしていたなら、あらゆる人の要求に応えなければと思いやすい。また、いつも縮こまって静かにしていたなら、今でも言いたいことを言えないかもしれない。おどけ役だったなら、人を楽しませるのが自分の役割だと思うかもしれない。もっと巧妙な方法で幼少期の役割がつきまとうこともある。それは、子どもの頃の役割を拒んだときだ。もしあなたが親にとっての親友や心の支えだったなら、パートナーとの心の交流や触れ合いを避けたくなるかもしれない。パートナーや友人から感情的な欲求を感じると、親を支えるのに疲れ果てたことを思い出すからだ。そのため、あらゆるつながりや親密さ、弱さを避けて、自分のなかに閉じこもってしまう。

あなたが担った役割は、壊れそうな家族を維持するために必要だったのだろう。でも、今はもう必要ないはずだ。それどころか、その役割こそが癒やしを妨げているのだ。心の傷に気づいて解決するのを妨げ、パートナーとのつながりや親密さの邪魔をしている。これが、ナターシャがクライドとの結婚をためらう原因を探ってわかったことだ。

数週間経っても、ナターシャは幸せな幼少期だったと言い張りつづけた。わたしはカウンセリングのなかで、彼女が「恐れていること」について何度か質問した。クライドの隠していることがいつか明らかになるかもしれないという恐れだ。家族や過去の恋愛でそういうことがあったのかという質問に、答えはなかった。ところが、あなたは隠し事をしたことがあるのかと質問したとき、ついに扉が開いた。

ナターシャは話してくれた。15歳のとき、父親のパソコンで開いたままのメールをたまたま見てしまったそうだ。自分のパソコンの調子が悪く、翌日の授業の課題のために、父のパソコンを使わせてほしいと頼むとＯＫしてくれたのだという。

「父はきっと、メールが開いたままだと気づかなかったんです」ナターシャの目に涙があふれた。

「画面にメールのスレッドがありました。すぐ目の前に。わたしはふたりのメールを全部読みました。ひとつ残らずです。目を離すことができなかったんです。わけがわかりませんでした。母ではないどこかの女が、どんなに父を愛してるか、どんなに週末が素敵だったか、ふたりで暮らせるのをどんなに待ち焦がれているか書いていたんです。父も同じようなことを書いて返していました。それが何年も前から続いていました。何年もですよ。なのに誰も知らなかったんです。すると父が近づいてきたので、わたしは涙目で父をにらみ、大声でわめきました。母はその週は出張で、姉はバスケットボールの練習に出かけていたんです。父はわたしを見つめて言いました。『お母さんには黙っててくれ。もうやめると約束するから』って。わたしたちは二度とその話をしなかったし、わたしは母にけっして話しませんでした。父は不倫をやめました。それを確かめるために、メールや携帯電話をチェックすることもできました。父がそうさせたんです。ふたりの『約束』を守るための暗黙の了解みたいなものです」

ナターシャはいったん言葉を切って首を振った。話しているあいだ、ずっとうつむいたままだったが、ようやく顔を上げてわたしと目を合わせた。

「なんて大きな重荷でしょう」わたしは落ち着いた声で言った。「そんな秘密を20年以上もよく抱えてきましたね。その痛みや、戸惑いや、疑いは想像もつかないほどでしょうね」

ナターシャは秘密を抱えていた。大きな役割を担っていた。秘密をかたく守り、自分自身からも守って、ほとんど忘れてしまうほどだった。家族がこれまでどおり機能できるように、必死で守ろうとしたのだ。まるで何事もなかったかのように、愛情に満ちた絆の深い幸せな家族のままでいられるようにと。

ナターシャが幼少期は幸せだったと信じていたのも無理はない。秘密保持者というナターシャの役割が、心の底にある痛みや悲しみを覆い隠し、自分も家族もごまかしていたからだ。でも役割をうまく演じるうちに、過去が彼女を強力に支配し、建設的な生き方を見出すのを妨げるようになってしまった。

本来の自分らしさ（真正性）と愛情（愛着）との交換

あなたも子どもの頃、愛情やつながり、受容、安心、肯定が欲しければ、もう少しこうなるようにと、親から求められたり励まされたりしたことが何度もあるだろう。そのたびに親から、あるメッセージを受けていたかもしれない。親は無害だと思っているが、じつは本来の自分らしさを抑えるようにと求めるメッセージだ。さて、子どもの頃のあなたはどうしただろうか。おそらく従ったことだろう。というのも、わたしたちは愛されるために生まれてきたので、生き抜くためには愛情が必要だからだ。つまり、愛され、求められ、選ばれ、守られ、優先され、安心できる必要性が何物にも勝るのだ。

とはいえ、愛情と同じぐらい、本来の自分らしさも必要である。本来の自分でいるとは、自由に存在し、自由に感じ、自分や親密な人に対してありのままでいることだ。本来の自分らしさは存在の核となるもので、それがなければ心のなかが死んでしまう。

本来の自分らしさと愛情は、どちらもぜひとも必要なものだ。ところが、トラウマと依存症の専門家であるガボール・マテ博士はこう語っている――「真正性が愛着を脅かす場合は、愛着が真正性に勝る」[*3]。一方の命綱を他方の命綱と交換しなければならないとは、なんという考えだろう。「あなたとつながっているためには、自分を捨てなければならない。自分に正直でいるためには、あなたから離れなければならない」というのだ。あなたを含めて、その決定を何度も下さなければならない小さな人たちのことを思うと、悲しくなってくる。

子どもの頃、わたしたちはたしかに本来の自分らしさを愛情と交換した。もちろんだ。愛情のほうが大事な命綱だから。立派な成績を収めれば、お父さんが喜ぶ。静かにしていれば、お母さんのイライラがおさまる。体重が減れば、気にかけてもらえる。機嫌よくしていれば、両親のストレスが減る。うまくとりなせば、お父さんが妹を叩くのを止められる。言われたとおりにすれば、平和を保てる。お母さんを手伝えば、その悲しげな顔が明るくなる。親から見捨てられたり、拒絶されたり、嫌われたり、批判されたり、裁かれたり、勘当されたりしないように、順応することを学んだのだ。そして大人になっても、残念なことに同じように順応してしまう。だが、それは条件付けされているせいだ。自分を変えて人に合わせれば、自分の価値や、つながり、優先、信頼、安心が得られると学んだからだ。

生い立ちのなかで、繰り返し自分を裏切るすべを身につけたというわけだ。愛情を得るために本当の自分を捨てることを学び、必要なものを得るために、ありのままの自分を変えはじめた。

しばらく時間をとって、このことを理解しよう。あなたは、ありのままの自分ではない誰かになることが、いちばん欲しいものを手に入れる唯一の方法だと信じてきた。「相手が望むような人になれば、愛され、つながることができ、安心で、認めてもらえ、受け入れてもらえる」と。これは自己防衛だ。あなたは必死に順応しようとした。でも自分を変えることに成功しても、それは本当の勝利などではない。求める成果も得られない。たとえオールAの成績や、ハットトリックや、落ち着いた態度を褒められても、心の底ではわかっている。本物ではない自分が評価されても、それでは信用できないと知っているのだ。いつも不安で自信がなく、自分も人も疑うような大人になるのも無理はない。ありのままに生きても愛され、選ばれ、尊敬され、認めてもらえるとは、どうしても思えないのも当然だ。

ナターシャの話はみごとな例だといえる。彼女は驚くほど自分を変えた。家族がうまくいくように、父の不倫という痛みから目をそらそうとした。だが、その成功ほど空しいものはない。あまりにも長いあいだ重荷を負ったため、自分の痛みや悲しみ、喪失感を認めることもできなくなった。ナターシャは本来の自分を父親の愛情と交換し、その秘密を守った。また母親の愛情とも交換し、何も知らせなかった。その交換によって、彼女は自由や回復力を奪われた。また、人間関係にありがちな浮き沈みにうまく対応したり、パートナーとともに癒やしに向かうことができなくなった。過去の未解決の問題に人生を支配され、人間関係と癒やしを妨げられたまま、ナターシャは自分の人生の傍観者となったのだ。

過去が現在と未来への鍵

目的から目を離さず、前だけを向いていたいと思うかもしれないが、後ろにも目を向けてほしい。過去の出来事や家庭の問題は、あなたが思う以上に重要だ。自分自身や人との関係を改善したいなら、自分の生い立ちを理解する必要がある。癒やされずに未解決のままの過去が現在の人生をコントロールしていることに気づき、止めなければならない。

伝統、家族の秘密、恐れ、不安は世代から世代へと受け継がれる。公然と伝えられるものもある。大切な休日の行事、家訓、火曜日の夜にみんなでタコスを食べることなど。でも、その他のものは不健康で陰湿でさえある。自分が母親にされたように、娘の体重をきつく注意する女性。堅苦しい父親に厳しいルールで支配されるのが嫌だったのに、過度な期待に応えられないわが子にいら立つ男性。まわりの目が怖くて隠している出来事。認めたくなくて悲しみから目をそらしている幼児の死。

ナターシャが父親のメールを見つけたとき、ダメージを受けるとともに、人への疑いと自分への疑いが生まれた。自分では気づかなくても、ナターシャは不信感を抱いて生きるようになった。何を信じていいのか、いけないのかわからない。だから、いわゆる「よい」人、安全そうな人、正直で親切で思いやりがある優しい人に惹かれた。でもその人が変わっていないのに、いずれきっと問題が起きると、つねに感じてしまう。それへの対処法は、早めに関係を終わらせることだった。そうすれば、数十年前のような恐ろしいことが起きないかと、びくびくせずにすむからだ。

ナターシャには、はっきりした自覚はなかった。父親の裏切りについては誰にも話したことがない。わたしに打ち明けるまで胸の内に閉じこめてきたのだ。それから何週間もかけて、クライドへの不信感や、何かが「おかしくなる」という不安は、父親とのあいだにできた大きな溝から生じるのだと理解していった。問題から目をそらして秘密にするよう父親に頼まれ、彼女は苦しみつづけた。そのため申し分のないパートナーを選んでも、結局は裏切られるだろうと思ってしまう。過去を深く掘り下げて心の根元を癒やしたときにこそ、自分を過去から解放し、もっと幸せで健やかな生き方を見出すことができる。

生い立ちを探るというワークは重要だが、簡単ではないのも事実だ。幼少期を振り返ると思っただけで、ひるんでしまうかもしれない。何が見つかるか怖かったり、発見したものに対処できるだろうかと気後れしたりするかもしれない。また、目の前の大事な問題から注意をそらしているように感じる人もいるだろう。

実際、たいていの人は切羽詰まるまで先延ばしにしがちだ。プロとしての経験からいうと、カップルも個人ももっと早く助けを求めるべきだと思う。

恋愛問題にかぎらず、もっと単純で簡単な解決法を見つけようと、あなたはいろいろ考えるかもしれない。

「わたしはこの問題を自分で解決できるはず。カウンセリングなんかに行ったら、悪いことがもっと見つかりそう。わたしの家族はできるだけのことをしてくれた。だから、いらないことまで掘り返して、家族を憎んだりしたくない」

でも、もし生い立ちを探ることで解放され、ずっと求めていた答えが見つかるとしたら？　さあ、あなたはどうするだろうか。

Chapter 2

心の傷に名前をつける

毎日ナターシャのような人が、直面している問題について相談しようと、初めて心理カウンセリングにやってくる。わたしは個人や、カップル、家族の初めてのセッションを何百回も受けもったが、たいていこのような感じだ——「いつも同じことでけんかになって、解決したことがないんです」「わたしたちセックスレスなんです」「将来何をしたらいいのか考えすぎて、もう疲れました」「ママにわたしの意見をわからせるのに飽き飽きしたんです」

ほとんどの人がすぐに解決法を知りたがる。A地点（苦しみ）からB地点（解放）へ、できるだけ早く着きたいのだ。「どうしたら、けんかをやめられますか。解決法を教えてください。いっそのこと、どっちが正しくて、どっちが悪いのか教えてください」と。よいことをお教えしよう。けんかのルールや対処法を決めればいい。腹が立っているときでも穏やかに話しかけること。感謝を表すこと。皿洗いや、義理の両親、浪費について相手の立場になって考えること。セッションでそう教われば、まるで本当によくなったかのように安心できるはずだ。

ところが、次に必ずこのようなことが起こる。同じカップルが翌週やってきて、前回とほとんど同じ相談をする。母親に自分を理解させるのに飽き飽きしたという若い女性は、母親との会話がますます嚙み合わなくなったと言う。セックスできるようにと新しい方法を試していたカップルは、失敗してさらに失望する。

それでは、早めに近道をお伝えしよう。簡単だが重要なことだ。

それは、「もともと相談にきた問題よりも、もっと多くのことが水面下で起こっている」と知ることだ。

持続する全体的な変化を望むなら、水面下にあるものを理解しなければならない。そこには生い立ちや、家庭での未解決の痛みがある。今日起こっている問題を解決したいなら、それらに注目しよう。今の生活を安らかに過ごせない原因が見えてくるだろう。心の根元を癒やすには、育った家庭をよく調べて、痛みを感じているところを見つけ、無名だった傷に名前をつけることが必要だ。

自分の生い立ち

では、どこから取りかかろうか。あなたの始まりからだ。それほど昔ではないかもしれないが、かなり巻き戻すことになる。自分の生い立ちをよく知ろう。

まず、育った家庭から始めよう。これは家族のことで、そのなかであなたは成長し、心のつながりをもつ人たちがそこにいた。ちなみに、ここでは「育った家庭」も「家族」も同じ意味で使う。血縁のあるなしにかかわらず、家庭内の人たちによって、自分の信念や価値観、アイデンティティの土台がつくられる。愛情、衝突、批判など、すべてをそこで初めて学ぶ。自分自身のことや、人とのかかわり方、人間関係で求めるべきものも教えられる。家族はひとつかもしれないし、わたしのように（両親が離婚してそれぞれに家庭があれば）、ふたつかもしれない。もっと多い人もいるだろう。

多くの人にとって、主な指導者は親やきょうだいだ。さらに、祖父母、義理の親やきょうだい、養子縁組をした家族、里親の家族、おじやおばが家庭にいる人も多いだろう。あるクライアントはベビーシッターに育てられ、近親者よりその人といる時間が長かったという。また、親が午後10時に仕事から帰るまで、放課後を隣人の家で過ごしたクライアントもいた。このような人たちも、育った家庭の一部と考えていいだろう。

もし複数の家族で育ったなら、すべての家族に目を向けよう。複数の家族の一員となって暮らしていくのは簡単ではない。それぞれの家庭で異なる教育を受けたはずだ。労働倫理や、教育の重要性、礼儀作法について正反対のことを教わったかもしれない。家庭によって違うルールを守らなければならないこともある。テレビを観る時間、寝る時刻、食べてよい食品、手伝う家事。もし社会経済的地位や宗教の違いがあれば、まったく違う生き方を学んだかもしれない。

また、どこで痛みや、悲しみ、安らぎ、喜びを感じたかという違いもあるだろう。一方の家庭では自分に価値があると感じ、他方では感じなかったかもしれない。一方の家では安心でき、他方では怖かったかもしれない。一方の親は自分を優先してくれ、他方はしてくれなかったかもしれない。複雑だが、深く掘り下げる前にそれぞれの体験を理解することが大切だ。主な家庭だけでなく、生い立ちにある複数の家庭をよく観察しよう。

生い立ちとは、初めて何かをしたときを綴った物語である。初めて何かを教わったとき、初めて何かを見たとき、初めて衝撃的なことを言われたとき、そして今わたしたちが探している、初めて傷ついたとき。初めての体験はどれも重要だが、本当に傷痕を残すのは、初めて非常につらいことが起こったときや、人生を変えるようなことが起こったとき、誰か、または何かにありのままの自分を変えるよう求められたときだ——たとえその記憶が長いあいだ忘れ去られていても。

注意すべきなのは、愛やコミュニケーション、心の境界線などについて最初に学ぶのは育った家庭だが、生い立ちが家庭だけで生じるとはかぎらないということだ。幼少期の体験だけではない！　社会やメディア、宗教、教師、コーチ、恋愛からも影響を受けるだろう。ティーンエイジャーの頃や青年期、あるいはほんの少し前のことであっても、初めて何かに出くわすたびに生い立ちが書き加えられていく。わたしたちは自分の人生の物語を絶えず書き換えているのだ。

そんなことはとっくに知っていると思うかもしれない。当然だろう。あなたの人生を生きてきたのはあなただけなのだから。それでも、わたしは過去を振り返るたびに、自分について新たな発見をしている。そして新しいレンズを通して自分を見るようになる。あなたもそうなるはずだ。さあ、それを始めるために、いくつかの質問に取り組もう。

生い立ちについての質問——はじめに

クライアントとワークを始めるときは、その人がどのように育ったかを知る必要がある。わたしが知りたいのは、育った家庭、関係のある家庭（過去と現在）、家族ひとりひとりの性格、本人の体験や観察などだ。それを尋ねながら、その人が子どものときに何を求め、必要とし、得られなかったかも特定していく。もちろん大変な作業だが、現在の感じ方を理解するには不可欠だ。

過去を探っていくうちに、長いあいだ忘れていた家族の特徴や性格を思い出すかもしれない。ある出来事の後に家庭のようすがすっかり変わったことや、行動や信念が世代から世代へ受け継がれていることに気づくこともある。家族のこのような面をしっかり把握することが大切だ。そうすることで、育った家庭や、本人と家族との関係、家族同士の関係を総合的に見ることができ、パターンを見つけられるようになる。

本書を読むときや練習するときは、そばにメモ帳を置くようにしよう。心に響いたことをメモしてほしい。また、たくさん質問するので、その答えも書き留めてほしい。自分を大切にしていたわりながら、過去を探っていこう。

質問はクライアントによって変える場合もあるが、たいていは以下のような質問をしている。

- 子どもの頃、あなたのそばに誰がいましたか。
- 大人たちはお互いにどのように接していましたか。
- 大人たちはお互いにどのように愛情を表していましたか。

●父親について話してください——個人として、そして父親として、どのような人でしたか。あなたが感心したこと、よくないと思ったこと、好きなところ、嫌いなところも話してください。
●母親について話してください——個人として、そして母親として、どのような人でしたか。あなたが感心したこと、よくないと思ったこと、好きなところ、嫌いなところも話してください。
●もし継親や親代わりの人がいたら、その人についても同じ質問に答えてください。
●大人たちのお互いの接し方や、あなたへの接し方が変わるような出来事がありましたか。もしあったら、それがどんな出来事だったのか、また、何がどう変わったのか話してください。
●家族のなかに精神障害を患った人がいますか。
●その人は治療を受けましたか。
●家庭内で不倫、裏切り、大きな変化、喪失がありましたか。亡くなった人がいましたか。
●それは家族にどのような影響を与えましたか。
●あなたのことで父親に理解してほしいことはなんですか。母親に理解してほしいことはなんですか。

- もし両親がそのことを理解してくれていたら、あなたと両親の関係はどうなっていたと思いますか。
- 子どもの頃に欲しくてたまらなかったものはなんですか。
- きょうだいがいるなら、それぞれとの関係を話してください。
- もし父親にひとつだけ言うことができて、言ってもなんの影響もないなら、何を言いたいですか。
- もし母親にひとつだけ言うことができて、言ってもなんの影響もないなら、何を言いたいですか。
- 子どもの頃のいちばん好きな思い出はなんですか。
- 子どもの頃のいちばんつらい思い出はなんですか。

これらの質問に答えるには時間や好奇心、勇気が要るし、自分の弱さを見せなければならない。でもこのワークをすれば、あなたの過去と現在の背景が明らかになり、大事なことがわかってくるだろう。

心の傷を見つける

過去の記憶を探っていくと、おそらく苦しくて心が乱されるようなものに直面するだろう。これはまったく正常なことだ。心の根元を癒やすワークでは、「心の根元にある傷」を見つけて名前をつけなければならない。それは癒やされないまま悪化している過去の痛みで、まだ認識していない傷である。この傷を明らかにして名前をつけることが、癒やしへの最大の一歩になる。

「傷」という言葉を聞くと、わたしはまず身体の傷のことが頭に浮かぶ。あなたも子どもの頃、ひじやひざを擦りむいたことがあるだろう。すると親が水できれいに洗って絆創膏を貼ってくれる。そのうち傷の上にかさぶたができる。でも傷をテーブルにぶつけたり、かさぶたを（子どもがよくやるように）自分でむしったりすると、また血が出はじめる。傷はまた生傷になり、最初のように痛みを感じる。

心の傷も同じである。これは、つらい体験が感情や精神に影響を与えたために生じるものだ。かさぶたのように目に見えるものはないが、影響はいつまでも根深く残る。心の傷は身体の傷と同じように、日々を送るなかでつつかれたり、いじられたりして、また生傷になってしまう。

ただ、自然に治る身体の傷と違って、心の傷は治療しなければ治らない。残念なことに、時間だけではすべての傷は治らない。いくらか軽くなるものもあるが、深い傷には目を向けて受け入れ、感じ、意図的に対処する必要がある。その後もずっと注意しなければならない。傷は薄くなるだけで、完全に消えることはないからだ。

だから、もう目を背けてはいけない。心の根元にある傷を探すことは、当てのない探求ではなく、痛みの源に向かうことだ。心の傷は家族に原因があることが多いので、まずはそこから見ていこう。

いちばん欲しかったものは……

もっとも重要な質問からワークを始めよう。これはわたし自身がカウンセラーから訊かれて、ずっと心に残っている質問だ――「子どもの頃、いちばん欲しかったのに得られなかったものはなんですか」

この質問をパスしないでほしい。少し時間をかけて、ちゃんと答えよう。この質問がさまざまな感情を引き起こすかもしれないことはわかっている。また、これを考えて正直に答えるには、かなりの勇気が必要で、弱さをさらけ出さなければならないこともわかっている。しかし、その答えのなかに重要な情報があるのだ。

　あなたがいちばん欲しかったのに得られなかったものは、本当に必要なものだったはずだ。よい成績がとれなくても、自分に価値があると感じたかったかもしれない。何かに属したかったかもしれない。受け入れられ、自分の特徴のゆえに愛されたかったかもしれない。優先されていると感じたかったかもしれない。大人たちが正直で、隠し事をしていないと信じたかったかもしれない。怖い家のなかでも、守られていると感じたかったかもしれない。

　こういうものが得られないと、心の傷が生まれる。

　言い換えれば、あなたは自尊感情の傷をもっているかもしれない。帰属意識の傷、優先の傷、信頼の傷、または安心の傷かもしれない。これらについてはPart 2で詳しく説明しよう。今のところは、いちばん欲しくて本当に必要なものが得られなかったとき、痛みが生じると知っておいてほしい。

　これは、あら探しをしようというのではない。両親はあなたを大切に思っていたけれど、心の必要を満たす方法を知らなかっただけかもしれないからだ。また、心に傷をもっていることを最悪だと思う必要はない。これは体験を改ざんしたり、ゆがめたり、説明で片付けたりせずに、大切にするということだ。そして、その喪失感に名前をつけ、注意が必要なところに目を注ぐことである。それがうまくできれば、自分の心の傷が明らかになってくるだろう。

家庭の平和のために父親の秘密を守り、自分の痛みに名前をつけられなかったナターシャのことを思い出してほしい。彼女は両親の関係を保つため、不倫のメールを見つけたことを押し隠した。だが自分で気づかなくても、ナターシャの父親像、すなわち父親のイメージと両親の結婚についてのイメージは、メールを発見した瞬間に砕け散ったのだ。彼女はそのときまで、両親が幸せな夫婦で愛し合っていると信じていた。父親は尊敬できるよい人だと信じていた。毎晩6時に帰宅し、妻や子どもたちと楽しく過ごしていたし、妻に愛情あふれる態度で接し、心から家族を大切にしているように見えた。

ナターシャには、これまで目にし、ともに過ごし、信じてきた父親と、何年も不倫を続けていた男が同じ人物とは思えなかった。彼女の人生も、楽しい思い出も、すべて疑わしいものになった。彼女は母親や姉と同じようにだまされ、裏切られたのだ。その瞬間、父親との関係は根本的に変わった。また、母親や姉との関係も変わってしまった。

信頼の傷が生まれたのだ。

ナターシャは何カ月もかけて自分の傷を見つけ、いちばん欲しかったものに気づいた。それから幼少期や、父親との決裂、その影響についてさらに探っていった。傷に名前をつけ、信頼が欲しかったのに裏切られたことを認めたとき、自分のまったく知らなかった部分が明らかになった。そこに目を向けなければならないことを、彼女は今ではよく知っている。そして、本当の癒やしへの道がようやく開かれたのだということも。

心の傷をごまかす方法

カウンセラーが好んで使う質問に、「制約の質問」というものがある。なぜ〇〇をするのか、なぜしないのかと訊くかわりに、〇〇する（しない）のを妨げているものは何かと訊くことだ。あなたを制約しているものはなんだろう？

心の傷に名前をつけて明らかにしようとするときに、この質問を使う。心の傷を見るのを妨げているものは、いったいなんだろう？　じつは多くの人が、傷を見たり、明らかにしたり、受け入れたりするのを防ごうと、さまざまなごまかし方を考えつく。意識して行っている場合もあるし、無意識の場合もある。

隠す

心の傷をごまかす方法のひとつは、隠すことだ。わたしはこれが得意だった。そう、子どもの頃、母とクローゼットに隠れたように。そのスキルは、10代~20代前半にますます磨きがかかった。わたしは弱さをすべて押し隠した。ボーイフレンドが嫌なことをしても、平気なふりをする。友人に利用されても、なんでもないようにふるまう。どんなときも、本当は大丈夫ではないのに大丈夫だと言った。

隠すのがとてもうまかったので、わたしがどれほど恐れていて不安だったか、誰も気づかなかっただろう。隠すことで、心のなかで起きていることとは違うことを、外の世界に信じさせることができる。しかし、傷や痛み、恐れ、対人不安を隠していたら、その世界で本当に自分らしく生きることができない。

クライアントのアーザムは、安心の傷のせいでうつ病を患っている。その日を乗りきるだけでも大変なときもあるが、友人たちには話さず、調子が悪ければ週末は家に引きこもる。なぜだろう。暗くて退屈な人間だと思われて、見捨てられたくないからだ。また、ドムは自尊感情の傷に苦しんでいて、自分が育った家を恥じているため、パートナーを両親の家へ連れていったことがない。両親をどう思われるか怖いからだ。隠せば短期的には安心できるかもしれないが、結局、いちばん大切な人間関係のなかでも本当の自分を出せなくなってしまう。

避ける

もうひとつの方法は避けることだ。心の傷に近づかないようにし、できるだけ距離を置く。もしかしたら、あなたは拒絶や親密さを恐れていて、その傷に向き合うかわりに、けっしてデートしないようにしているかもしれない。または、失敗が怖くて昇進に挑戦したことがないかもしれない。傷に触れたり見たりしないかぎり、自分で傷を認めずにすむからだ。これが避けるという方法である。

演じる

つねに演じることで心の傷をごまかすこともある。なかには、みごとなショーを演じる人もいる。完璧主義者になり、自分の人生が完璧にうまくいっているように見せるのだ。こうすれば、恐れや、疑い、不安から自分を守ることができる。うまく演じれば、痛みに向き合わずにすむだろう。ジェニーもそうだった。上司や同僚を感心させるためだけに、週に90時間働いた。おかげでりっぱな業績をあげたが、どういうわけか、賞賛されても以前のように心が満たされなくなってきた。彼女は長年、仕事での業績を成功のバロメーターにしてきた。職場で褒められているかぎり、自分が人より劣っているとか、不十分だとか感じずにすんだからだ。その感情は、じつは幼少期に抱いていたものだった。

人を喜ばせる

何をおいても人を喜ばせる人間になることで、心の傷をごまかすこともある。人をうまく喜ばせて失望させないようにし、それを維持するために休むことなく頑張る。典型的な八方美人のロズによれば、そういう人は友人のためにあらゆるイベントに顔を出すのだという。けっして招待を断らず、まっさきに現れて最後まで残り、承認されつづけることに心を注ぐ。みんなに好かれることで、子どもの頃の、自分は嫌われている、求められていないという感情と向き合わずにすむからだ。

自分の弱さをさらけ出すのは怖くて難しいだろう。だが、そうしてこそ行き詰まりから解放されるのだ。心の傷を自分自身から隠したり、痛みを認めるのを避けたりしていては癒やされない。

また、心の傷から目をそらすために演じたり、人を喜ばせたりしていても癒やされない。しばらくのあいだ、その傷を受け入れてみよう。

傷や痛みをごまかしていては、人生に変化をもたらすことはできない。目を向けるべきものを遠ざけていては、生き方を変えられない。いつまでも行き詰まったままだ。とはいえ、あなたはまだ、痛みを人に打ち明けたり、しっかり感じたりする心の準備ができていないかもしれない。それでも本書を読みながら、ほんの少しでも感じてみてほしい。ここには、わたしとあなたしかいない。ほかの誰にも聞かせなくていいのだから。

心の傷をごまかす代償

心の傷をごまかすのは、向き合いたくないからだ。傷は生々しい感情を引き起こし、つらくて苦しかった過去を浮き彫りにする。嫌な過去を振り返るより、日々を前に進むほうが楽である。もし傷を認めずに進めるものなら、おそらくそうするだろう。

ところが、そのまま前に進もうとしてもうまくいかない。傷は消えないからだ。たとえ目を背けても、傷が占めるスペースは小さくならない。無視しても勝手に治らないし、避けても癒やされない。

心の傷は残りつづける。癒やされたいからだ。

それをごまかしたら、傷はあなたの注意を引く方法を見つけようとするだろう。実際、気づかないうちに、よくある方法で注意を引こうとしてきたはずだ。先週か先月にもあったが、あなたにはわからなかっただけかもしれない。

無意識のうちに自分が親とそっくりになっていることがある。たとえば、母親が父親を批判していたように自分もパートナーを批判したり、両親が怒鳴り合っていたように自分も怒鳴ったりする。あるいは、両親のパターンを繰り返すのが怖くて、そうならないように努力する。これは健全な場合もあるが、恐れから行動する場合は、何がなんでも衝突を避けようとする。それで表面上は平和を保てるが、不満や心配を口に出せなくなってしまう。

何か思い当たるものがあるだろうか。友人関係や職場の人間関係、現在や過去の恋愛関係でこのような行動をとっていることに、あなたはすでに気づいているかもしれない（ご心配なく。あなただけではない）。このような行動はすべて、意識的であれ無意識であれ、心の根元にある傷があなたの注意を引こうとしているサインである。

反応性

反応性は、心に傷があるという最大のサインだ。何かに強く反応すると、警報が鳴る。内なる自分が、今起こっていることについて、何かに気づいたからだ。今よくないことが起こっていて、自分は居心地が悪いか、脅かされているか、もしくは危険だと、反応によって知らせているのだ。

前にも同じようなことがあったと心の奥で感じて、反応性が表れることもある。悩みを打ち明けているときにパートナーが携帯電話を見たら、カッとなって部屋を出ていく。彼の注意散漫なようすに、子どもの頃に自分を優先してくれなかった親を思い出すからだ。友人が約束を三度も断ったら、文句を言う。彼女の思いやりのなさに、約束を守ってくれなかった親を思い出すからだ。

こういうことは誰にでもあるだろう。インスタグラムのフォロワーたちに、何に対して反応するか尋ねてみると、何百という投稿があった。たとえば、批判されること、相手にされないこと、非難されること、気にしすぎだと言われること、話を遮られること、話を聞いてもらえない気がすること、拒絶されること、責任逃れをされることなど。わたしたちはなぜ過剰に反応してしまうのだろうか。それについてはあとで探っていくが、今大事なのは、強い反応は砂浜に立てた目印の旗のようなものということだ。そこを少し掘れば、手当てが必要な心の傷が見つかるだろう。

物事を大げさにとらえる

表面下にある心の傷のもうひとつのサインは、物事を大げさにとらえたり、激しい口論とその理由に矛盾があったりするときだ。女性のクライアントのマヒーカは、数カ月付き合ってきた同性の恋人に手料理をごちそうしたいと言って、家に招いた。ところが、その女性が手ぶらでやってきて、マヒーカが料理しているのを見ながらソファーにドスンとすわったとたん、マヒーカの気持ちに変化が生じた。女性は愛想よく自分のことを話したり、マヒーカに質問したりする。でもマヒーカはどんどん機嫌が悪くなり、心のなかでこう思いはじめた――「こんなに身勝手だなんて信じられない。どうして『手伝おうか』って言わないの？　わたしを利用してるだけなんだ。もう人の世話をするのはうんざり」。まもなく、心の声が外に出た。「わたしと一緒に過ごしたいわけじゃないなら、どうして来たのよ？」そして涙があふれだした。このやりとりには戸惑う人が多いだろう。招かれた女性にも、何が起こったのかさっぱりわからなかったはずだ。その女性は、今そこにいて幸せだった。ところがマヒーカは、今起こっていることと、起こっていないことの両方に強く反応していたのだ。

不適切なほど大きな反応をする場合、その裏にさまざまな事情があるはずだと考えよう。すると今の気持ちが理解しやすくなるし、少なくとも背景がわかる。マヒーカは子どもの頃、アルコール依存症の親と暮らしていた。その親はソファーにすわったまま、あれこれ要求し、いつも彼女に世話をさせた。恋人が手ぶらでやってきて料理を手伝おうとしなかったとき、マヒーカは無意識に、利用されたことへの怒りを思い出したのだ。現在ではなく過去のネガティブな感情を心の奥で感じ、強く反応してしまった。癒やされないままの優先の傷のせいだ。この傷については Chapter 5 で詳しく説明しよう。

非機能的パターン

ごまかしたまま名づけていない心の傷が透けて見えるのは、自分の感情や、心身、人間関係、精神にとってよくない行動や選択を繰り返すときだ。あなたは何度も同じタイプのパートナーを選んでいるかもしれない。たとえば、いつも浮気や隠し事をし、上の空でやる気のないパートナーだ。または、翌日最悪の気分になるから、一夜かぎりの関係はもうしないと心に誓ったかもしれない……でもどれほど誓っても、気がつくと同じことをしてしまう。もしくは、経済的に友人に「合わせる」ために銀行口座を空にして、家賃の支払いに毎月苦しんでいるかもしれない。

どれか当てはまるものがあるだろうか。

これらを非機能的パターンという。その行動はさまざまで、先延ばしや、デートで相手の心をもてあそぶこと、人を傷つけては言い訳すること、くだらない議論、マイナス思考のひとり言、受けた以上に与えてしまうこと（非互恵関係）などがある。すべてに共通するのは、まだ気づいていない心の傷のサインだということだ。

わざと壊す

もっとも非機能的なパターンは、自分自身や人間関係をわざと壊すことだ。そうすることで、たいていは無意識に人を試している。傷を隠してさらに深くしながら、癒やすべきものをすべて表に出したいとも願っている。

人間関係を試したり壊したりするのによく使われるのが不倫だ。人が浮気をする理由はいろいろあるが、関係を壊すために浮気をするクライアントを、わたしは数えきれないほど目にしてきた。「浮気をしたら、そのうちばれて、相手は去っていくはず。どうせ自分はこの関係にふさわしくないから」というように、自分は愛や親密さ、パートナーシップを得るに値しないと言って傷を深めようとする。自分には選ばれる価値がないと思っているのだ。

ところが、これは傷を治そうとする試みでもある。このような考え方だ――「浮気をしたら、そのうちばれて、ふたりの関係は壊れるだろう。でももしかしたら、どうして自分がパートナーとしてふさわしくないのか、どうして自分は十分じゃないと感じるのか、相手に話せるかもしれない。そうしたら、本当はわたしには価値があり、相手の人生にとって大切な存在で、未来をともにするにふさわしいと思えるように助けてくれるかもしれない」。意外に思うかもしれないが、これは予想以上によくある考え方なのだ。

自分にはできないことをアドバイスする

最後に、表面化しようとする傷の意外なサインがある。自分にはできないことをほかの人にアドバイスすることだ。思い当たる人はきっと多いだろう。誰でも一度は経験があるはずだ。友人に元カノと話すのはやめたほうがいいと言いながら、自分の元カノからメールがくると、すぐに返事をしてしまう。きょうだいに就職の面接での心構えをアドバイスしながら、自分の面接になると自信をもつのに苦労する。自分を愛そうとインスタグラムで呼びかけながら、その陰では自分の好きなところをなかなか見つけられない。
もし自分にはできないことを人にアドバイスしているなら、それは解決していないものがあると知らせているのだ。自分を愛するようにアドバイスしながら、自分でできないのは、子どもの頃に誰にも愛されていないと思ったからだろう。実行できないことを人にアドバイスするのは、いったん立ち止まり、癒やされていない傷について考える必要があるというサインだ。

以上はすべて、心の傷が注意を引こうとしているサインだ。また、調べるべきものがさらにあることを示してもいる。どれかのサインに気づいたら、もっと多くの傷が必ず見つかるだろう。

心の傷に名前をつける

お気づきのように、本書ではさまざまな人の話を紹介している。それは、心の傷をうまくごまかしていても、ほかの人の話を通して見ると、自分の傷に気づきやすいからだ。実例は気づきを与えてくれる。これらを読み、練習していけば、自分で隠した傷や、なかなか認められない傷を表面化させられるだろう。ここで紹介する傷がすべてあなたに当てはまるというわけではない。だがほかの人の話や発見が、「なるほど！」と思う瞬間をもたらしてくれるよう願っている。それでは、モニカというクライアントの話を始めよう。

モニカとのカウンセリングを始めた頃、彼女は41歳で、不妊に悩んでいた。妊娠のためにできることはなんでもしたが、うまくいかず、心身ともに疲れきっていた。彼女の頭には、妊娠することしかなかった。

モニカは新しい夫のマイケルを褒めちぎっていた。頼もしくて、愛情深く、社会的地位もあり、「機能的依存症［訳注／外見上は正常に見える依存症］」の最初の夫とはまるで違っていると。ところがそのセッションの前夜、彼女はマイケルと大げんかをした。その後ますますこじれているという。けんかについて説明しながら、モニカは明らかに自分の行いを恥じていた。

「マイケルが仕事の後にディナーに行くのは知っていたんです。1週間前に教えてくれたし、カレンダーにも書きこんでいました。なのにマイケルが11時頃に帰ってくると、わたしは理由もなくけんかをふっかけて、マイケルの携帯電話をとって部屋の向こうに投げたんです。本当に恥ずかしいわ」

この反応は大きいうえに、意味がわからない——本人にとってもだ。「どうしてあんなことをしたのか、わからないんです。マイケルは何も悪いことはしていません。ディナーを終えて帰ってきて、わたしと話をしただけです。わたし、いったいどうしたんでしょう?」

モニカの過剰な反応は、彼女の注意を引こうとする心の傷が発した最大級の警報だ。わたしたちは心の傷が活性化したのか確かめようと、さらに探っていくことにした。

モニカの母親が彼女を妊娠したとき、両親は20代前半だった。「父はいつもいなかったし、母には母親としての自覚がありませんでした。だから、誰もわたしの世話をしてくれなかったんです。誰も教えてくれないし、助けてくれません。わたしがいることさえ覚えていないみたいで。わたしはなんでも自分でしなければなりませんでした。宿題も、食事も、学校の行き帰りも。最悪でした」

このときこそ、わたしがかつてカウンセラーから受けた、あの重要な質問をするときだった。「子どもの頃、いちばん欲しいのに得られなかったものはなんですか?」

「全部です」とモニカは答えた。

たしかにそのとおりだが、いちばんのものがあるはずだ。わたしは黙って、彼女が心の内をさらに掘り下げるのを待った。

モニカの目から涙があふれだした。「自分は大切な存在だと思いたかったですね。誰かが気にかけたり、興味をもったり、元気かと訊いてくれるような、大切な存在だって。何もかも自分ですることに疲れきっていたから。そんなに無理な望みですか？」

もちろんそんなことはないが、体験を変えることはできない。

「昨日の日中に何があったのですか」わたしは尋ねた。

「仕事と、医師の診察です」

「診察はどうでしたか。不妊治療の医師ですよね？」

「はい、そうです。結果はよくありませんでした。それを聞いて、とてもショックでした。わたしには妊娠や出産が無理だから、代理母について考えるようにと言われたんです」

それは彼女には荷が重すぎることだった。

最初の夫のニックが彼女よりアルコールを優先したことは、前回のセッションで聞いて知っていた。大事なことを忘れたり、何カ月も前からカレンダーに書かれている予定をすっぽかしたり。いつも二日酔いか飲んでいるかで、何も手伝ってくれなかったという。その結婚は幼少期の家庭の繰り返しそのもので、失敗する運命にあり、そのとおりになった。

しかし、マイケルを選ぶ際は慎重だった。「危険な兆候はぜんぜんありませんでした」とモニカは言った。「わたしを愛してくれるし、いろいろ計画してくれるから、ふたりで楽しく冒険できるんです」。この人とならパターンを繰り返すことはないと確信して結婚したのだ。

「マイケルは代理母についてどう思っていますか」わたしは尋ねた。

「わかりません。話していないんです」

「あら、話したくない理由でも？」

「不妊の話はあまりしないようにしているんです。マイケルはすごく赤ちゃんを欲しがっているから、その話をすると、つらいみたいで。彼の最初の結婚がうまくいかなかったのも不妊のせいでした。前の奥さんが子どもはもういらないって決めたから離婚になったそうです。だから、わたしはこの問題からマイケルを守ろうとしてるんでしょうね。わたしが通院して治療を受けるつもりなのは彼も知っています。ただ、わたしがなんとかしなきゃいけないんです」

「なるほど」と、わたしは言った。「あなたはずっと、なんでも自分で解決してきましたからね。でも昨夜、医師から言われたことを自分ひとりで抱えていて、心のなかで何かのスイッチが入ったのでは？　彼がその夜ディナーだったとしても、本当はあなたのように気づいて、どうしたのか訊いてもらいたかったのではないですか。そうすれば、これからどうするかひとりで考えなくてもいいですからね」

わたしたちは数分ものあいだ沈黙した。やがてモニカが崩れるように、両手に顔をうずめてすすり泣きだした。もちろんマイケルは、診察で何があったのか知らなかった。その日診察を受けたことさえも。こうして、モニカの過剰な反応というパズルのピースがはまりだした。

マイケルとモニカの結婚にはよい点がたくさんある。だが、モニカひとりでこの問題を解決するのは不可能だ。夫婦ともに子どもを望んでいるのだから、ふたりで協力しなければならない。モニカはマイケルが関心をもち、努力し、助けてくれていると感じたかったのだ。彼女の驚くほど大きな反応は、幼少期の心の傷（Chapter 5 で詳述する優先の傷）へとわたしたちを導いてくれた。マイケルから支えや、アドバイス、助力が得られなかったせいで、この傷が活性化したのだろう。

「ああ、まただ」と何度も思うと、自己批判や自己嫌悪に陥りがちだ。モニカのようにこう考えるかもしれない――「わたしの何が悪いんだろう。どうしていつもこうなるの？　どうしてこのパターンを変えられないの？　どうしてこういうタイプの人を選んでしまうの？　どうして相手にいつもキレてしまうの？　どうしてまだ乗り越えられないの？」でもこれらの質問は空回りするだけで、どうすればいいか教えてくれない。むしろ、この行動にはきちんとした理由がある。内なる自分があなたを守ろうとしているのだ。古いパターンから抜け出し、健全で建設的な新しい道へ進めるように、気づかせようとしているのである。まずは、パターンを繰り返させている傷を見つけて、名前をつけよう。

あなたが本書を手にとったのは、自分や人の行動によって、気づくべき道へと導かれたからだ。ここで自分の生い立ちを見つめ直し、いちばん欲しいものが家庭で得られなかったときに生じた心の傷を調べて、もっと健全な道を歩んでいこう。まず次のように質問することを学ぶ――「これと似たような体験があったのでは？」「初めて体験したのはいつ？」「誰といるときに体験した？」「この瞬間に過去から現れているものは、いったい何？」そして自分の不適切な行動に気づき、自分の注意を引こうとしている心の傷を見つけて、理解する練習をする。

心の傷に名前をつけ、過去の痛みを客観視して受け入れ、ともに悲しみ、それから方向転換して、人生やパターンを変える方法を見つけていこう。これが、次章で学ぶ「心の根元を癒やすワーク」だ。

本章を終えるにあたって、大事なことをお伝えしよう。人生はあなたをやっつけたいのではなく、癒やしたいのである。心の傷はあなたを苦しめたいのではなく、あなたを救うために注意を引こうとしているのだ。自分を取り戻し、自分の人生の主導権を握る旅は長く、これからも続いていく。でも心の傷を認識し、今日の行動に及ぼす影響を減らすことで、癒やしの道へと踏み出すことができるだろう。

問題は、「よし、やってみよう！」と思うかどうかだ。さあ、心の準備はできただろうか？

Part

2

心の傷とその原因

Chapter 3

自分に価値があると感じたい

わたしは何年も前のセミナーで参加者たちに、「わたしには価値がない。なぜなら……」に続く言葉を尋ねてみた。部屋じゅうが静まりかえる。やがてゆっくりと、勇気を出して本心を打ち明けてくれた。後ろのほうから小さな声が聞こえてくる。

「あんまり痩せてないから」

すると、ほかの声がした。「同じ間違いを繰り返すからよ」

また、別の声がする。「負け組だからさ」

さらに、違う声。「仕事がなくて、夫の収入に頼ってるもの」

次々に声が上がった。

「もっと魅力的な人がいっぱいいるでしょ」

「おれは怠け者だしな」

「仕事中毒なんです」

「わたしは感情的すぎるの」

「サイテーの家族だし」

「何ひとつうまくできない」

「頭が悪いからさ」

「人と打ち解けられないんです」

「神経質すぎて」

「太ってるもの」

「離婚したからよ」

「人を傷つけたことがあるんだ」

「いまだに結婚できないしね」

「みんなが離れていくからだよ」

参加者の目に涙があふれだした。ほかの人の理由を聞くたびに、そんなことはないと首を振る。この練習は一体感と団結をもたらす——「みんな心に何か抱えている。その点では仲間なんだ」。もっと続けてもよかったが、もう十分だとみんなわかっていた。

根本的に自分には価値がないと感じていると、よいものを得るに値しないと思ってしまう。**ありのままの自分**では、誰かに愛されたり、気遣われたり、そばにいてもらえたり、かまってもらえたりしないと思う。楽しみや、安らぎ、パートナーシップを得られるなんて信じられない。自尊感情の傷とは、自分には価値があるとは信じられず、何かを成し遂げたり完璧になったりしなければ、欲しいものを得るに値しないと思いこむことだ。

心の底で、多くの人がこの傷に苦しんでいる。不器用だから、怠け者だから、もしくは、ただなんとなく人とのかかわりに値しないと信じている。そして自分にこう問いかけている――「両親が愛してくれなかったのに、いったい誰が愛してくれる？　成功もしないのに、愛される価値なんてある？　いったい誰がわたしのそばにいたいと思う？　いい人じゃないのに、誰かに選ばれる価値なんてある？」

「わたしには価値がない。なぜなら……」の答えは、数え上げればきりがない。

だが、もし前提そのものが間違っていたら？　あなたには価値があり、よいものにふさわしいとしたら？　愛や、喜び、強いパートナーシップを得るに値するとしたら？　つまり、あなたは生まれながらに価値がないのではない。では、生まれたときから、自分の価値を疑うようになるまでのあいだに、何があったのだろう？

このセミナーの参加者のように、自分には価値がないというレッテルを貼っているのかもしれない。実際、あなたは生まれてきただけで価値があると言われても、ありえないと思うかもしれない。わたしは自尊感情の傷をもつ人たちにその言葉を言ってみたが、反応はたいていこのようなものだった――「すてきな考え方ですね。でもわたしにはそう思えません。どういう意味かさえわかりません」。じつのところ、今はわからなくてもかまわない。ほかの人はみな価値があって、自分には価値がないと思ってもいい。ただ、一緒に心のなかを探って何かを揺さぶり、だんだんとわかるようになってほしい。

なぜ、自分は愛されるには太りすぎだとか、感情的すぎるとか、十分ではないと信じるようになったのだろう？　その話はどこで生まれたのだろう？　そもそも誰が言いだしたのか。そして、なぜ自分には価値がないと信じるようになったのか。あらゆる傷と同じように、その答えは意外にシンプルである。

あなたにそう信じさせる生い立ちがあるからだ。

わたしには価値がない。なぜなら……

わたしは多くの人と話せば話すほど、誰もがなんらかの自尊感情の傷をもっていると確信するようになった。少なくとも、自尊感情は折々に問いかけられているのかもしれない。

コリーナは毎朝ボーイフレンドより早く起きて、化粧をしてからベッドに戻る。彼が目覚めたときに、何もしなくても美しいと思ってもらえるように。

クリストフはもっと稼がなければ、惹かれている女性の目に留まらないと信じている。

アリは持病がパートナーにとって重荷になるから、結婚できないと信じている。


このような物語、つまり彼らが自分に言いきかせている話が、自尊感情の傷があることを表している。

その話はどこで始まったのだろう？　自分には、愛されたり、選ばれたり、求められたり、そばにいてもらったり、十分だとみなされる価値がないと信じるようになった原因はなんだろうか。そのあけすけな言葉を思い出せるだろうか。そのふるまいを思い出せる？　愛は条件付きだと知ったときの気持ちは？　見捨てられたときのようすは？

ベロニカとのワークを始めたとき、彼女は50代前半だった。独身で、結婚した経験はなく、子どももいなかった。何十年も心理カウンセリングを受けてきたが、あまり効果は見られなかった。ウォール街の金融業界で30年も働いてきた彼女は、しゃがれた声でとげとげしく話した。喫煙と、何十年も男たちと言い争ったせいで声帯がやられたのだという。

ベロニカはわたしを見ると、にんまりして言った。「つっかかってるわけじゃないのよ。疲れてるだけ。こういうとこって疲れるでしょ。とにかく、このカウンセリングってのは効き目があると思ってたのに、わたしには効かないのよね。あなたが最後の切り札ってわけ」

これが、最初のセッションでの彼女の言葉だった。

「それは責任重大ですね」わたしは微笑んだ。「では、さっそく始めましょう」

わたしではなく、彼女自身が最後の切り札なのだと言っても、このときは聞く耳をもたなかっただろう。だが、セッションを重ねるうちにわかってくるはずだ。

カウンセリングは話を聞いてもらえるからいいと、ベロニカは言った。愚痴を言ったり悩みを打ち明けたりすると気分がよくなる。ただ気に入らないのは、何も変わらないように思えることだ。

「ROIがよくないのよね」と彼女は言った。

ROIとは投資利益率のことだ。金融業界で働くクライアントたちはみな、こういう言葉を使いたがる。投資利益率、費用対効果分析、データ点。

ベロニカは長年カウンセリングに多くの費用と時間をかけてきたが、何年経っても、たいして効果がなかった。カウンセリングへの投資が、望ましい利益をもたらしていないというわけだ。

「パートナーが欲しいのよ。子どもはもう無理だとわかってるけど、誰かを愛したいし、愛されたいって本当に思ってるの」

ほんの少し質問しただけでわかったのだが、ベロニカはこれまでのカウンセラーに家族の話をしたことがなかった。わたしは、さまざまな療法や理論があることに異論はない。むしろ、あらゆる症状に合う唯一の方法などないと信じている。しかし、家族関係や生い立ちについての理解を抜きにしたカウンセリングなど、どうしても考えられない。

「あなたの家族について話すことに、少し時間を使ってもよろしいですか」と、わたしは訊いた。

「ええ、いいわよ。好きにして」

ベロニカにとって最後の切り札だから、わたしの指示には従うつもりだったらしい。家族について質問を始めると、彼女がまだ5歳のときに、母親が家を出ていったことがすぐにわかった。

「出ていった理由を知っていますか」わたしは尋ねた。

「ええ、ママは子どもなんて欲しくなかったのよ。いい暮らしがしたかっただけ。責任なんか負いたくないし、我慢したくないし、縛られたくなかったのね。ある土曜日の朝、かばんひとつに荷物を詰めて出ていった。いつもの土曜の朝みたいにね。どこかの女の人が私道に車をとめて、クラクションを鳴らしたの。するとママがわたしと姉を抱きよせて、目が合うようにかがんで、こう言った。『ママはあなたたちをとても愛してるわ。でも、もう嫌なの』って。ママの友だちが私道から車を出すとき、ママはにっこり笑って手を振ってた。それから二度と会ってないわ」

この話を打ち明けるとき、彼女はまったく感情を見せなかった。「事実に基づくストーリーテリング」と呼ばれるものだ。これは、感情や受けた影響に触れずに、出来事の詳細だけを話すことである。自分の弱さを無視し、感じたり受け入れたりできないものから自分を守る方法だ。ベロニカはストーリーテラーとしてプロ並みだった。話しているときの彼女は楽しそうで魅惑的だ。ほかの人を感動させながら、自分では何ひとつ感じようとしない。

ベロニカはこの話を友人や、同僚、バーで出会ったばかりの人にも何度も話して聞かせた。ところが、カウンセラーにだけは打ち明けなかった。なぜだろう？

「訊かれたことがないからよ」と言って、彼女は肩をすくめた。

そのとおりだろう。カウンセラーたちは尋ねなかった。だが、ベロニカも自分から話そうとはしなかった。彼女は利口な人だ。これが重要な話だと知っていたから、話したくなかったのだ。少なくとも、このときまでは。

ベロニカはわたしのインスタグラムのアカウントを1年以上フォローし、わたしのやり方を理解していた。育った家庭について深く探ろうとしていることも、このカウンセリングが愚痴を聞いてもらうだけではないことも知っていた。わたしたちは気合いを入れてワークに取りかかった。

母親が出ていったことで、ベロニカは自分には価値がないという生い立ちを背負わされてきた。

自尊感情は一瞬で壊されてしまうこともあれば、一連の出来事や言葉を通して徐々に奪われることもある。ベロニカの場合は、母親から見捨てられたことで、自分は母親にそばにいてもらえるほどよい子ではないのだと信じるようになった。

自分には価値がないと思っている多くの人がそうであるように、ベロニカも自分の価値を証明してくれる人を必死で見つけようとした。ところが、うまくいかなかった。恋愛関係が始まっても、数カ月後には終わりを迎えた。自尊感情の傷にはさまざまな原因がある。ベロニカもひとつひとつチェックしていった。彼女は、誰かがずっとそばにいてくれると信じられなかった。それほど自分がよい人間で、価値があって、大切な存在だなんて信じられない。少しもかまってくれない薄情な男性ばかり選んでしまう。または、愛情深い男性を選んでも、わざわざ追い払おうとしてしまう。

ベロニカは、愛情深い男性に絶え間なく用事を言いつけるようすを話してくれた。相手を試しているのだと、わたしにはすぐにわかった。洗濯物をクリーニングに出させたり、受け取りにいかせたりする。ハウスクリーニングの予定を組ませる。飛行機を予約させる。冷蔵庫の食品を切らさないようにさせる。彼女は相手をパートナーというより使用人のように扱った。それなのに、長いあいだ何が問題なのかわからなかった。

心の根元を癒やすワークを始めるまで、ベロニカはパートナーをこのようなひどい方法で試し、結局は去らせていた。わざと壊していたのだが、その事実が見えていなかった。過去が自分を支配し、不健全な人間関係のパターンの繰り返しをさせていることに、そろそろ気づくべきだ。幼少期の影響がどれほど大きいか、探って理解しなければならない。

さて、あなたの自尊感情の傷はどこで生まれたのだろう? スイスの精神科医で精神分析学者のカール・ユングは、「無意識を意識化するまで、それはあなたの人生を支配し、あなたはそれを運命と呼ぶだろう」と語っている。あなたも自分の幼少期を探り、はっきりと理解しなければならない。愛のない親、条件付きの愛、言葉の暴力などが、自分には価値がないという感情の大きな原因である。親や人生で重要な人に、そのような特徴がなかっただろうか。

愛情不足

愛情に欠けていて、かまってくれない親は、子どもに大きな影響を与える。人にはそれなりの背景があるだろうが、愛のない親をもつと、子どもは傷つき、困惑し、孤独を感じ、自尊感情の傷を負うことが多い。家庭は助言や、愛、つながり、安心が得られる場所であってほしい。もちろん、自分に価値があると信じることは、結局は心のなかでやるべきことだ。だが子どもの頃は、大人たちが自分をどう扱うか、どう話しかけるか、自分についてどんな話をしているかが、自分の価値につながる。家庭は、自分が大切な存在かどうか、価値があるかどうか、よいものを受けるに値するかどうかを学ぶ最初の場所である。育つ家庭は、子どもの自尊感情を確立し、維持するのにとても重要だ。そして家族関係は、一生を通じて子どもの幸福を大きく左右する。[*1]

愛のない親にもっともよく見られるのは、一貫性のなさだ。矛盾したメッセージを子どもに与える親たちについて考えてみよう。あるとき、親は最高のチアリーダーとして子どもの宿題を手伝ってやり、別のときには自分でできないことを批判する。また、子どもがひどく動揺していると、あるときは支えてやり、別のときには自分でなんとかしろと言う。子どもが失敗したり、怒らせるようなことをすると、あるときは優しく話しかけ、別のときは非難したり、きつく当たったり、叱りつけたりする。研究によれば、親、とくに母親の賞賛や、承認、愛情表現に一貫性がないと、子どもは自己肯定感をもてず、うつ病になりやすいという。[*2]

思い当たることが以下にあれば、あなたも一貫性のなさを体験したのかもしれない。

● **親がどんな顔を見せるかわからなかった。** 愛情深い親なのか、ひどく批判的な親なのか。楽しくて陽気な親なのか、怒ってピリピリしている親なのか。

● **親の反応や、その結果が予測できなかった。** あるときは大目に見てくれ、ほかのときはひどく罰せられた。

- **親がどんなふうに話しかけてくるかわからなかった。**あるときは思いやりをもって優しく話しかけ、ほかのときはその言葉がどんな影響を与えるか気にかけなかった。
- **親があなたの生活にどの程度関心があるのかわからなかった。**関心を示すときもあれば、示さないときもあった。あるときはあなたのために時間と情熱を注ぎ、ほかのときはまったくしなかった。

一貫性のなさが積み重なれば、自分に価値があるのか、親にとって大切な存在なのかわからないという混乱した感情をもたらす。また、自尊心への疑いが生じ、自分は不十分だと感じるだろう。

ただ、ここで話しているのは、サッカーの試合を何百回のうち数回見にこなかった親とか、ときどき家で仕事をするが、ほかのときは愛してくれた親のことではない。子どもが自分の価値を疑うようになるほど、あまりに一貫性のない親についての話である。

親の愛情不足を示すのは一貫性のなさだけではない。親がその場から完全にいなくなり、身体的にも感情的にも愛情をかけないことがある。仕事で数カ月出かけたのかもしれない。

精神障害で生活や育児ができなくなったのかもしれない。新しい家族ができて、新しいパートナーや子どもたちがあなたよりも大事になったのかもしれない。または、もう煩わされたくないだけかもしれない。

理由がなんであれ、親の不在は自分の価値への疑いをもたらす。もちろん、不在の理由にはさまざまな事情があるだろう。だが、しばらく子どもの身になって考えてほしい。ほとんどの子どもは精神的に未熟なので、親の不在の理由を理解できない。だから自分のせいだと思ってしまう。それ以外の理由がわからないときはなおさらである。

ベロニカの場合、見捨てられることで愛情不足が生じた。母親は、父親と姉と彼女を置いて出ていった。「もう嫌なの」という言葉以外、なんの説明もなく。

ママにとって嫌なものとは、なんだろう?

ベロニカにすれば、それはほかでもない自分だった。

自尊感情の傷は、5歳の小さな身体のなかで大きな場所を占めるようになり、一生自分の価値を疑う土台を築いた。

「ママが出ていってから、わたしと姉は何日も泣いてた。姉はふたつ年上だから、わたしは姉に説明を求めたの。7歳ならなんでも答えられるとばかりにね。ふたりでさんざん話し合ったわ。何かヒントがないかと、ママの持ち物を調べたけど、何もなかった。それで、わたしたちのせいに違いないって思ったの。ほかには何も考えつかなかった。もしママがママでいるのが嫌になったのなら、それは子どもが悪いからだろうって。そうじゃない?まあ、本当はそんなの間違いだって思おうとしてるんだけど」

ベロニカがしばらくのあいだ自分の痛みを感じ、表面化して認めてから、わたしは言った。「自分がパートナーシップを続けるのにふさわしいなんて、とても信じられないでしょうね。パートナーシップとはそばにいることですが、お母さんがそばにいてくれなかったんですから」

これは質問ではない。わたしはすでに答えを知っていた。

ベロニカにもわかっていた。ただ、誰かがはっきりと告げたのはこれが初めてだった。

あなたも幼少期を振り返って、両親が愛してくれたかどうか見てみよう。一貫性がなかったり、不在だったり、見捨てられたりしたとき、どんなふうだったか感じてほしい。

さあ、一緒にやってみよう。

- 子どもの頃、わたしを愛してくれなかった人は(　　　　　　)。
- わたしが体験した愛情不足のタイプは、〔一貫性のなさ・不在・見捨てること〕。そして、その体験について覚えていることは(　　　　　　)。

あなたは今、すばらしいワークをしている。そのプロセスに取り組みはじめている。あなたが覚えているのは、愛情不足だけではないかもしれない。親が子どもに自尊感情の傷を負わせる方法には、さまざまなものがある。

条件付きの愛

愛は無条件であり得るとわたしは信じているが、人間関係に条件は付き物だ。パートナーシップや、大人の家族関係、友情でもそうだろう。しかし、子どもにとっては無条件の愛がとりわけ重要だ。とくに、初めてのものに満ちた新しい世界を歩んでいくときには、大きな支えになる。無条件の愛は、子どもの存在と行動とを分けて考える。間違っても大丈夫であり、失敗しても許されるし、がっかりされても愛や価値はなくならないというメッセージを送ってくれる。

罰として、愛やコミュニケーション、許しを与えないというのは、子どもにとって精神的苦痛がもっとも大きい傷つき体験になる。わたしの父はよくこれを行った。わたしが父の言うことを聞かなかったり（つまり子どもらしく、またはティーンエイジャーらしく行動したり）、気に入らないことがあったりすると、父は怒りをぶちまけて、それから何日も何週間も口をきいてくれなかった。これは残酷な罰だった。当時のわたしは、今の知識をもっていなかった。父の反応性は、父自身の感情やわたしの感情を受け入れられない結果である。感情の耐え方を知らないと、こういう反応をするようになる。これこそ父のコミュニケーション法で、しつけの仕方、自分の思いどおりにするために力と支配を用いる方法だった。でも、わたしは父のやり方が嫌いだったので、引き下がらなかった。お返しにこちらも口をきかずに、何日も何週間も父に対抗した。「先に話しかけるのは、どっち?」というゲームだ。でもこんなゲームをしていても、父の言うことを聞かなければ悪いことが起こるという信念が生まれることに変わりはない。言うことを聞かなければ、たしかに悪いことが起こった――愛は条件付きのものになった。

ここで、はっきりさせておきたいことがある。わたしは、自尊感情の傷をもたらす条件付きの愛と、子どもに必要な無条件の愛を区別しているが、叱ってはいけないと言っているのではない。むしろ、愛されていると安心させながらも、必要ならしっかり叱るべきだ。わたしが父から言ってもらいたかったのは、「おまえのしたことは本当によくないから、この週末は友だちと遊ばせないぞ。でも、おまえのことは愛しているよ。気持ちが落ち着いたら、よく話し合おう」というような言葉だ。

「愛しているから、いつもそばにいるよ」これが安心させる言葉である。「愛しているから、わたしにとって大切な子だ。愛しているから、どこにも行かないよ。愛しているから安心しなさい。愛しているから許すよ。おまえが何をしようと、愛はなくならない。たとえ悪さをしたときに叱らなくてはいけなくてもね。愛しているよ」

わたしは父に大目に見てもらう必要はなかった。叱られたうえで、父の愛は変わらないと安心する必要があったのだ。だが父のやり方は、聞き分けのないわたしに自尊感情の傷を負わせ、自分に価値があるのか不安にさせた。「言うとおりにしろ、そうすればおまえはいい子だ。言うとおりにしないなら、関係も愛もなくすぞ」

わたしは父との体験から、ある行動をすれば、愛や、つながり、コミュニケーションが得られ、そばにいてもらえると学んだ。父は喜んでわたしの世話をし、夕食をつくったり、宿題を手伝ってくれたりした。ところが、わたしが目に見えない一線を越えると、何もしてくれなくなった。そういう父の態度は、わたしの20代前半まで続いた。わたしが「いい子」なら、ピンチのときに食料品を買って助けてくれ、ニュージャージー州からニューヨーク州へ通勤していたときに駅まで車で送り迎えしてくれた。

ところが、わたしが父の気に入らないことを言ったり、父の機嫌を損ねたりしたとたん、父はわたしを罰した。夜10時に電話してきて、翌朝6時に駅へ送ってくれる人をほかに探せと言う。たしかに、ほかの方法はあった。車をもっていたから、自分で運転して駐車場にとめておけばいいし、タクシーを呼ぶこともできる。その頃はお金に余裕がなかったけれど、それさえ問題ではなかった。問題は、父がわたしを罰していたということだ。父はわたしに何かを伝えるために、そういう態度をとっていた。それでわたしは、ある行動をすれば、つながりや、愛、楽な生活が得られるが、そうしなければすべてを失うと学んだ。つまり、なんでも言いなりになれば自分には価値があり、そうでなければ価値がないと教えこまれた。
それでは、あなたはどうだったか考えてみよう。

- 家庭で愛されるには、どんな条件があった？
- 家族とつながり、そばにいてもらうには、どんな条件があった？
- 家庭で大切にされ、自分に価値があると感じるには、どんな条件があった？

条件付きの愛は人から自尊心や自己肯定感をはぎとる。そして、批判的な言葉も同じように自信を失わせる。いや、もっと悪いかもしれない。

言葉の暴力

なかには、間違えようがないほど明らかに自尊感情の傷を抱えている人もいる。愛情の欠如や条件付きの愛どころではない。端的にいえば、子どもに向かって価値がないとはっきり言う親がいるのだ。彼らは子どもに向かって、失敗作、どうせ何にもなれない、生まれなければよかった、役立たず、人間のクズ、などの暴言を吐く。これは明らかに虐待だ。こういう言葉は心を傷つけ、有害で、大きなダメージを与える。虐待については別の章で述べるが、誰かに価値がないと言われたことが自尊感情の傷の原因になると知っておこう。

これが繰り返されると、子どもはさまざまなダメージを受ける。また言葉ではなく、怒りの爆発によることもある。侮辱や批判で傷つけることもある。親の話し方や使う言葉は、親自身の内面を表すものだ……だが子どもの頃は、親の言葉が自分をもっとも表すものだと思ってしまう。

ベロニカが父親からひどく批判されるようになったのは、母親が出ていってからだった。それは姉のキャロルと比較するという陰湿な形で始まった。母親に見捨てられてから、ベロニカは学校でもどこでもうまくいかなかった。すると父親は、姉のようになれと怒るようになった。父親はよくこう言った。「なんで姉さんみたいにもっと勉強しないんだ？ おまえがキャロルみたいだったら、おれの人生はもっと楽なのに」

これはまさに言葉の暴力だ。ベロニカはよい子を演じるようになった。だが父親は優しくなるどころか、ますます批判するようになった。「ママが出ていった後、パパの言葉のせいで頭がおかしくなりそうだったわ。『もっと姉さんみたいになれ』って言うばっかり。姉さんみたいになったら、どうだっていうの？ もっと愛してくれるわけ？ 姉さんみたいになったら、ママが出ていったことを認められるの？ 姉さんみたいになったら、ママが帰ってくるっていうの？」ベロニカは声を詰まらせた。目を閉じて、涙を流す。母親に見捨てられたうえに、父親からの言葉の暴力のせいで、自分の価値に疑問を抱きつづけた。「まだここにいる親からさえ、わたしは愛してもらえない」と。

言葉の暴力がすべて残酷そうに見えるとはかぎらない。もっと巧妙なものもある。マヤには、支えてくれる温かい家族がいた。でも母親は、自身も体形のことで悩んでいたので、理想体重から2キログラム以上増えてはいけないといつもマヤに注意した。「ちゃんとコントロールしなきゃだめよ」と何度も言う。さらに、このような言葉で追い打ちをかけた。「でも愛してるわよ、増えた体重にもかかわらずね」

そう、この「にもかかわらず」という皮肉な言い方だ。心が傷つくはずである。マヤはいつも自分の身体と闘ってきた。「減量しなきゃ、誰もわたしを求めてくれない。減量しなきゃ、誰も魅力的だと思ってくれない。減量しなきゃ、パートナーをもつのにふさわしくない」。これは何十年も前に母親から受けた巧妙なメッセージだ。

自分の幼少期を振り返ってみて、いまだに影響が残っている両親の言葉を思い出せるだろうか。ひょっとしたら、いまだに体重について意見するマヤの母親のように、今も同じ言葉を口にしているかもしれない。または、言われたのは1回だけだが、あなたの頭のなかにいつまでもこびりついているのかもしれない。心を傷つける一言が、その後何十年もどれほど自尊感情に影響するか、わたしはいつも思い知らされている。

クライアントのトレバーは、誰かと付き合う前によい友だちになる必要があるのだと言った。というのも、相手がトレバーのことをよく知っていれば、身長が理由で振られることはないからだ。これはすべて、5年生のときに好きだった女の子の何気ない一言が原因である。あるパーティーでその女の子がこう言った。「もっと背が高かったら、かっこいいのにね」。ほら、ここにもあった。これが、長いあいだトレバーに自分の価値を疑わせた一言だ。

心が傷つく批判的な言葉を思い返すのは楽しいものではない。だが言葉はいつもわたしたちにつきまとっている。その影響をしっかり認識しよう。

●子どもの頃、いちばん心が傷つく言葉を言った人は（　　　　　　　　）。

このように名前を挙げるとき、体内で変化するものを感じるかもしれない。あなたに何かを伝えようとしているのだ。それを感じてみよう。

●その言葉で傷ついた理由は（　　　　　　　　）。

子どもの頃に、このように言われたことはないだろうか。「棒や石で打たれたら骨が折れるが、言葉で傷つけることはできない」と。もちろん、でたらめだ。とんでもない嘘を回復力と称して押しつけられただけだ。言葉は心を傷つける。傷つけることができる。あなたも言葉で傷つけられたことを自分で認めよう。

自尊感情の傷の原因を探るのは、なかなか大変だ。自分には価値がないと信じるようになった経緯を見つけると、心がひどく乱れるかもしれない。初めて気づいた場合でも、すでに知っていたことを思い出した場合でも。どちらにしろ、そこには傷がある。そしておそらく、自分なりに対処する方法を見出していたことだろう。

自尊感情の傷への対処

自分の価値が脅かされたり疑わしくなったりすると、子どもたちは対処するためにさまざまな方法をとる。完璧主義になる子もいる。人を喜ばせようとしたり、できるだけ役に立って価値を示そうとする子もいるだろう。成績や能力を上げることに集中する子もいる。うまくやり遂げれば、思いやりや、承認、賞賛に値すると信じているからだ。子どもは親を幸せにするために全力を尽くす。親が幸せなら、価値のある子どもになれると願って。

育った家庭を離れた後も、ずっとこの道を歩みつづける人もいるだろう。完璧であり、まわりの人の役に立ち、業績を上げ、人を喜ばせつづける。自分がよいものや、愛、思いやり、つながり、親密さを得るにふさわしいと信じたいからだ。なかには、頑張った挙句、自分には価値がないと渋々認める人もいるかもしれない。

数年前にわたしがセミナーを催したとき、部屋は自尊感情の傷をもつ人でいっぱいになった。でもその部屋の人たちは、どこにでもいる人たちだ。あなたのパートナー、あなた自身、友人、同僚、両親、上司。自尊感情の傷をもつ人や、自分は十分ではないと感じている人を見つけるのに、わざわざ遠くを探すまでもない。

もしあなたが子どもの頃、完璧になろうとしたり、役に立とうとしたり、成績や能力を上げようとしたり、人を喜ばせようとしたりする子だったなら、どれほど頑張ったか、わたしにはよくわかる。もちろん、あなたは頑張った。もちろん、あなたはすべてを注いだ。自尊感情を守るために全力を尽くした。自分の価値を確かなものにするために、何時間も勉強や練習に励んだ。安心し、自信をもつために、どれほどすばらしい努力をしたことか。自尊感情を守るための努力を認めてあげよう。

さあ、胸に手を当てて、やってみよう。自分を守るためにどれほど頑張ったか認めてほしい。自分が成し遂げたことに感謝しよう。

●（　　　　　　　）してくれて、ありがとう。（　　　　　　　）のために頑張ってくれて、ありがとう。

自己批判から自己感謝へと切り替えることが大切だ。とはいえ、ふつうはたやすくない。

もっと必要なものがあるかもしれないし、以前の対処法で自分を守れなくなるかもしれない。それでも、どのように対処して生き延びるかは、かつてはとてつもなく大事なことだった。だから、できるだけ尊敬、感謝、賞賛をもって認めてあげるべきだ。

自尊感情の傷を癒やす

心の傷を癒やすには、切り替えと変化が必要だ。ただし、簡単とはかぎらない。ベロニカは長いあいだ、不幸な恋愛関係における自分の責任に気づかなかった。いつも人のせいにしていた。パートナーが十分に気遣ってくれない、頑張ってくれない、愛してくれないと。この被害者意識をなくして、協力できる方法を見つけなければいけない。でないと、同じパターンを繰り返して人のせいにしつづけるだろう。

わたしとベロニカのあいだに信頼関係ができてくると、彼女が自尊感情の傷を見つめるのを手助けできるようになった。「人があなたをパートナーに選ぼうとしないのは、あなたがそうさせているからだと思いますよ」。彼女にとっては聞きたくない言葉だとわかっているので、わたしは思いやりをこめて言った。「相手はあなたのヘルパーになりたいのではなく、パートナーになりたいのです。あなたを知りたいのです。山ほどの用事を言いつけられたいのではありません」

ベロニカは自分がどのように人を追い払っているか、わかりはじめていた。人に理解してもらえなかったのは、彼女がそうさせていたからだ。相手があらゆる命令に従ってくれなければ、彼女は激しく反応した。「なんで手伝ってくれないのよ。わたしがそれほど大事じゃないってこと？　わたしはあなたの人生にとって、頼みごとを聞くほどの価値もないわけ？」と、パートナーに詰め寄った。

ベロニカには無条件に価値がある。あなたもそうだ。愛、つながり、存在感、思いやり、安心、さらに多くを得るに値する。あなたはそれにふさわしい。だからといって、好きなようにふるまっても関係が続くというわけではない。ベロニカは生い立ちを一緒に探っていくうちに、自尊感情の傷が人間関係を壊していると気づくようになった。人を追い払いながら、そばにいてもらうことはできない。彼女は人を試すのをやめ、境界線を引き、行動の指針を決める必要がある。そうでないと関係を失いつづけ、自分には価値がないと思いつづけることになるだろう。

ベロニカの癒やしには、恋愛関係を続けながら、被害者意識をもつ自分に気づくことが必要だった。その自分に境界線を引いて、価値があるという信念を強めていかなければならない。うまくいくわけがないと囁く、もうひとりの自分にしっかり気づいているかぎり、その恋愛関係はうまくいくはずだ。薄情な男性を選んだり、愛情深い男性とのつながりを壊そうとしたりするのをやめ、つながりを求めて心を開くようにする。パートナーに新しい用事を言いつけたり、けんかをふっかけたりしたくなったら、これは自尊感情の傷による策略だと思い出す。ベロニカは懸命に取り組んだ。このワークこそ、やりがいのあるワークだ。これには驚異的なROI（投資利益率）があるのだから。

心の根元を癒やすワーク――4つのステップ

それでは、癒やしの旅に不可欠な4つのステップに案内しよう。わたしはこれを「心の根元を癒やすワーク」と呼んでいる。これは変化についての治療学の常識から少々外れているが、わたしにも多くのクライアントにも効果があった方法だ。そのステップとは、心の傷に**名前をつける**、傷を**客観視**して受け入れる、本当の自分を失ったことを**悲しむ**、**方向転換**して新しい行動や選択をする、の4つである。

この4つのステップについての説明をよく読めば、あなた自身で心の根元を癒やすワークに取り組めるだろう。Part 2のそれぞれの傷でこの4つのステップを行うので、自分に当てはまる傷について実践してほしい。進み方は人によって違うし、ひとつの「正しい」やり方などない。最初は簡単にできるとはかぎらない。自分にできることをやっていこう。

何度も戻ってくることだろう。ふだんより激しい感情に襲われるかもしれない。これまでにないほど記憶や感情にしっかり向き合うことになるかもしれない。それでも続けよう。心の根元を癒やすワークをすれば、変化、成長、癒やしのチャンスにたくさん出合えるはずだ。

名前をつけよう

心の傷を認めることができなければ、癒やすのは難しい。また、誤って認識したら、癒やしの道も間違ってしまう。誰かがあなたとよく似た体験をしていても、負った心の傷は同じではないかもしれない。そう、ここが一筋縄ではいかないところだ。だからこそ時間をかけて過去を探り、詳細に注意し、自分が何に傷ついたのか明らかにすることが、あなたの癒やしの道を開くことになる。わたしがいつも「あなたを傷つけたものはなんなのか、正確に言ってください――ぴったりの名前をつけて」と言うのも、そのためである。これは大胆な第一歩だ。傷に名前をつけるときには勇気が要る。

Chapter 1 で紹介したナターシャを思い出してほしい。父親の不倫を名指しするのは、どれほどつらかったことだろう。裏切りに加担するよう頼まれたことを口にするのも苦しかったに違いない。ベロニカは自尊感情の傷をごまかすため、以前のカウンセリングでは家族の話をしなかった。心の傷に名前をつけようとすると、つまり、両親や養育者の愛情不足、条件付きの愛、言葉の暴力が原因だと認めようとすると、誰もが危険を感じるだろう。このステップでは、自分に影響を与えた体験と正面から向き合わなければならない。小さくしたり、大きくしたり、なかったことにしたり、ゆがめたりせずに、正直になろう。落ち着いて、その体験を名指しすることが大切だ。過去に立ち向かわなければ、正体不明の過去に人生を操られるかもしれない。いや、きっとそうなるだろう。

客観的な目撃者を得よう

誰かに自分を客観的に見てもらうことは、生涯でもっとも感動的な経験のひとつだ。では、このワークではどうするのか具体的に説明しよう。**客観視**とは、あなたか（そう、あなたも自分の体験の目撃者になれる）、ほかの誰かが話を受けとめ、その体験、痛み、影響を与えた出来事の目撃者となることだ。あなたの話を聞いてもらい、見てもらい、認めてもらうのである。

自分の体験が客観視されると、まさに文字どおり人生が変わるだろう。ただ認めてもらうだけで、苦しんでいるパターンから抜け出しやすくなる。この力を過小評価してはいけない。客観視とはその出来事のそばにいて、目撃し、感じ、つながり、じかに体験する（あたかも、じかにしているように体験する）ことだ。

ときには、客観視の力だけでパターンから解放されることもある。

わたしは、今の夫に客観視してもらえたと初めて感じたときのことが忘れられない（このステップでは心を揺さぶられるので、つい書きたくなってしまう）。わたしは家族のひとりと電話で話していた。彼女はわたしの話を聞いて、必死で自己弁護しつづけた。これはふたりのあいだで何十年も繰り返されてきたパターンで、わたしはもううんざりしていた。傷ついている自分が、誰かに聞いてもらって、この痛みを理解してもらい、彼女をなんとかしてもらいたいと願っていた。でもいつもうまくいかず、そのたびにさらに傷ついていた。

この夜は、夫のコナーが家にいた。わたしはたまたま電話をスピーカーフォンにしたまま、イライラする会話を続けていた。夫はそばにすわって聞いていた。会話はいつもと同じ調子だった。ところが、その後に起こったことで心が癒やされ、わたしのなかで何かが解き放たれたのだ。

電話を切ったとき、わたしとコナーの心がつながった気がした。夫は今聞いたことを彼の言葉で説明した。信じられないことに、それはわたしが思っていることとまったく同じだった。彼は同じ話を聞いて、わたしがいら立つのも当然だと言った。その瞬間のわたしを見ていただけでなく、過去に傷ついたわたしもすべて見てくれたのだ。わたしと彼女は何十年も同じような議論を繰り返してきたが、わたしのインナーチャイルドは誰かに見てもらえたと感じ、大人のわたしもそう感じることができた。

彼女との関係は何も変わらないが、不思議なことに、わたしはもうひとりではないと感じた。もう誰かに「わかって」もらい、わたしの意見を理解してもらう必要はない。もう十分だ。この瞬間、わたしは何十年もの不健全なパターンから解放された。

しばらく時間をかけてよく理解しよう。客観視は、人に頼る必要はない。もちろん、話を聞いてくれる特別な人がいればありがたい。でもわたしの経験からいえば、どんな人による客観視でも、変化をもたらすことができる。

ときには、傷の原因となったその人に、あなたの本心を聞いてもらえることもある。パートナーや友人に聞いてもらうのもいいだろう。また、心を落ち着けて、自分で客観視することもできる。そして、わたしが主催するリトリート［訳注／日常から離れた場所で心身をリフレッシュすること］のように、見知らぬ人に聞いてもらう場合もある。リトリートには勇気のある人たちが数日間集まってくる。これまで会ったことがなく、リトリート以外の日にほかの場所で会うこともない人たちが、お互いに目撃者となり、人生が変わるような癒しをともに体験する。

わたしは自分が再びパターンに陥りそうだと感じると、また客観視が必要なときだとわかる。これは1度で済むとはかぎらない。というより、それで済むことはめったにない。傷がまた疼いたときは、パートナーや親友に話を聞いてもらうか、自分で客観視するようにしている。

悲しもう

悲しみといえば、愛する人を亡くすことを思い浮かべる人が多いだろう。このワークの悲しみのステップでは、自分自身の一部を失ったことを悲しむ。つまり、ありのままの自分、傷や痛みやトラウマをもつ前の、本当の自分を失ったことを悲しむのだ。それだけでは十分ではない。痛みを認めるのがつらいから自分を切り離すという、これまでの対処法を手放さなければならない。もしかしたら、あなたは自分の身体を粗末に扱うことで痛みに対処したかもしれない。好きでもない人と性的関係をもつことで対処したかもしれない。または、自分を批判したり、繰り返し責めたりすることで対処したかもしれない。まずは悲しむことに取り組んでから、これらの不適切な対処法を手放そう。

客観視も、悲しむことも、心が揺さぶられるステップだ。自分から、または人から正しく客観視されれば、あなたは解放される。弁が開くようなもので、閉じこめられていたものが突然流れ出す。保護モードから、開放的で動的なモードに切り替わるのだ。

この弁が閉じているときは、気を引きしめて身構えがちだ。体のなかが緊張する。すると、感情を十分に感じられなくなるので、その感情は否定され、抑圧される。

ここでの悲しむこととは、客観視によって表れたすべての感情に寄り添うことだ。いったん弁が開いたら、そばにいて感じてみよう。どうなるかわかるはずだ——あなたが感じる余地をつくれば、感情がドッと流れこんでくるだろう！　それでいい。予想どおりだ。

正しい悲しみ方などないし、正しいスピードもない。最後まで悲しむ必要があるだけだ。避けられないし、拒めないし、抑えこめない。もともとそこにあったのだから。**自分の気持ちをしっかり感じよう。**

このことを覚えておいてほしい。あなたから奪われたものは、永遠に失ったわけではない。あなたは自尊感情、帰属意識、優先されること、安心、信頼を取り戻すことができる。自己肯定感も、陽気で楽しい安心感も取り戻せるのだ。

新しい道へ方向転換(ピボット)しよう

わたしは運動が好きなので、ピボットという言葉を聞くと、スポーツでの足さばきが頭に浮かぶ。ピボットとは、すばやく向きを変えることだ。フィールドやコートでうまくピボットすれば、敵チームに気づかれない。不健全なパターンは、巧みなディフェンスのように、あなたの次の一歩を予測している。あなたがするべきことは、その予測を裏切ることだ。パターンはあなたの一貫性を利用しているので、もしパターンを変えたいなら、いつもとは違う行動をしてみることだ。少なくとも、つねに健全で自分らしい行動ができるようになるまでは。

このワークには気づきが必要だ。そこから、新しい結果をもたらす道を自ら選択していこう。わたしはコナーに客観視してもらった後も、自分で客観視して十分に悲しまなければばならないことが何度もあった。先に述べたように、この解放のおかげで、その家族とはこれまでのようにかかわらなくていいのだと気づいた。その認識自体が方向転換なのではなく、毎回かかわらないことが方向転換だ。古いパターンが出てきそうになっても、わたしがかかわらなければ、そのたびに方向転換していることになる。

方向転換とは、再び自分に深くかかわることだ。そして「わたしはあなたを見ているよ、そして大切にするよ」と語りかけることだ。自分を大切にできるのは、十分に客観視して悲しんだ場合である。それなしに方向転換するのは非常に難しい。だから、よかれと思って反省したり、目標に取り組んだり、自分に繰り返し約束しても、結局は同じ人やほかの人に対して同じ行動をしてしまう。変えたいパターンを変えられないのは、十分に客観視して悲しんでいないからだ。まず痛みを認め、客観視し、感じなければ、痛みから先へは進めない。これは苦しむためではなく、自分の痛みと傷を受け入れるためだ。

傷を傷と呼べたら、すばらしく自由になれると、わたしは確信をもって言える。イアンラ・ヴァンザント［訳注／米国の弁護士、作家、ライフコーチ］が語った、わたしの好きな言葉を紹介しよう。「問題を見すえて、存在を認め、正しく名指しし、それが自分の人生でどんな役割をしているかを明らかにしたら、あなたは自由への第一歩を踏み出したのです」。あなたは、まさにそれを行っている。自由への第一歩を踏み出しているのだ。

さあ、始めよう

この癒やしのワークに取り組む気になったら、まず時間をつくり、ひとりになれる場所を見つけよう。繰り返しになるが、ここでの練習は、自尊感情の傷をもつ人のためのものだ。もし自分に当てはまらないなら、遠慮なく次章まで飛ばして、帰属意識の傷を確認するプロセスへ進んでほしい。Part 2 の各章で、それぞれの傷に対する具体的な癒やしのワークを紹介しているので、自分の傷に適したワークができるだろう。

癒やしのプロセスは神聖な体験である。わたしがいつも勧めるのは、枕を床に置いて横になり、毛布にくるまるか、瞑想用のクッションにすわってキャンドルを灯すかだ。もちろん、癒やしの雰囲気をつくるためである。

あなたが安心できるなら、なんでもオーケーだ。わたしは目を閉じるのが好きだ。そのほうが集中できる。でも、目を開けているほうが安心だという人もいる。誰もいないのを確認できるし、まわりで起きていることがわかるからだ。正しい方法も間違った方法もないので、自分なりの方法でかまわない。カウンセラーと一緒にしたいという人もいる。まずはやってみて、しばらくようすを見よう。もしトラウマを感じたら、十分なケアが不可欠だ。ワーク中にあなたを導き、支え、安全な場所となってくれる人に協力してもらおう。

それでは、さっそく始めよう。

名前をつける

自分の価値を疑った最初の瞬間に目を向けよう。穏やかな気持ちで観察してほしい。その瞬間の細部にも目を向けられるだろうか。そこはどこ？　誰がいた？　あなたは何歳？　何を着ていた？　自分の価値を疑ったのは、誰かの言葉のせいだった？　できるだけ多くのことに気づいてみよう。

客観視する

自分自身に、今あなたが見ている幼い自分に、もっと目を向けよう。まるでビデオで見ているかのように観察し、そのときの気持ちに気づいてほしい。ベロニカはこのワークで、5歳の自分が、母親から家を出ていくと告げられているのを目撃した。車に乗って去っていく母親を、幼い自分が見つめているのを目にした。幼い自分がその瞬間を体験するのを見て、その少女がかわいそうになった。その子はこの出来事のせいで自分の価値を疑うようになったのだ。

悲しむ

あなたはもう悲しみを感じはじめているかもしれない。さあ、悲しみに身をまかせよう。何年も前の自分と同じ気持ちになるかもしれない。見捨てられたり、言葉の暴力にさらされたりしている幼い自分を見て、胸がはりさけそうになるかもしれない。人を喜ばせて愛を得るために自分を偽るようになった幼い自分を見て、心が痛むかもしれない。幼い自分を思いやろう。そして、このときの自分に何をしてあげたいか考えよう。ハグしてあげたい？　つらかったね、と言ってあげたい？　抱きあげて、大丈夫だよ、と言ってあげたい？　せずにはいられないことは、なんだろうか。それに気づいてほしい。感情があふれるままにしてみよう。

心地よければ、気がすむまでこの状態を続ける。もし目を閉じているなら、部屋に戻る前に少し時間をとろう。目を閉じたまま、手や足の指先を少し動かしてみる。首を伸ばしたり、胸やお腹に手を当てたり、呼吸に集中したりするのもいい。目を開けたときに何が見えるか考えよう。どこにいるか思い出せるだろうか。それから、ゆっくりと、瞬きしながら目を開ける。そのまましばらくじっとしていよう。

さあ、これで、あなたは本当に大きな一歩を踏み出した。悲しみのワークは1度だけで終わるわけではない。繰り返し行う必要があるかもしれない。わたしはこのワークを始めてから、何度も行っている。ほかの細部にも注目し、6歳や9歳の自分について新しい気づきを得るためだ。そのたびに、同じようにも新しくも感じられる。だから、あなたにも勧めたい。必要なだけ、やりたいだけ行おう。1週間毎日する人もいるだろうし、1度だけやって、来年や5年後に戻ってくる人もいるだろう。どちらも、すばらしいことだと思う。

方向転換する

あなたは、自尊感情の傷が今どのような形で活動しているかわかるだろうか。どの人間関係のなかに顔を出しているだろうか。人を喜ばせたり、頑張ったりしている？　自分に価値がないと感じるのが嫌で、隠したり避けたりしている？　少し時間をとって、もし自分には価値があると知ったら、何が違ってくるか考えてみよう。愛されるに値すると知ったら、何を頑張るのをやめるだろうか。自分に価値があると感じたら、自分を隠すのをやめて何をするだろう？　方向転換するには、いったん立ち止まり、少し時間をとって、次の一歩を明確にする習慣を身につけなければならない。この文を完成させてみよう。

●もし自分に価値があると信じられたら、わたしは行動を変えて（　　　　　）するだろう。

いつもの人間関係のなかで、不要だと思うものをやめてみたら、何が変わるだろう？まず今週は、古いやり方を新しいやり方に変えるチャンスがあるとき、あなたがそれに気づけるかどうか見てほしい。ただ気づくだけでいい。今あなたに必要なのはそれだけだ。

ふう、お疲れさま。あなたは大変なワークをやり終えた。心が敏感になってヒリヒリしているかもしれない。しっかりケアしておこう。自尊感情は一夜にして確立するものではない。ほかのワークと同じく、何度も自分に深くかかわることになるだろう。あなたが懸命に取り組むのをわたしは見守っている。そして、一緒に歩みつづけるのがとても楽しみだ。

Chapter
4

何かに属したい

子どもはみな、いや、人はみな何かの一部になりたいと強く望んでいる。自分自身でありたいが、自分より大きなものの一部にもなりたい。何かに属したいのだ。

家族や集団から、本来の自分らしさを偽るよう求められなければ、自分は大切にされていると感じて安心する。そしてすばらしい帰属意識が生まれる。何かに属することは重要で、たいへん価値がある。

でも残念なことに、家族や集団にはたいてい、それぞれの在り方がある。そして意識的であれ無意識であれ、その在り方を維持するために、自分をつくるようあなたに求めてくる。集団の一員であるために、また家族に属するためにも、ありのままの自分を犠牲にしなければならないと感じている人がとても多い。帰属意識が、獲得するものではなく、ただ与えられるものであれば、どれほどいいだろう。でも、願いは必ずしもかなわない。のけ者のように感じさせられた子どもは、おそらく大人になっても、やはり何にも属していないと感じるに違いない。

帰属意識の傷の原因

「なんでこの街には、落ち着いて暮らそうっていう、まともなゲイがひとりもいないんだよ？」

オフィスのドアが閉まりきらないうちに、見るからにいら立ったニールが入ってきてソファーにドスンとすわり、頭を後ろにそらせた。ニールは32歳、1カ月前からカウンセリングを始めていた。ウェストバージニア州からニューヨーク州へ越してきたのはその数カ月前だ。

「まともな、というのはどういう意味ですか」わたしは訊いた。

「ほら、わかるだろ。毎晩出かけてどんちゃん騒ぎしなくてもいい男のことさ。ひとりの相手とまじめに暮らしたい男。夜は家にいて、ふたりきりで過ごしたい男。ゲイだということを隠して失った年月を取り戻すために楽しまなきゃ、なんて考えない男だよ」

ニールは別の夜にも飲みに出かけて大騒ぎをしたばかりだった。ニューヨークに来る前は薬物を使ったことなどなく、酒もたまにしか飲まなかったのに、今は自制心を失っている気がする。いったいどうなっているのか知りたくて、わたしの元へやってきたのだ。

「パーティーにいた人たちからプレッシャーを感じたのですか」

「いや、ぜんぜん。そこがおかしいんだ。プレッシャーなんてないのに、欲しくもないものにイエスって言ってしまうんだ。ただ、こっちに差し出されて、まわりがみんなやってるっていうだけでね」

わたしはニールに、薬物使用という新しいパターンは、まわりに合わせて結局はそこに属そうとする試みではないかと尋ねた。

彼は肩をすくめて、じっくり考えはじめた。「それはおもしろい考えだね」

ニールは、故郷で得られなかったものをニューヨークで見つけたいと夢見ていた。それは、自分がふつうだと思える仲間たちだ。しかしまもなく、彼の仲間たち、すなわちゲイの人たちのなかでさえ、自分はやはりよそ者だと感じるようになった。ニールは本気で付き合える相手が欲しかった。同じ価値観をもつ人と暮らしたかった。だが、セックス以上のつながりを求める人とはなかなか出会えない。ニールはいら立っていたが、自分がどれほど幼少期の影響を受けているか、わたしと話し合うまで気づかなかった。

ニールはふたりの兄とふたりの妹の真ん中で育った。「ぼくは、のけ者だったんだ」と彼は話してくれた。「兄さんたちみたいにスポーツに熱中しないから、父さんはいつもがっかりしてた。期待外れの、いらない息子さ。わかってたよ。母さんと妹たちは女同士で団結してたから、入れてもらえなかったしね」

ニールの両親はとても信心深く、小さな町の人たちは互いの事情をよく知っていた。人に知られたくないことは上手に隠さなければならない。ニールは自分がゲイだということをうまく隠していた。家族には14年間隠し、町の人たちにはもっと隠していた。何年間も、家族に溶けこむためにどんなことでもした。父親の望みどおりスポーツをやってみたり(内心は大嫌いだったが)、わざわざ好きな女の子の話をしたり。長いあいだ、ふつうの男の子のふりをしたが、のけ者だと感じるという事実は変わらなかった。

ニールがついに自分の性的志向を両親に打ち明けたとき、ふたりの反応はひどいものだった。最悪の悪夢が現実になった。両親は受け入れてくれないだけでなく、ニールを厳しく批判し、恐怖と不安で度を失った。

家族が違いに出くわしたとき、反応の仕方にはさまざまなものがある。ニールの両親には性についての強い信念があった。だからニールがゲイだと聞いたことで、負いきれないほどの問題が生じた。彼らはゲイであることは悪いこと、すなわち罪だと信じていた。そしてゲイの息子がいることは、親として失格ということだと考えていた。町の人たちからの非難を恐れるあまり、ふたりはニールを非難するようになった。

両親に打ち明けた夜、ニールはふたりが話しているのを耳にした。「その夜、母が泣いてたのを覚えてるよ。寝室のドアの前にすわりこんで、ふたりの話を聞いてたんだ。母が父に、ぼくが母の人生を台無しにしてしまったって言ってた。ぼくは何カ月も毎晩泣いたよ。ぼくがゲイだと、なんで母の人生が台無しになるのか、どうしてもわからなかったんだ」

すべてが変わり、そして何も変わらなかった。根強く残ったのは、自分が何にも属していないということだけだった。両親は家のなかでニールを無視するようになり、予定や用事以外については話しかけなかった。きょうだいたちもそれに倣った。母親は、彼が実家に住んでいるかぎり、ゲイであることを誰にも言ってはいけないと言い渡した。町の人たちにもけっして知られてはいけないと。隠そうと隠すまいと、彼が家族に溶けこむのは不可能だった。

ニールは両親がどれほどショックだったか理解していた。「ふたりは南部出身で、すごく信心深いからね。納得できないのはわかる。だけど、こんなにひどい仕打ちをするとは思っていなかった。動揺するだろうけど、そのうち乗り越えて、やっぱり愛してくれると思っていたんだ」。彼は頭では両親の苦悩を理解していたが、心はひどく痛んでいた。両親が子どもに背を向けて完全にのけ者にするなんて、いったいどうしてできるのだろう。

わたしたちはみな、唯一の存在として生まれてきた。健全な環境では、ひとりひとり違うという事実が受け入れられ尊重される。わたしたちは自分自身でありながら、集団の一部にもなれる。

ところが、属しているグループが生来の違いを受け入れないこともある。さらに、子どもの違いをどう扱えばいいのかわからない親もいる。その場合、少なくとも幼いうちは、子どもが親に譲歩しなければならないだろう。まわりに合わせることは、いわば最後の切り札だ。集団に属させないという脅しによって窮地に追いこまれ、集団をとるか自分自身をとるか選ばされる。自分を選ぶことは、子どもにとってリスクが大きすぎる。集団に属するほうがずっといい。形式的な帰属によって、たとえ幻であっても、受容や、承認、喜びが得られる。ほとんどの人が最初はまわりに合わせようとするのも無理はない。

しかし、いつかはその違いが痛みを覚えるようになるだろう。もしかしたら、あなたは幼いうちに同調することに抵抗したかもしれない。または、成長してから両親の信念に立ち向かったかもしれない。もしくは、もっと大人になってから親と疎遠になったかもしれない。ニールのように、自分の違いを支持し、ありのまま認めてくれる集団を見つけさえしたかもしれない。ただ、家族の信念やライフスタイルから遠ざかるのが早くても遅くても、違いを受け入れる能力が両親になければ、子どもは認められていないと感じる。別の在り方を認める余地が親や集団になければ、子どもは本質的に拒絶されたと思う。やがてあなたの生き方と彼らの生き方が対立し、親が和解できない場合は、衝突と帰属意識の傷が生じるだろう。

無視と回避

子どもの違いへの家族の反応は、ただ避けるだけのこともある。大人たちは目をそらして何かを無視すれば、それが存在しなくなるか、少なくとも対処しなくてもいいと自分に言いきかせる。自分を守るために避けることもあるし、避けることで子どもを守れると考えている場合もある。

だがいつも言うように、人は癒やしを求めずにはいられない。受容と和解も求めずにはいられない。家族があなたの違いを無視したり、避けたりすれば、帰属意識の傷が生じるのは当然だ。

トリシュに会ったのは2015年だが、彼女の話はずっと心に残っている。トリシュには脳性麻痺があった。生まれつき身体の動きや、筋緊張、姿勢に影響する病気だ。トリシュは足を引きずって歩き、立ったりすわったりするのも健常者よりずっと大変だった。それでも、トリシュの家族は彼女の脳性麻痺についてけっして話し合わなかった。「どこが悪いの?とわたしが訊くたびに、どこも悪くないって言ってた。わたしにふつうでいてほしいとすごく思ってるから、どこも悪くないふりをしてたのね。家族はわたしの脳性麻痺を完全に無視してた」

このためトリシュは不安で仕方なかった。何かが違うとトリシュにははっきりわかっているのに、家族は認めようとしない。学校で毎日からかわれ、家に帰って答えてもらおうとしても、その子たちが「いじわるなだけ」で、どこも悪くないと言われる。トリシュと自分たちを守ろうとする両親の試みは、不安と混乱しかもたらさなかった。臨床心理学教授で、ニューヨークタイムズ紙ベストセラー『「ちがい」がある子とその親の物語』（依田卓巳・戸田早紀・高橋佳奈子訳／海と月社）の著者アンドリュー・ソロモンは、身体障害のような、親とは異なる子どもの特徴を「横の同一性（ホリゾンタル・アイデンティティ）［訳注／親から受け継ぐ「縦の同一性」に対し、同世代の仲間に求めるアイデンティティのこと］」と呼び、それが受容と養育を必要とするものとしてではなく、直すべき欠点のように扱われることが非常に多いと述べている。[*1]

トリシュは脳性麻痺のために自分が人とは違うと感じていた。そして悪気はなくても、家族がその違いを受け入れずに避けたため、心の傷がひどく悪化した。トリシュは両親に、ギャップを埋める方法や、違いによる恐れや疑問に立ち向かう方法を見つけてもらう必要があった。彼女の味方になって、一緒に最善の道を探し求めてほしかった。「人と違う身体をもつのは大変だった。でも、いくら頼んでも違いや痛みを認めてくれない両親をもつのは、もっと悲惨。そのせいで、長いあいだ本当に苦しんできた。今でもまだ心が落ち着かない」と、彼女はぶっきらぼうな口調で語った。

もし自分の現実が否定され、無視され、避けられたら、自分の経験や真実を疑うようになりやすい。やがて自分が信じられなくなり、自信を失っていく。その弱い立場から、まわりに合わせて自分を変えるか、よそ者であることを受け入れるしかないだろう。

あなたは家族とどのように違うだろうか。まわりの世界とはどう違う？　両親や家族の誰かがあなたの違いを避けたり、無視したことは？　もしあったなら、どんなふうに？

さあ、一緒にワークをしてみよう。

- わたしの違いは（　　　　　　　　　　）。
- わたしの違いをいちばん避けて無視した人（たち）は（　　　　　　　　　　）。
- もし、その人（たち）が違いを認めてくれていたら、どんなふうに変わっていただろう？（　　　　　　　　　　）。

支配

違いに対するかかわり方のなかで、回避はまだ穏やかな方法かもしれない。子どもの違いがどうしても受け入れられない親にとって、もうひとつの策は支配することだ。自分の信念や生き方が問われるのを恐れ、容認できる行動とできない行動を前もって決めてしまう。そうすれば間違いは起こらない。人にどうあるべきかを指図して自分はそのままでいるほうが、人を受け入れて人生や視野を広げるよりもずっと楽である。

カールは海軍軍人の子どもだった。家族でしょっちゅう引っ越していた。カールは3人兄弟のいちばん上で、父親が国外にいるときには母親をよく助けていた。父は家にいるとき、非常に支配的だった。子どもたちは父がセットした時計のアラームで目を覚まし、軍隊式にベッドを整え、登校前に数時間、訓練をした。父には彼なりの信念、在り方、やり方があった。

カールはこの早朝の訓練が大嫌いだった。「軍隊に入ったのは、ぼくたちじゃない。父なのに」とカールは言った。カールは弟たちとは体格が違うので、父を説得してほしいと母にひそかに懇願した。だが、母はしてくれなかった。「ぼくは言われたとおりにしたよ。でも、みじめだった」。あるセッションで、カールはそう話してくれた。

わたしはカールに、父親に正直な気持ちを伝えたいかと尋ねた。

「おまえのしたかったことなんかどうでもいい、男らしくしろって言われるだけさ」

家族にはたいてい独自のルールや期待がある。わたしたちは幼いうちに、家族の一員になるとはどういうことか、そのためには何が必要かを学ぶ。宗教、礼儀作法、身だしなみや服装、人生の選択、好きになってもよい相手まで教えられるかもしれない。はっきり言われたかどうかにかかわらず、そのメッセージに圧倒されることもある——「わたしたちと同じようにしなさい。そうすれば家族に属していられる。同じようにしないなら、もう家族の一員とはみなさない」。家族の期待がこのような支配に変わったとき、帰属意識の傷がたやすく生まれる。

支配は子どもに影響するだけではない。親たちは自らの罪悪感や、恥、きまり悪さを直視するのを避けるためにも、この方法をよく使う。支配は安心を得ようとする試みだ。支配することで、自分は無価値で、愛されず、十分ではないという恐れに向き合わずにすむ。「この子のために選んだり、この子に何かをさせたり、納得させたりできたら……そうしたら、自分の恐れを無事に避けることができる。この子を従わせることができたら、もう屈服せずにすむ」。これは、支配する人間の最大の幻想である。

支配する習性は、世代から世代へと受け継がれる。カールの話によれば、祖父は父親以上に支配的だったという。カールに対する父の態度の原因は、父が自分の父親から受けた態度にあった。そのことを話し合っているうちに、カールはしだいに理解するようになった。父は支配される痛みのなかで育ち、それを息子に伝えただけなのだ。

ただ、理解してもカールの現実は変わらない。あなたの現実も変わらないだろう。背景はわかるかもしれないが、あなたへの支配の影響が変わることはない。もし幼少期に支配されたら、自分が家族のなかで大切な存在で、価値があり、尊重されているとは思えないだろう。

支配はあなたをがっしりと摑んでいる。その力は息が詰まるほどで、飽くことなくあなたの違いを絞り出そうとする。これは恐ろしい体験だ。とうとう厳格な支配に屈して軍人になるか、解放を求めてほかの道を探しに行くしかないだろう。

あなたは家族と違いがあるときに、誰かに支配されただろうか。少し時間をとって、あなたの違いを取り戻そう。それに名前をつけてみよう。

●わたしの違いは（　　　　　　　　）。

ここからもう少し探ってみよう。

●その違いに対して、支配した人（たち）は（　　　　　　　　）。
●その人（たち）の支配の仕方は（　　　　　　　　）。
●支配されて、もっとも感じたことは（　　　　　　　　）。

不寛容と屈辱

不寛容とは、自分と異なる意見、信念、ライフスタイルを受け入れられないこと、もしくは受け入れようとしないことだ。一般的には、親は子どものために最善を願っている。成功し、健康であり、愛され、家族に属してほしいと思う。ところが不寛容が頭をもたげると、なじみのない異なるものに直面した家族は、完全に心を閉ざしてしまう。

ニールの両親は、彼の性的志向を受け入れると長年の信念を捨てることになるので、何年も彼との関係を断った。ゲイの息子を受け入れて愛するためには、性についての固い信念を変えなければならない。やがては信仰と政治的信念も脅かされることになる。

ほかの宗教を信じる人を愛することが受け入れられない親も不寛容だ。政治的意見、宗教観、人種差別に対する考え方が異なることが受け入れられない親や、違いのためにあなたをのけ者にしようとする親もそうである。

家族が非常に頑なな信念をもっている場合、同調しない者に屈辱を与えたり、追い出したりすることが多い。これはあなたの問題ではなく、ほぼ家族の問題だ。あなたの違いが何かを反映して家族に見せ、彼ら自身の不安、疑い、恥を明るみに出してしまう。これらに気づかなければ、本人にも家族関係にも害をなすだろう。

屈辱を与えることは、違いに対する反応のなかで、間違いなくもっとも有害な反応だ。それを受ければ、自分には大きな欠陥があるから愛されないと思いこむだろう。自分を恥じるだけでも十分みじめなのに、ほかの人から、しかも愛や導き、養育、保護を求めるべき大事な人から屈辱を受けたら、心が萎えてしまう。

初めてブリーに会ったとき、彼女の内なる批評家は悪意に満ちていた。「内なる批評家」とは、頭のなかで聞こえる自己批判の声のことだ。内なる批評家には言いたいことが山ほどあり、その多くは思いやりのない言葉だ。だが、内なる批評家にも生い立ちがある。

最初から自分に意地悪だったわけではない。それはどこかから批判を学んだ。そして、ブリーは母親からそれを学んだのだ。

ブリーは両親の離婚後、福音派キリスト教徒の家庭で育った。母親は人生で最悪の日々に宗教を求めたのだが、その信仰はとても厳格だった。思春期の子どもにありがちな、娘のごくふつうの行動が母には受け入れられない。ブリーが初めてTバックの下着を買ったとき、母は狂ったように怒った。「母は泣きだして、わたしが地獄へ落ちるって言いました。そのときでも何かおかしい気がしたけど、母の言葉が本当のこととして胸に刺さったんです。自分は悪い子だと思いました。わたしがすることはなんでも恥ずべきことでした。ボーイフレンドができても、プロム［訳注／高校の年度末のダンスパーティー］に行っても、おしゃれしても、わたしが『悪魔（サタン）の道を歩んでる』という話になってしまって。バカげていますよね」

絶え間なく屈辱を受けたせいで、ブリーは自分が家族に属していないように感じるようになった。自分では悪いことは何もしていないと思うのに、もっとも大切な人から受ける言葉は逆だった。何年間も母に受け入れてもらえるような生き方をしようと頑張った。でもとうとう、母を喜ばせることはできないという事実を受け入れた。

ブリーはずっと屈辱を受けながら育ったので、その恥を内在化し、大人になっても苦しみつづけた。つねに自分自身を責めたり、批判したり、恥じたりしていると、本当に自分らしく生きることも、何かに属することもできない。

あなたの違いは、どのような屈辱や批判を受けただろうか。その屈辱や批判が、どのようにして自己批判の声になったかわかるだろうか。あなたは自分の内なる批評家に気づいているかもしれない。でも、その生い立ちは？　内なる批評家が最初から意地悪だったわけではないのなら、どうしてそうなったのだろう？

- 内なる批評家からいちばんよく言われることは（　　　　　　　　　　）。
- 内なる批評家の生い立ちは（　　　　　　　　　　）。

社会の影響

わたしたちはかつてないほど、友人や他人に反対することや、礼を失することを恐れている。[*2] 以前よりはるかに二極化した社会だ。[*3] 人々は自分の信念が隣人と異なると、存在を否定されたり追放されたりするかもしれないと怯えながら生きている。本来の自分らしさを大切にするより、まわりに従うほうが楽なのだ。

心の傷がすべて家庭で生まれたわけではないし、幼少期にできたともかぎらない。帰属意識の傷の場合は、社会や、宣伝広告、コミュニティー、全体的なシステムから受ける影響や圧力が原因になりやすい。

どこを見ても、宣伝広告があなたの不安感をあおって利益を得ようとしている。人と違うことへの自然な恐れを利用している。SNSは「完璧」なイメージをつくって現実をゆがめ、ほかの人の「もっとよい」人生と比べさせる。「逃すことへの恐怖心」から、みんながしている体験を自分だけがしていないのは嫌だと思う。アメリカの美の基準は昔からヨーロッパと同じで、肌が白く、スリムで背が高いことが求められる。そしてつい最近まで、さまざまな文化や肌の色、性的志向、非伝統的な恋愛関係は、テレビ番組や映画、コマーシャル、雑誌に出てこなかった。そのため、何百万人という子どもたちや大人たちが、繰り返し現れる登場人物や、恋愛関係、職業のどれにも自分を当てはめることができなかった。

仲間外れにされたい人などいない。のけ者やよそ者だと感じたい人はいない。なのに、とても多くの人がそう感じている。家で、学校で、仲間のなかでも孤独を感じている。だから、多くの人が帰属の助けになると思う方向へ進む。

「コードスイッチング」とは、まわりに合わせるために言葉のアクセントを上げ下げしたり、行動や服装を変えたりすることだ。これは、非白人の人たちが「もっと白人らしく」なるようプレッシャーを感じるときによく行われる。たとえば黒人の子どもは、白人が多い集団や学校のなかで、どのようにふるまえばいいかを身につけている。また、ゲイのなかには異性愛者のふりをしている人もいる。男女の社会で生きるノンバイナリーの人がいる。奨学金で私立校に通いながら、格差を隠そうとする子どもがいる。

バネッサに会ったとき、ここへ来ることができて、ほっとしているようだった。彼女は離婚から前へ進みたいと思っていたが、破局の悲しみとシングルマザーになる苦痛はまるで悪夢だった。恥ずかしくてたまらない。そのうえ、前の夫はかなり年下のアスリートだったので、友人や家族から「だから言ったのに」という言葉を浴びせられる。「わかってる、わかってるわ」バネッサはわたしからも年の差について意見されると思い、食ってかかるように言ったが、かえって本心をさらけ出していた。

バネッサはひとりっ子だ。幼い頃に亡くなった父親は黒人で、母親は白人。白人のコミュニティーで育ち、白人の学校に通った。たくさんの友だちに囲まれて楽しい子ども時代を過ごしたが、まわりに合わせるために白人らしくしなければならないと、いつも感じていた。白人らしい服装、白人らしい髪型、白人らしい話し方。小学校から高校、大学まで、みんなに属するために白人らしさを強調した。その一方で、黒人らしさを抑え、ときには消し去らなければならなかった。ウォーカー・S・カーロス・ポストン博士［訳注／米国の医学博士］は、異なる人種の両親をもつ人は、ひとつの人種集団のアイデンティティを選ぶことに重圧を感じると説いている。その選択は集団の地位、親の影響、文化的知識、容姿に大きく左右される。[*4] バネッサの父親は黒人の歴史を教えてくれ、ほかの家族にはない彼女の一面を思い出させてくれた。だが父親の死後は、黒人としての自分からますます離れていった。この大きな喪失の重要性に気づいたのは、ずいぶん後のことだ。

バネッサは自分が属せるところを探しつづけたが、どこへ行ってもうまくいかなかった。肌の色や、シングルマザーであること、そして前夫と暮らしていたときには、彼と同じリーグの選手たちの妻や恋人たちと見た目が違うことなど、合わないことだらけだ。自分のがっしりした体格と比べて、ほかの妻や恋人たちを曲線美人と呼び、その服装、髪型、化粧は「わたしには合わない」と言った。自分をそう表現することで、よそ者としての立場をさらに強めていた。白人ばかりの家族や友人、新しい地での白人の隣人たちに囲まれて、バネッサは自分がよそ者だという意識で溺れそうだった。

ニューヨーク市に移ったとき、バネッサはほかの人たちのなかに自分の姿を見るようになった。その人たちは彼女に似ているし、彼女はその人たちに似ている。新鮮な風に触れたような気がし、やっと仲間を見つけたのかもしれないと楽観的になれた。ところが、そこでの友人たちも、やはり彼女をよそ者扱いした――バネッサは黒人として十分じゃない、「混血」にしては肌が白すぎると。

この言葉はバネッサに大きな痛みを与え、帰属意識の傷を悪化させた。バネッサは自分の違いが明らかな集団のなかで育ったが、認められたり褒められたりすることはめったになかった。人は認められないとき、承認を得るために努力する。[*5] バネッサにとって、それは白人らしくなることだった。その後、ようやく黒人としての自分を表に出すようになっても、やはりまわりとは合わなかった。

明らかに、わたしたちは社会の影響を受けている。社会はわたしたち全員に大きな網を投げかけている。ただ問題は、「どんなふうに?」ということだ。はっきりわかるものもあれば、わかりにくいものもある。いつもあるものもあれば、特定のときに現れるものもあるだろう。じっくり考えてみてほしい――属していないという恐れが、メディアや社会によって悪化しなかっただろうか。どんなふうに、のけ者にされたと感じた? 人と違うせいで、どんなふうに生き延びるすべを見つけなければならなかった? さあ、次の文について考えよう。

●子どもの頃にずっと守ってきたことは(　　　　　　　　　　)。
●わたしは(　　　　　　)だから、(　　　　　　)しなければならないというプレッシャーを感じていた。
●わたしは(　　　　　　)だから、まわりに合わせなければならなかった。
●今も守りつづけていることは(　　　　　　　　　　)。

帰属意識の傷の原因を探るのは易しいワークではない。どのように人に合わせてきたかを明らかにしたら、さまざまな感情が湧きあがるだろう。まわりに属するために本来の自分らしさを手放したことに気づいたら、心のなかで何かが活性化するかもしれない。その感情に身をまかせよう。今のままでいる必要はない。それがこのワークのすばらしいところだ——あなたは新しい道を選べるのだ。

帰属意識の傷への対処

真に属している状態とは、まわりへの同調ではなく、本来の自分らしさが主導権を握っているということだ。偉大なマヤ・アンジェロウ〔訳注／米国の公民権運動活動家、詩人、作家、歌手〕が語ったように、「自分はどこにも属さないと気づいたときこそ、あなたは自由になれる——あなたはあらゆるところに属しながら、けっしてどこにも属さない」。これは深遠な気づきの瞬間である。自分自身に属するとき、つまり自分と平和を保っているときは、あらゆるところに属し、同時にどこにも属していない。あらゆるところは、あなたの内側にある。属していないところは外側にある。本当の自分でいるということは、何も奪われないということであり、批判や、侮辱、拒絶、否認という脅しに対して異なるかかわり方をすることだ。

とはいえ、帰属意識の傷から本来の自分らしさの受容へと、すぐに変われる人はほとんどいない。人生がそれほど楽なら、どんなによかっただろう。むしろ最初は、別の苦しい道を選ぶことが多い。わたしたちは傷への対処として、適応や拒絶という道をまず歩んでから、ようやく自分らしくあることで帰属する道を発見するのかもしれない。

適応する

まわりとの違いにはっきり気づいたら、ほとんどの人がまずは適応しようとする。「このように行動すれば、まわりに属することができる」と。適応は波風を立てないので、幼い頃はそれで欲しいものが手に入る。つまり、まわりから受け入れられる。ルールや、上下関係、秩序は大切であり、家族が独自の暮らし方をもつのはすばらしいことだ。健全な家庭なら、帰属意識が育まれるだろう。だが適応が必要条件になると、だんだん強化され、偽りの帰属意識をもつようになる——「ありのままの自分を変えているからこそ、家族の一員でいられる」。これは属しているのではなく、ただ合わせているだけだ。

まわりに合わせるため、結果を恐れて要求に応えようとする。そうしなければ、のけ者にされるからだ。違う扱いを受けたり、無視されたり、見下されたり、侮辱されたり、罰せられたりするかもしれない。個人や、コミュニティー、家族から、自分の違いを批判されるかもしれない。まわりと同じようにしなければ仲間外れにされると、あなたは知るようになる。

適応を求める集団は多い。家族はあなたに完璧さを求めるだろう。たとえば、きちんとした服装をし、イメージを保ち、よい子でいるようにと要求する。または、いつも愛想よく、親の意見に逆らわず、自分の気持ちを口にしたり怒ったりしないよう求めるかもしれない。文化的集団も、承認や、尊重、安全を得るために大多数の人と同調するよう求めるだろう。

適応は生き延びるための方法ではあるが、目的ではない。結局のところ、真の帰属意識に必要なのは癒やしと変化だ。

あなたは適応して生き延びることを、どのようにして学んだのだろうか。家族の目を通して学んだのかもしれないし、世間の目を通してかもしれない。適応がどのようにあなたの役に立ったかわかるだろうか。今でも役に立っている？　むしろ何かを妨げている？

これには正しい答えはない。ただ心を開いて、よく考えながら観察しよう。

拒絶する

拒絶とは、意識的か無意識に反抗することだ。これはほとんどの場合、適応をしてみた後に起こる。拒絶は、本来の自分になろうとする試みというより、コントロールされたり、支配されたり、選ばれたりしないようにすることだ。態度を明確にしているように見えるが、たいていは苦しい反抗であり、本来の自分らしさを主張するようなものではない。結局は、自分をさらに外へ追いやってしまう。

もしかしたら、あなたはとっぴな服装や身だしなみを選んだかもしれない。わざと家族が恥ずかしがるような行動をしたかもしれない。宗教とその価値観を拒み、熱心な信者の家族のなかで未信者になったかもしれない。いずれにせよ、拒絶することによって、自分はよそ者で、厄介者で、まわりに属さない人間だと感じるようになる。

軍人の子どものカールを思い出してほしい。カールが最初にカウンセリングに来たのは、支配的な父親について相談するためではない。身体イメージに関する悩みでやってきたのだ。

「生まれたときからずっと太ってるんだ」カールはセッションでわたしに言った。「自分に魅力があると思ったことがないし、誰かに好意を示されたこともない。自分だってデートできる、誰かが選んでくれるって信じたいけど、とても信じられないんだ」

それがどれほど苦痛かよくわかった。彼の家族はみな抜群にスタイルがいいので、そのなかでひとり太っているのは、とてもつらいのだとカールは話してくれた。もちろん彼の気持ちは理解できた。でも何かが引っかかる。わたしは軍隊のような朝の訓練についてもっと知りたくなった。

「朝の訓練を大学を卒業するまでやっていたのでしょう?」

「いや、12歳の頃にやめたんだ」カールは答えた。

「どうしてですか」

「その頃に太りだしたからだよ。体重が増えすぎて訓練できなくなったんだ」

「生まれてからずっと太っていたと言ってましたよね」

「えっと、それは、つまり、だいたいずっと、ということだよ。父が家に戻ってくる前は、ガリガリだったんだ」

このことが大きな突破口になった。カールはほどなくして、父親による訓練ができなくなるように、体重を増やしたのだと打ち明けてくれた。言葉で抗議しても無駄だったが、体重増加によってついに訓練をやめることができた。カールがあまりに重くなったので父は諦め、彼に注意を払うこともなくなった。軍隊式の訓練をやめるというカールの無意識の試みは成功したが、家族に属しているという感覚を失うことになった。属したくない訓練の一部ではなくなったが、属したい家族の一員でもなくなったのだ。興味深いことに、適応しても、拒絶しても、やはりよそ者だと感じるし、少なくとも本当の自分にはなれない。カールが見つけた拒絶の方法は、なかなか独創的なものだったが、さらに疎外感をもたらしてしまった。カールがようやく気づきはじめたように、帰属とは適応することでも、支配的な父親を拒絶することでもない。むしろ、自分自身を選ぶ生き方を見つけることだ。

マリッジ・セックス・セラピストの故デヴィッド・シュナーチ博士［訳注／米国の臨床心理士、泌尿器科医］が語ったように、目標は真の区別化であり、他者との関係を維持しながら、自分自身を手放さないことだ。[*6]自分と信念は守るが、反抗ではなく、穏やかに行う。いったんこのことに気づいたら、嫌なものを押し返すために、反抗したり拒絶したりする必要はない。拒絶は、適応より気づきにくいかもしれないが、やはり自分らしさの否定だということを忘れないでほしい。あなたが拒絶しているなら、その原因はこれまで耐えてきた回避や、支配、屈辱、不寛容による痛みなのだ。

本来の自分らしさへの道

自分らしく生きるとは、選択や行動が自分の核となる信念や、価値観、本当の自分と一致するということだ。つまり、まわりの世界から何を言われようと、その道を選ぶことである。これについてはChapter 11「変化を確かなものにする」で詳しく話すが、ここではっきりさせておきたいのは、帰属意識の傷による影響がある場合、本来の自分らしさを優先するのはかなり難しいということだ。本当の自分を大切にするチャンスを得るまで、ほとんどの人が適応か拒絶を続けることだろう。

初めて自分らしく生きはじめたときは、少し居心地が悪いかもしれない。あなたのまわりの人たちが、ひどく動揺するだろう。意見が異なる人や、自分をごまかして生きている人が、もうあなたを支配したり、説得したり、屈辱を与えたり、批判したりできないし、不寛容によって選択を無理強いできないからだ。たいした自由ではないか。

わたしがニールに会ったとき、ニールは自分らしく生きていなかった。仲間からのプレッシャーもないのに、みんなに合わせてドラッグを使ったり乱交したりした。帰属意識を味わいたいために、自分を偽っていた。自分の行動が帰属意識の傷と関係があることに気づいた瞬間、ニールは行動を変えた。家族から見捨てられたと感じていた彼は、そのうえ自滅的な行為で自分自身を見捨てることなどできなかった。まわりに溶けこみたいが、健康や価値観を犠牲にしたくない。何かに属したいけれど、自分を偽ったまま属することはできないと気づいたのだ。

帰属意識の傷を癒やす

ともにワークに取り組むうちに、ニールは本来の自分らしさを優先するようになった。パーティーに行くのをやめ、単一婚や静かで家庭的な生活を望むパートナーを家に呼ぶようにすると、仲間たちからはバカにされた。でも結果を気にする前に、自分がしたいと言っている生活をまず始めて、実際に具体化する必要があった。欲しいものがあると言いながら、その夢とまったく相容れない行動をしていたら、誰も信じてくれないからだ。

ニールはめったにウェストバージニア州に帰らないが、休暇で戻ったときは、家に引きこもらずに堂々と暮らすようにした。これは深い自信からくるものだ。家族の面目をつぶそうとしているのでも、罰しようとしているのでもない。ただふつうに暮らし、家族が受け入れるべきものに正面から向き合えるようにしただけだ。彼は自分自身に属すること、そしてありのままでいることを学んでいった。

真の帰属意識には傲慢や反応性はまったくない。また、ブレネー・ブラウンの言葉どおり、受動的なものではない。「(真の帰属意識とは、)傷つき不愉快になっても、ありのままの自分を犠牲にすることなく、人々とともにいようとすることです」[*7]

バネッサも、適応による偽りの帰属意識から、本来の自分らしさを求めるほうへ方向を変える必要があった。

「子どものいる女と付き合う男なんているわけないでしょ」彼女は大声で言った。さらにこう続けた。「それに、赤ちゃんを育てるのに何年も休んでたのに、誰が雇ってくれるっていうの?」このような思いこみのせいで、デートも、求職も、引っ越しもできず、人に気持ちを打ち明けることもできずにいた。バネッサは無意識のうちに、何にも属すまいと懸命になっている。わたしがそう言うと、彼女はすぐに興味を示した。

「だけど、わたしはいったい、どうしてそんなことをしてるの?」とバネッサ。

「何かの役に立っているのでしょうね」わたしは答えた。

バネッサは少し当惑した顔でわたしを見つめた。彼女の頭のなかで思考がぐるぐる回るのが見えるようだ――「自分にとってよくないことなのに、いったいなんの役に立つの?」でもしばらくして、はっと気がついた。「心の傷に役に立ってるの? 傷を何度も証明するとか? そしたら、そのままでいられるし、変わらなくていいから」

バネッサは理解しはじめた。本当に何かに属するためには、すべてを変えなければならない。ありのままの自分でいることによって。それは大変なことだが、ごく単純なことでもある。まず自分がどうなりたいのか、自分にとって大切なものは何か、自分を元気づけ、生き生きさせてくれるものは何かを明らかにする必要がある。そして、恐れと帰属意識の欠如に人生を操られるのを止めなければならない。それは、自分の外側ではなく、内側に平和を見つけることだ。本当の自分を取り戻し、自分を抱きしめ、欲しいものを求めるのを妨げている恐れに対処することである。

人生はバネッサの望みどおりにいきそうになかった。とはいえ、誤った思いこみを正しいと何度も証明していたら、望みどおりの人生になるチャンスはいつまでも来ないだろう。本来の自分らしさ、勇気、自分への信頼を心に抱けば、導きの光を見つけるほうへ歩みだせる。本来の自分らしさに導かれているかぎり、帰属意識はいつでも、どんなときでも手に入るだろう。

今人生を振り返って、選択や行動が、自分の核となる信念、価値観、本当の自分と一致していたときと、そうでなかったときを思い出してほしい。自分に優しく、そして正直になろう。もし本当に自分らしく生きていたら、何が違っていただろう?

●子どもの頃、人のために自分を偽って(　　　　　　)した。

●今でも、人のために自分を偽って(　　　　　　)している。

帰属意識を得るための闘いは易しいものではない。それでもバネッサ、カール、ニール、トリシュ、ブリーは自分の生い立ちを探り、帰属意識の傷に気づき、客観視し、悲しみ、方向転換することを何度も繰り返すうちに、しだいにパターンから解放されていった。理想的な物語というわけではない。バネッサは不本意なほど行き詰まることが多い。カールはまだ、魅力的だと思ってくれる人がいると信じるのに苦労している。ニールは自分と同じライフスタイルを望む人を見つけるのに何年もかかった。ブリーは気がつくと自分を恥じているときがある。トリシュはまだ自分を信じるのに苦労している。人から脳性麻痺のことを嫌がられたり、質問されたりしたときはとくにそうだ。しかし、たしかに起こった変化がある。ニールは演じるのをやめ、嫌なことにはノーと言えるようになった。カールはセルフイメージを改善し、支配されなくても帰属意識をもてるようになってきた。バネッサは自分より大きなものに属せるよう変わりはじめている。ブリーは内なる批評家に気づくようになり、自分を思いやることができるようになった。トリシュは自信を強くもてるようになってきた。このワークはずっと取り組むべきものだ。何度も繰り返す必要がある。繰り返すことで、彼らの癒やしが始まったのだ。

心の根元を癒やすワーク

では、心の根元を癒やすワークに取りかかろう。あなたにも帰属意識の傷が当てはまるなら、一緒にこのワークに取り組んでほしい。

まず楽な姿勢をとろう。横になってもいいし、椅子にすわってもいい。目は閉じても開けていてもかまわない。安心できて、ひとりきりになれる場所にしよう。念のために言っておくが、もしトラウマを感じているなら、心のケアが不可欠だ。ワーク中にあなたを導き、支え、安全な場所となってくれる人が必要になる。

名前をつける

自分は属しているのだろうかと、最初に疑った瞬間を思い出そう。自分が初めてのけ者にされたとき、または、そう感じたときに気づいてみよう。どの日か思い出せるだろうか。どこにいた？　誰があなたにそう思わせた？　いくつ名指しできる？

客観視する

さあ、もっと自分に集中しよう。帰属意識の傷を初めて負ったときの、幼いあなたに焦点を合わせよう。そしてビデオで観るように、そのときの気持ちに気づいてほしい。顔の表情、身ぶりの変化に注意しよう。そして、小さな子どものあなたを思いやろう。

悲しむ

もう感情が湧きあがってきているかもしれない。その感情を外に出そう。何年も前の気持ちに共感しているだろうか。帰属意識の傷に耐えている幼い自分のために、胸がはりさけそうになるかもしれない。さあ、その子を思いやってあげよう。まわりに合わせるために適応したときの気持ちに気づくかもしれない。または、反抗的な気持ちに気づくかもしれない。今このとき、幼い自分にしてあげたいことはなんだろうか。ハグしてあげたい？大変だったね、と言ってあげたい？　抱きあげて、大丈夫だよ、と言ってあげたい？　せずにいられないことは、なんだろうか。それに気づいてほしい。

心地よければ、気がすむまでこの状態を続ける。もし目を閉じているなら、部屋に戻る前に少し時間をとろう。目を閉じたまま、手や足の指先を少し動かしてみる。首を伸ばしたり、胸やお腹に手を当てたり、呼吸に集中するのもいい。目を開けたときに何が見えるか考えよう。どこにいるか思い出せるだろうか。それから、ゆっくりと、瞬きしながら目を開ける。そのまましばらくじっとしていよう。

必要なだけ、やりたいだけ行おう。1週間毎日する人もいるだろうし、1度だけやって、来年や5年後に戻ってくる人もいるだろう。どちらも、すばらしいことだと思う。

方向転換する

最後のステップなので、少し時間をとって、帰属意識の傷が今も現れていることを確認してほしい。どんなふうに現れるだろうか。どの人間関係のなかに現れる？　次の文を完成させよう。

- もし本当に自分らしく生きられたら、もしそれを恐れなかったら、違っていたことは（　　　　　　　　）。

今週、古い生き方を新しい生き方に変えるチャンスに気づけるか見てほしい。ただ気づくだけでいい。今あなたに必要なのはそれだけだ。

いつものように、胸に手を当てて……そう、それでいい。少し時間をとって、傷を見て感じようとした自分を褒めてあげよう。

Chapter 5

優先されたい

子どもは親に、優先してほしいとは言わない。そんな正確な言葉を使うのではなく、一緒に遊んでほしい、外へ連れていってほしい、本を読んでほしいとせがむ。これらは、つながりや優先を求める行為だ。または「お仕事しないで、ママ」、「テレビなんかきらい」、「もう電話やめてよ」という言い方をするかもしれない。子どもから両親の気をそらすものは、その子にとってストレスの要因になり、ひどいときには自分の信念や価値を脅かすものになる。親が慢性的にほかのものに気をとられていると、子どもは傷ついたまま大人になる。そして優先してくれる人間関係を探し求めていると自分では思いながら、実際は、何十年も前に家族から刷りこまれたこと、つまり自分は大切な存在ではないということを再び実感するような関係を、無意識のうちに求めてしまう。

家族内で優先されないと感じていたなら、あなたも優先の傷を負っているかもしれない。優先されている子どもとは、その子の要望が気づかれ、理解され、大切にされている子どものことだ。ただし、欲しいものがなんでも与えられ、いつもその子が中心というわけではない。親は境界線をもち、嫌なことにはノーと言い、自分の人生を大切にしてもかまわない。そのうえで子どもに注意を払えばいい。子どもの内側や外側で起きていることに耳を傾け、気遣い、興味をもち、気づき、優先する。そうすれば、子どもは親の決めたことがときどき気に入らなくても、自分が大切な存在かどうか疑うことはない。

優先を疑うときがあるなら、それは親から受けたメッセージのせいだ。子どもはそれを読み解いて自分の信念に組みこんでいる。そのメッセージは明白なときもある。たとえば子どもに、「ひとりにしておいて」と言ったり、「今日は日曜日だろ！　パパがアメフトの試合を観るのを邪魔するな」と言ったりする。または、それとなく仄めかす場合もある。子どもが話しかけているのを無視したり、夫婦げんかばかりしていて余裕がなく、宿題の手伝いや、映画に連れていってという頼みをつねに断ったりする。子どもは優先の傷を負うと、本当に大切にしてもらいたい人にとって、自分が重要で価値があるのか疑うようになる。

優先の傷の原因

カップルが相談にくると、わたしは探偵のような役回りをすることになる。ふたりは最初のセッションで、自分たちのけんかについて語り、細部まで説明し、それぞれの見解を述べる。そして、わたしがどちらの味方をするか、また、どれくらいまずい状況と考えるか知ろうとする。「わたしたちはこの関係を続けられるでしょうか。こんなカップルをほかに見たことがありますか？」

もちろん、詳細を聞くことは大切だが、最初の話ですべてがわかることはめったにない。ふたりが相談にきた問題は、じつは氷山の一角でしかない。ふたりの関係のなかで本当に起こっていることを指摘するには、育った家庭や心の傷まで深く探る必要がある。

イザベルとジョセフィーナという女性同士のカップルも、最初はそれぞれ自分の正しさを主張し、手っ取り早い解決策を見つけることしか考えていなかった。ふたりは2年前、一緒にスペインからニューヨーク市にやってきた。ふたりとも大学院に合格し、胸躍らせて進学したのだ。友人から恋人になる場合、すばらしい関係を築けることが多いが、残念なことにイザベルとジョセフィーナは衝突を繰り返していて、丸く収まりそうになかった。

彼女らが最初のセッションで部屋に入ってきたとき、ふたりともいら立っているのがすぐにわかった。

「どこにすわったらいいんですか」とイザベルが訊いた。

わたしはソファーを指して、好きな場所を選ばせた。イザベルがわたしにいちばん近いところにすわり、ジョセフィーナが少し離れてすわった。真正面はイザベルだ。わたしはその位置関係をメモした。

「ようこそ。それでは、おふたりが相談にこられたわけをお聞かせください」

予想どおり、イザベルが話しだした。「最近、毎日けんかばかりしてるんです。この1年間ずっとです。少しもうまくいかなくて。お互いにだんだん離れていくみたいで、怖いんです。ジョーは別れようって言うけど、わたしは別れたくありません。でも、どうしたらいいかわからないんです」

「けんかの原因はなんですか」

「あの、たいていはわたしがジョーに不満をぶつけるんです。スペインからここへ来たときは、一緒に冒険することにワクワクしていました。どちらもほかのところに住んだことがなかったから、ふたりで航海に出るみたいな気がして。1年目はとても楽しかったんです。同じ部屋に住んで、同じ講義で友だちをつくって、いつも一緒でした。なのに最近、ジョーがひとりで行動するようになったんです。それはいいけど、なんだかもう、わたしのそばにいたくないみたいで。夜遅くまで出歩いて、ほとんど一緒に過ごそうとしないし、携帯のメールにもあまり返事をくれないし」

イザベルはしばらく口をつぐんだ。わたしは彼女が話しているのを見つめながら、同時にジョセフィーナのようすも窺い、身ぶりや表情に何か表れないかチェックした。ジョセフィーナはよそよそしい態度で心を閉ざしていた。ここにいることにさえ、うんざりしているようだ。ときどき呆れたように目をぐるりと回し、イライラしたように小さく首を振りながら、イザベルの話を聞いている。ジョセフィーナが自分の言い分をぶちまけるのも時間の問題だ。そうすれば、もっと事情がわかるだろう。

「ジョセフィーナ、わたしもジョーと呼んでいいですか」わたしは尋ねた。

「お好きなように。よく知ってる人しかジョーって呼ばないけど、もうすぐわたしのことをよく知るようになるんだから、今から呼んでもいいんじゃないですか」

態度はたしかに悪いが、わたしに自分のことを教えようという誘いでもあった。

わたしがジョーに何が変わったのか尋ねると、彼女は理路整然と話しだした。イザベルが親友で、ニューヨークでの1年目が楽しかったことは間違いない。でも、まもなくイザベルに息苦しさを感じるようになってきた。だからほかに友だちをつくり、イザベル抜きで出かけるようになった。イザベルは、このままなんでも一緒にやっていきたいと言う。ジョーは、イザベルが自分の人生を狭めようとしている気がした。イザベルに支配されていると感じるたびに、けんかになった。言い合いになって、どうしても解決できない。ジョーにとって、イザベルとの関係以外の生活はぜったいに譲れない。心の健康のためにも、自分の居場所が必要だ。ジョーはかつて共依存の関係にいたことがあるので、もう同じような関係を繰り返すつもりはない。イザベルのことを愛してはいるが、しだいに気持ちが離れ、心を閉ざすようになった。

イザベルがジョーの言い分を聞くのは、これが初めてではなかった。悲しいけれど、心のどこかでは理解しているようだった。

わたしは目の前のふたりの女性を眺めた。一緒に大きな冒険に出たふたりだ。同じ夢を追い求め、行ったことのない国へ旅立とうと勇敢にも決心した。人は大きな変化に飛びこむとき、その経験全体について暗黙の期待と夢をもつものだ。『ナイスガイ症候群――人生が思うようにならない理由』（石山淳訳／パンローリング）の著者ロバート・A・グラバー博士［訳注／米国の心理療法士、作家］は、これを「隠された期待」[*1]と呼んでいる。つまり、パートナーと関係を築けるという暗黙の了解である。イザベルとジョーは、お互いの夢と期待のすれ違いに苦しんでいるようだった。

イザベルは、ジョーの人生で自分が優先されていると感じられなくなった。自分がジョーにとって大切な存在なのか疑っていた。このことにイザベルは打ちのめされた。お互いになくてはならない人だったのに。愛している人から、もう一緒に過ごしたくないと言われたら、胸がえぐられるような気持ちになるだろう。イザベルはジョーに優先されるために、なんでもやった。懇願したり、訴えかけたり、なんとも思っていないふりをしたり、最後通告をしたり、かんしゃくを起こしたり。セッション中も、ジョーが自立したいと言うたびに、イザベルは怒って暴言を吐いた。

そのイザベルの反応性は、明らかにしなければならないものがあるというサインだ。Chapter 2 で述べたように、反応性は恐れや、不安、疑いを指し示すネオンサインのようなものである。それは、重要な体験がずっと前にあり、それについて知る必要があるということだ。わたしたちは活性化した傷を探しはじめた。

2回目のセッションで、わたしはイザベルに、家族のなかで優先されていると感じたかと尋ねた。

「ええ、もちろんです。家族はわたしをとても愛してくれました」

わたしには、そうは思えなかった。もちろん、もっと後に傷を負ったということもありえるが、幼少期に優先されなかったのだろうという気がした。そのネオンサインがちらついている。ジョーに優先してもらえないときの感情は、イザベルにとって初めての感情ではないはずだ。

「お母さんについて話してもらえますか。ひとりの人間としてだけでなく、母親としてどうだったか教えてください」

「いい母親でした。わたしやきょうだいたちと家にいて、わたしはいつも楽しく遊んでもらいました。陽気な人で、本当によく世話してくれて、みんなに好かれる人気者でした。でも、あるときから、ひどく悲しむようになったんです」

「何があったのですか」

「わたしが7歳のとき、母の妹が自殺したんです。そのときは何が起きたのかよくわかりませんでした。わかったのは、叔母が亡くなったことと、そのときから何もかも変わったことだけです。母はうつ病になって、そのまま治りませんでした。今でもそうです。そんな母を見るのは、すごく悲しかった。まるで命が吸い出されてしまったみたいで。あんなに生き生きしてたのに、あのときからなんにもしなくなって、自分の部屋のベッドからほとんど出ようとしないんです。父がたくさんのものを背負うことになりました。父は母をとても愛してたから。わたしたちは一緒に母の世話をしました」

ジョーがイザベルを見つめていた。話を聞いたことはあったが、本当に理解したのはこのときが初めてだった。

イザベルの母親のうつ病が、家庭内で最優先されるようになった。それはすべてを奪うものだった。もちろん、母親が望んでうつ病になったわけではない。そうなってしまっただけだ。家族は彼女が悲しんでいるとわかっていたが、ふさわしい対処はしなかった。心優しい父親はできるかぎりのことをした。ふたつの仕事をかけもち、料理や洗濯をし、妻の世話をした。だが控えめにいっても、すべてをやりとげる力はなかった。

わたしは胸を打たれていた。ニューヨークに住む29歳の女性のイザベルが追体験している痛みを理解するうえで、この話はなんと重要なのだろう。イザベルは最初の7年間、喜びや、つながり、愛を経験し、家族の大切な子どもとして優先されていた。家族の中心であり、心から愛してくれる年上のきょうだいや両親の手で育てられていた。わたしが質問したときに、家庭で優先されていたと彼女が答えたのも当然だろう。ただし、それは人生の最初の数年だけの話だった。

叔母の死後、すべてが変わった。イザベルは家庭の中心ではなくなり、優先されなくなった。「父はわたし以外の人に助けを求められませんでした。恥ずかしいし、母を守りたかったんでしょうね。あんな母を誰にも見られたくなかったんです」

ジョーとわたしには理解できた。誰にも悪気はなかったのだ。家庭全体を揺るがす悲劇が起こり、その影響があまりに大きかったため、7歳の少女イザベルは、両親にとって最優先の存在ではいられなくなった。たとえ両親がそんなことを望んでいなくても。

この出来事がイザベルの優先の傷の土台を築いた。母親のうつ病が、父親にとってもイザベルにとっても最優先になった。彼女は父を手伝って料理や、洗濯、母の世話をした。父はよくこう言った。「母さんを元気づけてきておくれ。母さんはおまえと一緒にいたいみたいだから」。これは本当だった。もちろん、そばにいれば母の助けになる。とはいえ、料理と洗濯のうえに母を元気づける仕事まで担ったため、少女の心身の発達に必要なものが満たされる余地がなかったのも事実だ。

イザベルは、自分の人生や家庭をこのように考えたことがなかった。ショックだったのは、ジョーとの関係で感じていた急激な変化が、家庭で体験した変化とそっくりだと気づいたことだ。どちらの体験でも、最初は優先されていたのに、それから事態が劇的に変わり、自分に必要なものが無視されるようになった。

ジョーの態度が少し和らぐのがわかった。組んでいた腕をほどき、肩を落としている。この話を聞いても、支配されたくないという事実は変わらない。でもイザベルを新しい視点から見るようになり、こうなった背景がはっきりわかるようになった。

イザベルはこれまで、自分が家庭で優先されなかったことを認識していなかった。かつてはすばらしい家庭だったので、そんなことを言えば両親に悪い気がするからだ。闘病で余裕のない両親が、できるかぎりのことをしているのはわかっていた。彼女は悲劇の前の暮らしを思い出すのが好きだった。ジョーによく話していた家族の話は、自分が思い出したい母や家族の話だった。母がうつ病になってからの生活のことは、口にするのもつらかった。だから話すことも、思い出すことも、長期的な影響について理解することも、このカウンセリングのときまで避けてきた。

優先の傷を明らかにすることに、イザベルは乗り気ではなかった。とくに、過去の思い出を不幸なものにつくり変えるのは気が進まなかった。それでも、癒やされないままの心の傷が、どのように彼女とジョーを別れさせようとしているのか突きとめるには、このステップが必要だ。

わたしはこれまで、優先の傷をもつ人たちと数えきれないほど会ってきた。彼らと話すと、子どもよりも自分を優先し、ほかのことに気をとられている親の話が出てきた。また、自身の心の傷に苦しんでいるため、子どもを優先できない親もいた。

以下では、育った家庭に重点を置いて述べている。ただし、優先の傷は人生のもっと後で現れることもあるし、家庭外の人間関係で生じることもある。家庭ではなく、前のパートナーとの関係や、友人関係で優先されずに傷ついたのかもしれない。先入観をもつことなく、心を開いて一緒に探っていこう。

気をとられている家庭・注意散漫な家庭

ほかのものに気をとられていることと注意散漫は同じようなものだ。親や家族が何かに没頭していたら、つまり気をとられていたら、子どもに十分な注意を払えない。気をとられるのは、そのとき起きている問題のせいだろう。たとえば両親の関係や仕事上の問題、またはアルコール依存、薬物依存、ギャンブル、心身の健康問題。もしくは、数年にわたる夫婦の問題や、感情を抑えられない状態など、長期的なものかもしれない。

アンドレイに優先の傷が生まれたのは、シングルマザーの母親が生活のために仕事をふたつかけもちしていたからだ。アンドレイが母親について話すようすは、とても優しくて愛情に満ちていた。どれほど母親を愛し、尊敬しているかがよくわかる。ただ幼い頃に彼が欲しかったものは母との時間だけだったのに、それはどうしても得られなかった。母親は週6日、昼も夜も働き、アンドレイとは日曜日しか顔を合わせることができなかった。日曜日にはふたりで教会へ行き、昼食を食べ、夕方のシフトが始まるまで一緒に過ごした。

アンドレイは、母が彼のために払った犠牲に深く感謝していた。母にとっては昼夜働くことが息子を優先する方法なのだと、自分に言いきかせもした。それでも、いちばん欲しかったのは母との時間だという事実は変わらない。たとえ母親が彼の将来のために力を尽くしていたのだとしても、アンドレイの心には傷があった。

当然のことながら、家族や人が善意で行動している場合でも、心の傷ができることがある。悪意や不注意が原因だと思いたいものだが、実際には、悪気のないところでさまざまな傷が生まれてしまう。

ケイトの母親もそうだった。母親は自らの人生の苦難に気をとられていた。ケイトの両親は結婚していなかった。ケイトがまだ4歳のとき、父親がもっといい相手を見つけたと言って出ていった。母親はショックを受けて悲しんでいたが、その後、新しいパートナーとの恋を求めてデートに明け暮れるようになった。一晩おきにデートに行くときもあった。

「母は帰ってくると、デートのようすを全部話して聞かせるんです。だけど、気づいてなかったと思うけど、デート中にわたしがどうしていたかは一度も訊いたことがありませんでした。デートに夢中だったんですね」と、ケイトは思い出しながら語った。彼女は母親が大好きだったが、このことはつらかった。母の気分を害したくはないけれど、親と「ガールズトーク」をするのは嫌だった。ケイトは母に、ケイトの人生にいつも関心をもってほしかった。男たちが出入りするなかで、自分が優先リストのいちばん下に落とされるのではなく、母にとって大切な存在だと感じたかった。ケイトは優先されたくてたまらなかった。でも母は自分の恋愛に夢中だったので、それはかなわなかった。

慢性的にほかのものに気をとられている家族は、子どもに長期的な影響を与える。幼少期に自分が優先されているかどうか、親が気をとられているものより自分のほうが重要かどうか疑うのは、とてもつらいことだ。その体験は大人になってからの人間関係にも顔を出す。はっきり現れる場合もあれば、それとなく巧妙に現れる場合もある。

親の未解決の傷

あなたの幼少期に、親たちが心の傷を負っていた可能性もある。それどころか、今も傷をもっていて、まだ認識も解決もしていないかもしれない。そういう傷はあなたに受け継がれやすい。親が自分を優先するのは、自分が子どもの頃に優先されなかったからだろう。

あなたの必要や欲求より、自分の必要や欲求を優先したのは、自分が幼少期にないがしろにされたからだ。親の未解決の傷が子どもに受け継がれる例は無数にある。この視点から見れば背景はよくわかるが、あなたが優先されなかったという事実は変わらない。親の未解決の傷の世話をするのは、けっして子どもの責任ではない。だが残念なことに、このようなケースがあまりにも多い。

サラは子どもの頃、写真に夢中だったと話してくれた。写真についてなんでも知りたがった。11歳の誕生日にはカメラが欲しいと何度もねだり、最高級品のカメラを買ってもらった。ところがその2年後、両親は彼女を椅子にすわらせ、もう写真への興味を捨てるようにと告げた。「両親が写真なんか『うちの娘にはふさわしくない』と言ったんです。『いい大学』に入るためのスキルを身につけることに集中しなさいって」

サラの両親は裕福だった。サラはマンハッタンのアッパーイーストサイドで育ち、両親はサラの教育と職業について具体的な計画を立てていた。写真に使うお金はない、写真など趣味にすぎない、そろそろ将来のことを真剣に考えなさい、と両親は言った。サラにとって、これは大きなショックだった。数十年後にこの話をしていても、首を横に振りながら、激しい胸の痛みをありありと表情に浮かべていた。

両親はサラの夢を応援するための資金を十分にもっていた。しかし、その夢を拒絶した。サラがもっとふさわしい進路を選ばなければ、友人たちの前で恥をかくからだ。「両親はわたしを医者にしたかったんです」と、サラは言った。「ある瞬間のことをよく覚えています。両親の友人たちとのパーティーに行く前、写真の夢について誰にも話してはいけないと言われたんです。母がはっきりと言いました。『今夜は恥をかかせないでちょうだい』って。両親は人がどう思うかを気にしていて、わたしを幸せにしてくれるものより、そのほうが大事だったんです」。この出来事から、両親の不安や恐れ、すなわち帰属意識の傷が明らかに見てとれる。ふたりに自覚がなくても、行動によって、サラの必要よりも自分たちの必要を優先させたのだ。

この話を聞いて胸がつぶれる思いがした。サラはとても優秀な医師になっていた。自分の職業が大嫌いだったが、もっと嫌なのは自分のみじめさだった。カウンセリングに来たのは、ボーイフレンドと4回目の破局をしたからだ。ふたりは愛し合っているので、いつも元のさやに戻るのだが、けんかの原因は解決できずにいた。それは、彼が子どもを欲しがるのに、サラが曖昧な返事をすることだった。

話を掘り下げていくと、サラも本当は子どもが欲しいと思っているのがわかった。ところが、サラは無意識のうちに、彼がサラの願いを第一にしてくれるか、つまり両親がしてくれなかったことをしてくれるか試していた。これに気づいたことで、サラは目が開かれる思いがした。優先の傷、すなわち愛する人にとって自分がナンバーワンではないという感覚が、現在も深刻な影響をもたらしていたのだ。

家族内に未解決の傷があるせいで、あなたは優先の傷を負ったのかもしれない。そのことが言い訳になるわけではないが、本当はどうなのか知りたくはないだろうか。

心の傷を明らかにすることは、言い訳をすることではないし、反応性を正当化することでもない。その理由を知り、納得することだ。また、傷を明らかにすることは終わりでもない。癒やしへと歩みはじめる出発点だ。

優先の傷への対処

多くの子どもたちが優先されるためにたゆまぬ努力をしている。親に優先してもらうには、どのような人間になり、何をする必要があるのか、それを知るためにどんなことでもする。でもその努力が実らないと、ついに諦めて、優先されない立場を受け入れるようになる。そうしなければならない子どもの気持ちを考えると、胸が痛まずにはいられない。

子どもの頃にこのような体験をすると、その対処法が大人になっても続くことがある。

繰り返す

これまで見てきたように、傷への対処として、大人になってからの人間関係で同じ状況を無意識に繰り返すことが多い。アンドレイとケイトがこれに当てはまる。

心理学には「精神病態の世代間伝達」という理論がある（たしかに舌を噛みそうな言葉だ。でも専門用語は最小限にするので、どうぞご心配なく）。これは行動や、性格、特徴が、世代から世代へと遺伝的・非遺伝的に伝わることだ。[*2] 簡単にいえば、わたしたちは前の世代から多くのものを受け継いでいる。そして当然のことながら、幼少期に見たことや体験したことを繰り返しやすい。

「お母さん（お父さん）にそっくりね」というような言葉を言われたり、聞いたりしたことがないだろうか。自分で言ったこともあるかもしれない。繰り返すという対処法は、シンプルでわかりやすい。親の行動、性格、特徴を反復するだけである。親が怒りっぽかったため、数十年後に気づくと自分も怒りっぽくなっていたというように、自覚せずに繰り返すこともある。また、どんなに努力しても繰り返してしまうこともある。たとえば虐待されて育ったため、自分はぜったいに子どもを虐待しないと誓ったのに、いつのまにか同じことをしているというように。アンドレイもケイトも、大人になってからの人間関係のなかで、優先の傷への対処として繰り返すことを選んでいた。アンドレイは意識せずに繰り返し、ケイトは気づいていながら、やはり繰り返していた。

アンドレイの母親は彼のためにすべてを犠牲にしていたが、昼夜働いていたことで、アンドレイに優先の傷を負わせた。アンドレイがカウンセリングにやってきたのは、妻に言われたからだ。彼が仕事から帰るとビデオゲームに没頭することに、妻が耐えられなくなったのだという。ゲームは自分のストレス解消法だと、アンドレイは主張した。でもワークをするうちに、ゲームは夜の勤務時間なのだと気づいた。彼は夜6時間以上もゲームをしていた。ほかのことに気をとられているパートナーを選ぶかわりに、彼自身が気をとられているパートナーとなった。結局、妻を自分の子どもの頃の立場に置き、彼がゲームに気をとられることで優先の傷を繰り返した。こうして、自分の優先の傷を維持するだけでなく、妻にも優先の傷を負わせてしまった。人は優先されないかもしれないと思うと、同じような環境をつくってしまう。

アンドレイが最初は気づいていなかったのに対して、ケイトはすぐにパターンに気がついた。ケイトは恋愛中もほかのことに気をとられていると認め、夜は何時間もインスタグラムを見ていると打ち明けた。そのためパートナーと過ごす時間が減り、関係がこじれてしまった。

「ええ、わかってるんです。母にされたのと同じことをしてるんですよね」ケイトは淡々と言った。わかってはいたが、同じことを続けていた。その気づきは行動を変えるほどではなかったが、わたしと話し合うきっかけにはなったらしい。

ケイトは、優先されなかったせいでどれほど悲しかったか、母親に話したことがなかった。だから、母親が認めて謝るのを聞いたことがなかった——これこそ、ケイトに必要なものである。かわりに同じパターンを繰り返し、パートナーを自分と同じ立場に置いた。パートナーが昔のケイトと同じ体験をしたら、自分は客観視され、理解され、認められるだろうと思いこんでいた。このことを突きとめたとき、それがどれほどふたりの関係を害するか、ケイトは理解した。本当はパートナーに、優先されていないと感じてほしいわけではない。自分の話に耳を傾け、理解してほしいのだ。それにはもっといい方法があると、ようやく気がついた。

幸運なことに、ケイトの母親は物わかりのよい人だった。ワークを続けるうちに、ケイトは母親に話す勇気をもつことができた。すると母親はケイトの話を受けとめ、自分の責任だと感じ、心から謝った。かつての少女は、客観的に見てもらえた。これはケイトにとって大きな癒やしだった。ただ、さらなる癒やしのためには、今度は自分が責任をとる必要がある。パートナーに痛みを転嫁しようとしたことを謝り、パートナーとふたりの関係を最優先するよう行動を変えなければならない。

繰り返すという対処法はわかりやすそうだが、けっこう見過ごしやすい。もうこんなことはしないと断言しながら、自分でも気づかないうちに同じ行動をしている人たちを、わたしはあまりにも多く見てきた。わかりやすいようでいて、ありふれた生活のなかに潜んでいることがある。さあ、しっかり目を開けよう。あなたには何が見える?

反対の行動をとる

世代から世代へと伝わる行動には、繰り返しよりわかりにくく、むしろ真逆に見えるものがある。それは、見たことや体験したことと正反対の行動をとることだ。幼少期の体験を憎んでいる場合、別の道を進みたいと思うのも不思議ではない。親の苦痛や、挫折、愚行を目にしていたら、180度方向転換し、自分を守って成功へ導きたくなるだろう。あなたはアルコールが母親の人生を破滅させたのを見て、酒には手を触れないと心に決めているかもしれない。争いの絶えない家庭で育ったため、今はひたすら衝突を避けているかもしれない。もしくは、両親が浪費家で借金まみれだったので、いつも倹約しているかもしれない。親と反対の行動をとるという対処法はいろいろある。また、外から見れば健全に見えるだろう。酒を飲まない人や、衝突を避ける人、節約する人に誰が文句を言うだろうか。これらはすべて正しい判断のように見える。だが癒やされていない傷のせいで反対の行動をとっているのなら、恐れに操られて判断していることになる。しかも多くの問題を引き起こす。イザベルとジョーの場合もそうだった。

イザベルのジョーに対する数えきれないほどの要求は、さまざまな意味で優先されないことと反対の行動である。大人になったイザベルは、子どもの頃のように扱われたくなかった。ほかの人から、とくにジョーから優先されることを求めた。「優先されるには、誰かにわたしを優先させるしかないんだわ」。イザベルはジョーに、何よりも自分を選ぶよう無理強いした。ところが、この方法はかえって仇となった。イザベルが無理強いするほど、ジョーは離れていってしまう。自分の優先の傷とその対処法に気づいたとき、イザベルはようやく自らの行動を客観的に見ることができた。

イザベルの優先の傷は、彼女には身勝手に思えるジョーの行動によって活性化していた。ただ、ここで言っておきたいのだが、自主性への欲求が身勝手というわけではない。パートナーと別の生活をもちたいと思うことには、なんの問題もない。むしろ、互いの関係に満足しているカップルは自主性と連帯感のバランスをうまくとり、それぞれの夢を応援しながら、ともに過ごす意義を見出している。*3 ジョーがイザベル抜きで自分の友人と過ごしたいという欲求は、本質的に悪いものではないし、ひとりでイベントに出かけたいという欲求も、イザベルを優先していないということにはならない。

問題は、いつまでも事態が解決されないため、ジョーが勝手にふるまうようになったということだ。イザベルはお返しに暴言を吐いたり、ジョーを責めたり、ある時刻までに帰らないならもう帰ってこなくていいと伝言メッセージを残したりした。ジョーはイザベルの怒りや要求にうんざりし、しだいに思いやりを失っていった。そしてイザベルが家で泣きながら寝ていると知りながら、自分の楽しみを優先するようになった。冷たいと思うかもしれないが、ジョーがひどい人間だからこうなったわけではない。ふたりが適切なコミュニケーションをもたずに関係を悪化させてしまったからだ。時が経つにつれて憤慨し合うようになり、優先されないというイザベルの昔のパターンを再現する関係になってしまった。イザベルはそのパターンと反対の行動をとろうとしたのだが。

わたしたちは危険を感じると、痛みの元となった体験を繰り返すまいと、できるかぎりのことをしようとする。「ふたりの関係が変わったら、わたしは優先されなくなってしまう」。この考えがイザベルの頭をよぎっていた。イザベルは支配するつもりはなかったが、現実には支配しようとしていた。ジョーが友人と遊びにいったり、よそで過ごしたりするのを止めようとしたのは、イザベル自身が安心したいからだ。しかし、すっかり裏目に出てしまった。

イザベルが気づかなかったのは、自分に必要なのは心の根元を癒やすワークであり、そうしなければ心の傷は癒やされないということだ。ジョーに治してもらうわけにはいかない。もしジョーがイザベルの言うとおりにすれば、イザベルの傷の痛みは一時的には和らぐが、その傷は何度も口を開くので、ジョーはますます憤慨するようになるだろう。ジョーは自主性と相互的な関係という当然の欲求を犠牲にし、パートナーを喜ばせ安心させるために生きることになる。この方法がうまくいかないことは研究でもわかっている。今や結婚や恋愛の根本的な目的は、お互いの自主性と成長のために助け合うことなのだ。[*4]

あなたも家庭で優先されたくて努力したことだろう。本来の自分らしさと交換することで成功したかもしれないし、うまくいかなくて諦めたかもしれない。その頃身につけた対処法で、今も対処していないだろうか。人を優先しないことでパターンを繰り返しているかもしれない。または反対の行動をとり、もう昔のような体験をしないように相手を支配しているかもしれない。でも実際は、どちらの対処法でも優先されていると感じられないことに、そろそろ気づいているだろう。これでは傷は癒やされない。むしろ傷口に塩を塗っているようなものだ。

優先の傷を癒やす

あなたはすでに前章で、心の根元を癒やすワークを自分でやってみたかもしれない。それでも、イザベルがわたしと一緒にワークに取り組むようすを読むことで、その力を実感してみてほしい。ほかの人の癒やしのプロセスを目にするのはすばらしいことだ。読みながら自分が感じることに気づいてほしい。イザベルがワークに取り組むようすについて、どう感じるだろう？　何か教わることがあるだろうか。自分が何かを非難していることに気づくだろうか。ほかの人の癒やしのプロセスを間近に見ることで、何を学べるだろう？

イザベルが優先の傷を癒やす必要があると理解してから、セッションはさらに深みを増した。イザベルは目を閉じ、7歳の自分を思い浮かべて客観視することができた。気をそらすものをすべて脇に置き、幼い自分を大切にすることができた。長いあいだ自分の体験を小さくしたり、理屈づけしたり、無視してきた後の、信じがたいほどみごとな再生である。客観視できたとき、人生はまさしく文字どおり変化する。

この日、わたしとジョーは、イザベルが20年前の自分を観察しながら語るのを見ていた。このワークでは、幼い自分（何歳であっても）のそばに椅子を置き、細部が見える近さまで、ただし心の境界線を越えないところまで近づけるようにとアドバイスしている。さあ、想像できるだろうか。そこは家のなか？　いつもすわっていた階段のいちばん上？　それとも、あなたの部屋？　もちろん、イザベルのように大きな出来事があったとはかぎらない。両親がいつも働いていたり、毎晩酔っていたりして、慢性的に優先されていなかったのなら、さまざまな自分を目の前に思い浮かべ、客観視し、観察し、共感しよう。

「イザベル、少しガイドしてもいいですか」と、わたしは訊いた。

「あ、はい」彼女はためらいがちに答えた。

わたしたち3人は目を閉じて呼吸を合わせ、この部屋にいることを意識するようにした。

「幼いイザベルを思い浮かべて、その子について話してください。今、何を着ていますか。どんな格好をしていますか」

「茶色の長い髪をふたつの三つ編みにしています。そうだ、わたしは三つ編みが大好きだったっけ。Tシャツと紫色のズボン、スニーカーをはいています」

「顔は見えますか。何か気づきましたか」

「にっこり笑っています。でも、笑顔の下で本当は悲しんでいるのがわかります」

「その子は、あなたがそばにすわっているのが見えていますか。そばにいると知らせてあげてください」

「わかりました」。イザベルはしばらく口をつぐんだ。「こんにちは」と幼い自分に話しかける。


イザベルは泣きだした。もうわたしのガイドは必要ない。彼女は話しつづけた。「こんにちは、イザベルちゃん。あっという間に生活がすごく変わってしまって、本当につらいね。こんなの、ふつうじゃないよ。かわいそうに、大好きな人が急にいなくなっちゃって。パパもママもいるけど、いないのと変わらないよね。みんなに大切にしてもらえなくて、ほんとにかわいそう。ママのうつ病のことでみんな頭がいっぱいで、あなたもパパも家の用事をしなきゃならなかった。ほんとは、しなくていいはずなのに、大変だったね。あなたは誰かに大切にしてもらいたくて頑張ったよね。だけど、誰もそうしてくれなかった。もっと早く気づいてあげられなくて、ごめんね。どうしたらいいか教えてあげられなくて、本当にごめんなさい。これからは教えてあげるからね」

イザベルが一息ついた。わたしは閉じていた目を少し開けて、ジョーとイザベルのようすをそっと見た。

ジョーはイザベルの手を握っていた。顔には涙の跡がある。イザベルに身を寄せ、自らの肩に彼女の頭を乗せている。イザベルを見ると、恍惚とした表情をしていた。7歳の自分に深く寄り添っている。この瞬間、イザベルは自分自身を優先することに一歩踏み出したのだ。傷と対処法を名指しして客観視した彼女は、それを手放し、自分自身を優先しはじめた。また、ジョーとわたしもいたことで、大人の自分と幼い自分を人に客観視してもらえた。イザベルはセッションで何度もこれを行い、家でもひとりで練習した。

イザベルは悲しむことも学んでいた。それは、愛することを学ぶことでもある。作家のジャンディ・ネルソン［訳注／米国のヤングアダルト作家］が語ったように、悲しみと愛はつながっている。一方を体験せずに、他方を体験することはできない。[*5]悲しみを拒みつづければ、自己愛も拒んでしまう。イザベルが悲しみを受け入れたとき、同時に自分を愛せるようになった。とはいえ、悲しみを強要しているわけではない。悲しまないことを選んでもかまわない。むしろ健全な対処法としてそうする場合も多い。それでも、その感情を無視できないときが、いつかやってくるだろう。悲しみは心のドアを強く、あるいはそっとノックしつづけるだろう。それはあなたを苦しめたいからではなく、解放してほしいからだ。

イザベルにとって、このワークは何かを乗り越えることではなく、かかわり方を変えることだった。起きたことは変えられないが、その影響力を変えることはできる。彼女の母親にはわからなかったことだ。自分の悲しみに寄り添い、ともに時間を過ごすことを学べば、同じようなことがあるたびに過去の傷や痛みが再び現れたりしない。イザベルはジョーに、自分を慰めて優先するよう押しつけた。新しい街で友人がいない孤独や、パートナーに大切にしてもらえない悲しみを感じるのを無意識に避けていたからだ。これは、彼女が少女の頃、自らの傷に気をとられていた大人たちから、母親の世話をするよう言われたときの体験の巧妙な再現だった。まさに目から鱗が落ちるような気づきだ。イザベルが進んで悲しみを受け入れたからこそ、気づくことができたのだ。

たとえジョーがイザベルの優先への要求に従っても、じつはイザベルのためにならない。もちろん、ジョーの今のやり方も役に立たない。だが、方向転換によって解決できる。

方向転換こそ肝心だ。人はここで知識を行動に変える。方向転換は、たとえまわりで同じことが起こっても、別の応答の仕方を選ぶことだ。それは、傷の活性化と反応のあいだに起こる。いつもの行動パターンを変える瞬間だ。条件付けという無意識のプログラムに従うのではなく、自分の気づきに従う。方向転換するときは、少し時間をとってパターンを思い出し、反応ではなく、応答するほうへと自分を導く。たしかに口で言うほど簡単ではない。一生かけて練習することになる。

イザベルは、優先の傷が活性化しそうなときに気づき、しばらく時間をかけて傷に名前をつけ、客観視し、悲しむ必要がある。そうすれば、次にするべきことがはっきりわかるだろう。方向転換するためには、自分に対しても、パートナーに対しても明確な表現をしなければならない。イザベルはジョーを批判するのではなく、感情的な欲求をはっきり言うべきだ。これについてはChapter 8「衝突」で学ぶが、批判や不満ではなく、感情的な欲求を口に出すようにすれば、カップルはうまく方向転換し、結果もよくなることを知っておこう。

ふたりには方向転換が必要だとわたしが言うと、ジョーがこう尋ねた。「じゃあ、どうしたらいいんですか？　自分の友だちと過ごしたいときは、どうしたらいいの？　優先されていないとイザベルに感じさせたくないし、イザベルを傷つけるつもりもありません。でもわたしは自分のスペースをもちたいし、イザベルにももってほしいんです」

ジョーは気づかないうちに、すでに方向転換を始めていた。優先されていないと感じさせたくないと口に出した事実こそが、すばらしい第一歩である。ジョーはイザベルの傷のことを知り、刺激する気はないと伝えた。子どもの頃にイザベルを傷つけた行為は、今でも彼女を苦しめると理解したからだ。

そこで、このようなワークに進んだ。ジョーは自分の計画を伝えつつ、いちばん大切なのはイザベルだと念を押した。イザベルのほうは、ジョーがときどきひとりで行動することを客観的に見るよう努力した。ふたりの成長はすばらしいものだった。

イザベルの方向転換には、ジョーの自立によって傷が活性化したときのための自分（セルフ）を落ち着かせる方法（スージング）［訳注／身体に優しく触れたり、瞑想したりして自分をなだめること］を見つけることも必要だった。また、わたしは以前の行動を新しい行動に替えるよう提案した。ぷりぷりしながらジョーにメールを送るかわりに、本を読んだり、友だちに電話したり、散歩にいったりする。セルフスージングや代替行動によって、ジョーに要求をぶつけることなく気持ちを安定させることができるだろう。

　わたしたちは毎週ワークを続けた。同じようなことがあるたびに名前をつけ、客観視し、悲しみ、努力して方向転換し、心のなかで起きていることを伝え合う。大事なのは本音を話すことだ。イザベルは方向転換しようとするとき、ジョーにこのように言うかもしれない。「友だちに会いにいくのがジョーにとって大切なのはわかってる。でも、わたしは優先されていないという物語を自分に言いきかせてしまうの」。これは、マイケル・ホワイト〔訳注／オーストラリアのソーシャルワーカー〕とデビッド・エプストン〔訳注／ニュージーランドのセラピスト〕が70〜80年代に大きく発展させたナラティブ・セラピーから借用した表現だ。このセラピーでは、自分自身やアイデンティティについて、本人に役立たない物語のかわりに、役立つような物語をつくることに焦点を当てる。[*6] イザベルとジョーの場合、イザベルが自分に語りかけているネガティブな物語を正直に伝えれば、ジョーはその物語を打ち消すことができる。ジョーはこのように答えるだろう。「打ち明けてくれてありがとう。でもその物語は本当じゃないわ。あなたはわたしにとって、間違いなくいちばん大切な存在よ。わたしはあなたを愛してるし、明日一緒に過ごすのをとても楽しみにしてる。携帯電話を持っていって、一晩中チェックするわね」。これは、理想化された話に聞こえるかもしれない。あなたは呆れたように目を回して、「そんな言い方してくれる人、いるわけない！」と思っているかもしれない。それは、わたしにもよくわかる。でもジョーとイザベルが方向転換できるようになったのは、熱心にワークに取り組み、完璧ではないものの前進したからだ。ふたりが最初に始めたときの状態は、あなたとたいして変わらなかっただろう。

もちろんわたしたちは、ほかの人が感じたり思ったりすることについて無限の物語を心に描くことができる。もとはナラティブ・セラピーのものだが、ブレネー・ブラウンの本『立て直す力：感情を自覚し、整理し、人生を変える3ステップ』（小川敏子訳／講談社）で有名になったのが、「わたしが自分に言いきかせている物語は……」という文である。[*7]これを使えば、黙ったままくよくよしたり疑ったりするのではなく、自分の考えをはっきりさせ、イザベルのように相手に打ち明けて対話を始めることができる。試してみてほしい。

あなたの癒やしのワークとイザベルのワークには、多くの違いがあるだろう。とくに違うのは、パートナーと一緒にワークをしていないことかもしれない。ジョーのように、そばで客観視してくれる人がいないかもしれない。それでも、もしこの親密な場にパートナーや家族、友人を迎えられたら、特別な癒やしがもたらされるだろう。

絶対に必要というわけではないが、心の傷が現在の人間関係の傷につながっている場合は、とくに役立つはずだ。関係から生じる傷について考えると、幼少期に受けたメッセージを反証してくれる人が必要だとよくわかる。多くの人が、自分の重要性や価値の証拠を握っているのは、ほかの誰か、つまり自分の内側ではなく外側に住んでいる人だと信じている。「誰かがわたしのことを大切な存在だと示してくれたら、わたしは大切な存在だ。誰かがわたしには価値があると言ってくれたら、わたしには価値がある。まわりの人たちに合わせることができたら、わたしは属している」。そう考えるのも、もっともだ。つまり、ある程度までは、助けとなる人間関係が癒やしには必要だ。関係が傷ついたのなら、関係が癒やしの助けになるだろう。ただし、このワークは人間関係だけでなく、個人的な癒やしをも目指している。たとえ、あなたが自分の価値、自尊感情、帰属意識について深く知ったり、安らぎを求めたりするために始めたわけではなくても、いずれは考えなければならないだろう。

心の根元を癒やすワーク

さあ、その気になったら少しワークをしてみよう。いつも言うように、ワーク中は自分自身をよくケアしてほしい。必要なら中止しよう。無理に最後までやらなくていい。

名前をつける

優先の傷を明らかにしても、家族から受けた愛を裏切ったり、捨てたりする必要はない。そのことを忘れないでほしい。

家庭のなかで自分は優先されているのだろうかと、最初に疑った瞬間を思い出そう。相手は特別な誰かかもしれないし、家族全体かもしれない。誰があなたにそう思わせたか思い出せるだろうか。そのとき、あなたはどこにいた？　その人に何をしてもらいたかった？　どう言ってもらいたかった？　あなたより優先されたものは、なんだった？　あなたより優先された人は誰だった？　いくつ気づけるだろうか。

客観視する

優先されていないと初めて感じたときや、それ以降の幼い自分に焦点を合わせてみよう。顔や表情、身ぶりが見えるところまで椅子を近づけよう。そして、小さな子どもの自分を思いやろう。

悲しむ

もう感情が湧きあがってきているかもしれない。その感情を外に出そう。何年も前の気持ちに共感しているだろうか。優先の傷に耐えている幼い自分のために、胸がはりさけそうになるかもしれない。さあ、その子を思いやってあげよう。今このとき、幼い自分にしてあげたいことはなんだろうか。ハグしてあげたい？　大変だったね、と言ってあげたい？　抱きあげて、大丈夫だよ、と言ってあげたい？　せずにいられないことは、なんだろうか。それに気づいてほしい。

もしかしたら、優先されるために努力したことに気づくかもしれない。注意を引こうとした？　もしくは、すっかり諦めた？　正直な気持ちを抑えることで対処しようとした自分を悲しんでほしい。

心地よければ、気がすむまでこの状態を続ける。もし目を閉じているなら、部屋に戻る前に少し時間をとろう。目を閉じたまま、手や足の指先を少し動かしてみる。首を伸ばしたり、胸やお腹に手を当てたり、呼吸に集中するのもいい。目を開けたときに何が見えるか考えよう。どこにいるか思い出せるだろうか。それから、ゆっくりと、瞬きしながら目を開ける。そのまましばらくじっとしていよう。

必要なだけ、やりたいだけ行おう。1週間毎日する人もいるだろうし、1度だけやって、来年や5年後に戻ってくる人もいるだろう。どちらも、すばらしいことだと思う。

方向転換する

最後のステップなので、少し時間をかけて、優先の傷が今も現れていることを確認してほしい。どんなふうに現れるだろうか。どの人間関係のなかに現れる？　次の文を完成させよう。

●もしわたしが自分自身を優先したら、今すぐ人生を（　　　　　　　　）のように変えるだろう。

●もしわたしが自分自身を優先したら、相手に伝えたいことは（　　　　　　　　）。

今週、自分自身を優先するチャンスを見つけて、実行してみてほしい。胸に手を当てて……そう、それでいい。

Chapter 6

信頼したい

誰かを信頼すると、とても弱い立場に置かれる。信頼するときは自分でそれを選んでいる。その人を信じ、頼みにし、その人が言葉や約束を守るだろうと信頼することを選んでいるのだ。ほとんどの場合、最初に信頼するのは家族の誰かだろう。家族は言葉や、選択、行動、そして他者への期待によって信頼を教えてくれる。

ナターシャのことを覚えているだろうか。彼女は父親が母親以外の女性と交わしていた恋のメールを偶然見てしまった。ショッキングなものを目にして、ナターシャの心は粉々に砕け散った。そのメールは母親へのひどい裏切りであり、夫婦の信頼を明らかに破壊するものだった。だが、そのメールはナターシャの信頼をも破壊した。彼女は裏切りを目撃した後、あろうことか裏切りの片棒を担がされ、父の秘密を何年も母から隠して幸せを守ることになった。

ナターシャはこの話を、わたし以外の誰にも打ち明けたことがなかった。彼女と父親しか知らない秘密だ。それはナターシャにとって大きな重荷だった。この壊れた信頼のせいで、父親に対してだけではなく、出会う人すべて、とくに付き合う男たちに対しても信頼感をもてなくなった。人の善良さが信じられない。人が正直で高潔でいられて、約束を守れるなんて信じられない。ナターシャは自分の信頼がまた裏切られるだろうと思い、いつもびくびくしながら生きていた。

もしあなたが人を信じられないか、人を信じないようにしているなら、信頼の傷をもっているのかもしれない。信頼は、一貫性のなさや、嘘、裏切り、見捨てられ体験によって壊される。そしてご存じのとおり、いったん信頼が失われたら、取り戻して再び信じることはほとんど不可能に思える。

信頼の傷の原因

あなたは、親がたやすく人を信じて何度も利用されたのを見たのかもしれない。信頼の傷をもつ親から「気をつけろ、人を信じるな」と言われたり、一般論を吹きこまれたのかもしれない。親に見捨てられたり、信頼していた人にだまされたりして、信頼が打ち砕かれた経験があるのかもしれない。信頼が壊されたら、人は頑なになりやすい。自分のまわりに壁が築かれ、疑念が人間関係や交流のなかに現れるようになる。

わたしの見たところ、多くの人が過去に裏切られた経験をもち、そのため今も人を信用できずにいる。彼らは過去に嘘をつかれたことがあるため、人が正直で信頼できるとは思えない。だまされていないかと、つねに人間関係をチェックせずにはいられない。不信感を振り払いながら生きるのは、とても疲れることだ。

信頼の傷をもつクライアントのほとんどが、わたしにこのように質問する。「どうしたら人を信じられるようになるんでしょう？　過去は過去だと割りきって、白紙の状態から前に進む方法がありますか」。じつは、信頼の回復には長くて苦しいプロセスが必要だ。また、嘘、裏切り、見捨てられ体験が、幼少期を超えて現在の恋愛関係や友情にまで影響しているなら、人への不信は強化され、傷がさらに悪化しているだろう。

それでも、すべてを失ったわけではない。前へ進む道はある。その道は、あなたの信頼の傷を明らかにすることから始まる。

裏切り

トロイとマークというゲイのカップルがセッションにやってきたとき、トロイは昨夜のパーティーでの出来事に怒り狂っていた。まるで今起こったばかりのように憤慨しながらオフィスに入ってくる。

「トロイ、ちょっと待って。どうしたんですか。いったい何があったんですか」わたしは訊きながら、トロイを落ち着かせようとした。

「マークがまたやったのさ。ぜったいにおれに味方しないんだ。おれ以外なら誰の肩でももつくせに。もううんざりだ。おれを庇えないんなら、なんで一緒にいるんだよ?」トロイは怒りながら言った。

「きみがいつも正しいとはかぎらないんだよ、トロイ」マークが静かに答える。

「いつも間違ってるともかぎらないだろ」トロイは噛みつくように言った。

このやりとりを聞くのは、初めてではなかった。トロイはマークが庇ってくれないと、しょっちゅう不平を言っていた。パートナーならいつも自分に味方し、庇ってくれるべきだと思っていたので、マークが庇ってくれないだけでなく、ほかの人の側につくのを裏切りだと感じていた。一方、マークは、自分が「不品行」と呼ぶものを認めるわけにはいかないので、トロイを支持できなかった。

「こちらまで恥ずかしくなるような話し方をしてるのに、パートナーだからって肩をもてるかい? 主張が明らかに間違ってるときもあるのに? トロイがぼくに助けてもらいたいと思うのはわかるよ。でも意見が合わないときに、ただ応援するわけにはいかない。どこで線を引けばいいんだろう？」

　マークは、いいところを突いている。いったい、どこで線を引けばいいのだろう？　その質問に答える前に、影響している傷について理解することが重要だ。トロイは明らかに裏切られたと感じ、マークを信頼できなくなっていた。でもトロイの反応性が、このタイプの裏切りにあったのが初めてではないことを示していた。

　トロイの育った家庭について質問すると、7歳のときに両親が離婚し、数年後に母親が再婚したことがわかった。継父にはふたりの息子がいて、トロイと年齢が近かった。

「おれだけが叱られてばかりだった。どんなときもね。あいつらが何をやっても、全部おれのせいなんだ。母さんは何もしてくれなかった。義理の親父が自分の息子らの肩をもつのをただ見てただけさ。あいつらがおれを怒らせたのに、悪いのはいつもおれなんだ。みんな大嫌いだ」

　トロイは幼少期、味方してくれる人が誰もいなかった。継父が息子たちの乱暴な行為をなぜ無視できるのか理解できなかった。もっと悪いことに、唯一血のつながっている母親が庇ってくれなかった。トロイは、母親が彼の側について守ってくれないのを見て、裏切られたと感じた。そして、大人が正しいと信じられなくなった。「あいつらは親父の子どもだし、大事なのはわかってるよ。だけど、あいつらがすることに目をつぶるだけじゃなくて、なんで全部おれのせいにするのさ？」

裏切りとは、健全な人間関係に不可欠な、明白あるいは暗黙の了解を破ることだ。また、不倫や育児放棄のように、関係を意図的に壊すことも裏切りである。そして、誰かから安全や、保護、優先などを与えられる必要があるのに、そのまま放っておかれたときにも裏切られたと感じ、信頼が踏みにじられる。

相手に知らせるべき重要な情報を隠しているのも、裏切りになるだろう。たとえば、解雇されたことや、もうひとつの家族をもっていること、子どもの進学資金をギャンブルに使ってしまったこと、パートナーに隠れて大きな買い物をしていることなどだ。

わたしはそういうケースをよく目にしている。これらの欺きや裏切りは、思っていたよりはるかに大きな影響をもたらす。あるクライアントは、高額な買い物をしては、パートナーに見つからないよう箱や袋を捨てている。また、パートナーに黙って家族にかなりの額の送金をしているクライアントもいる。弁解の言葉があるかもしれない。「けんかするほどのことじゃないでしょ」とか、「自分の金なんだから、好きに使ってもかまわないじゃないか」とか。だがどう弁解しようと、裏切られた気持ちや、関係にできた亀裂を変えることはできない。

裏切りによって信頼の傷を負うと、信頼が失われ、「わたしはあなたを信頼できない（または、信頼しない）」という思考が何度も繰り返されるようになる。

裏切りは家庭内でさまざまな形で起こり得る。裏切られたことがあるか考えてみよう。

何かで信頼を失ったことがある？　誰かを信用できなくなった？　人は信じられないと思うようになったきっかけは？

●裏切られたと感じたのは（　　　　　　　）。
●わたしが経験した裏切りは（　　　　　　　）。
●人を信じられなくなった理由は（　　　　　　　）。
●今、自分を守るためにしていることは（　　　　　　　）。

愛する人に裏切られると、この世のすべてを疑うようになる。かつて抱いていたあらゆる確信や思い出が、今では疑惑に置き換わってしまう。かつては信頼で満ちていた人生が、今ではすっかり信頼を奪われている。それでも信頼の傷を明らかにし、信頼を回復しようとするのは、勇気ある行為だ。わたしが、あなたとその優しい心を見守っている。あなたがワークに取り組むのをいつも応援している。

嘘

アンジェリカに初めて会ったとき、彼女はパートナーをもっと信頼できるようになりたいと話してくれた。パートナーの携帯電話を盗み見ているところを何度も見つかったのだという。当然のことながら彼は怒っていた。アンジェリカは盗み見をやめなければいけないとわかっていた。「彼の境界線を越えてるのはわかっています。でも、彼をどうしても信じられないんです。とくに理由はないのに」

アンジェリカの行動は、信頼の傷があることを示していた。彼女は、パートナーが言ったとおりの場所にいるか、いつも携帯電話の追跡アプリでチェックしていた。インスタグラムのダイレクトメッセージを調べ、彼のメッセージやメールを見て、自分の知らない人とやりとりしていないか確かめる。見慣れない名前や電話番号を見つけると、それが誰で、どうやって知り合ったのか彼に問いつめる。パートナーにだまされないためなら、どんなことでもやった。

このような行動の原因は生い立ちにあるに違いない。ある日のセッションで、アンジェリカは打ち明けてくれた。彼女が21歳のときに、叔母だと思っていた人が実の母親で、ずっと母と呼んできた人が伯母だと知ったのだという。驚くかもしれないが、事実だった。アンジェリカの大学卒業の日、20人以上の親戚が卒業式に出席した。式が終わってアンジェリカがバスルームにいると、母親と叔母の声が聞こえてきた。叔母はこう言った。「アンジェリカをここまで育ててくれて本当にありがとう。何年も前のあのとき、わたしを助けてくれて心から感謝してるわ。わたしは母親になる心の準備ができてなかった。姉さんがいてくれて、アンジェリカは幸運だわ。もちろん、わたしもね」。アンジェリカはバスルームのなかで凍りついた。「今のは何？　叔母さんはなんの話をしてるの？　どういう意味？」言葉ははっきり聞こえたが、すぐには理解できなかった。バスルームにはほかに誰もいない。彼女はトイレの水を流してバスルームから出た。まるで映画のワンシーンのように。このようにして、アンジェリカは生まれてからずっとだまされてきたことを知ったのだ。

家族がアンジェリカの出生について隠してきたのは、それが正しい判断だと思ったからだ。でもアンジェリカは、だまされたと感じた。彼女はずっと嘘のなかで生きてきた。さらに悪いことに、彼女以外の全員が知っていた。これが判明したことで、アンジェリカは人生のすべてを疑うようになった。「今話してることは本当なの？　さっきのは嘘？」疑惑が次々湧きあがってきた。

アンジェリカがなんでも「自分の目で」確かめなければ気がすまないのも、当然だった。ただ、彼女の苦しみは、ほかの人を信じられないことだけではない。わたしたちはだまされたり、裏切られたり、間違ったほうへ導かれたりすると、自分自身に対する信頼も失いやすい。「わたしはどうして知らなかったの？　どうして気づかなかったの？　あれこれ考え合わせればわかったんじゃない？　目の前で起きてることに気がつかなかったなんて、もう自分が信じられない」

あなたも幼少期を振り返って、嘘をつかれたことがあったかどうか思い出してみよう。

あなた自身が嘘をつかれたわけではなくても、影響を受けることがある。両親の一方が他方に嘘をついたり、親があなたのきょうだいに嘘をつくのを見たら、あなたも傷ついたはずだ。

- 嘘をついていた人は（　　　　）。
- その体験がわたしに与えた影響は（　　　　）。
- そのせいで、今受けている影響は（　　　　）。

見捨てる

「彼女こそ運命の人だと思うんだ」昨夜デートしたばかりのマハムードは、興奮しながらそのようすを話してくれた。「今度こそ本当にそうかもしれない」と繰り返す。一緒に喜びたいところだったが、わたしは用心しながら聞いていた。この2カ月だけでも、複数の女性についてまったく同じ言葉を何度も聞いたからだ。デートに行っては誰かと意気投合し、運命の人を見つけたと言い、翌週やってきて、もう別れたと報告する。それがマハムードのパターンだった。このサイクルを何度も繰り返している。この日も同じだった。

何が起きているのか明らかにするために、生い立ちを深く探ることにした。マハムードが8歳のとき、父親が家族に、出張で祖国のエジプトへ戻らなければならないと言った。

父親はふだんから月に1回出張していたが、このときはまったく帰ってこなかった。マハムードと姉妹たちが母親に、お父さんはいつ帰ってくるの?と訊くようになった。母親は数カ月間、仕事が長引いているらしいと説明していたが、とうとう、お父さんはもう帰ってこないと打ち明けた。父親はエジプトに残ると決めたのだ。

理由については明確な答えがなく、憶測するしかなかった。こうして見捨てられたことは、家族全員にとって悲痛な体験だった。ただひとりの男の子であるマハムードは父にいちばんかわいがられていたので、ひどくショックを受けた。マハムードは大きくなったら父のようになりたいと思っていた。なのに今、父は去ってしまったのだ。「なんでパパは出ていったの?　ぼくたちを愛してないの?　ぼく、何か悪いことしたの?」幼いマハムードには理解できなかった。

幼少期の見捨てられ体験は一種の裏切りで、親が子どもの幸福を顧みず、親としての責務を放棄したときに起こる。これは、マハムードの父親のように物理的に見捨てる場合もあれば、子どもにかまってやれない親のように感情的に見捨てる場合もある。

あなたは子どもの頃に見捨てられたことがあるだろうか。誰に見捨てられたのだろう?どんな影響を受けた?　人を信じてはいけないと思うようになったわけは?

●わたしは（　　　　　　　　　）に見捨てられた。

●そのせいで、（　　　　　　　　　　　　）と思うようになった。
●現在、自分を守るための方法は（　　　　　　　　　　　　）。
●それでも、今気づきつつあることは（　　　　　　　　　　　　）。

信頼の傷への対処

家族を信用できない場合、意識的または無意識に、裏切りや、嘘、見捨てられることから自分を守ろうとする。安定と確かさをもたらすためなら、どんなことでもするだろう。びくびくしながら人の行動を監視したり、その人を試したり、自分のなかに閉じこもったり、壁をつくったり、できるだけ早く親しくなって安心感や親しさや約束を得ようとしたりする。しかし、これらの対処法では信頼を取り戻すことはできない。むしろ不信感を持続させるだけだ。

自分のなかに閉じこもる

裏切りや、欺き、嘘、見捨てられ体験に遭うと、自分のなかに閉じこもってしまうことがある。内に閉じこもることは、身を守る手段のひとつだ。「誰も近づけなければ、わたしは傷つかないはず」だと考える。たとえば、自分のことを人に話さないようにしたり、友人と親しくなるのを避けたり、けっしてデートしなかったり、連絡先をできるだけ教えなかったりする。

あなたに失恋の経験があるなら、「もう二度と恋なんかしない」と言ったことがあるだろう。失恋はつらいし、裏切られて終わることが多いので、もう経験したくないと思う。そのような痛みを再び味わいたくないからだ。

でも、これは失恋にかぎったことではない。家族の誰かがあなたの信頼を踏みにじり、信頼を取り戻す努力もしなければ、あなたは自分のなかに閉じこもるか、心を閉ざすしかないと思うだろう。

この対処法によって、恐れているものから守られるのはたしかだ。自分のなかに閉じこもったままでいられれば、望みどおりかもしれない。ただし、つながりや、親密さ、深い人間関係が犠牲になってしまう。内に閉じこもれば、再び落ちこむことは避けられるだろうが、人々と信頼を築き、信頼を取り戻し、新しい物語を描いていく経験もできない。

あなたが自分のなかに閉じこもるようになったのは、どうしてだろう？　かつてはあなたを守ってくれた対処法が、今は何かを妨げていることに気づいているだろうか。

過度な警戒

卒業式の日にアンジェリカの家族の嘘が発覚したとき、彼女のなかで連鎖反応が始まった。その日から、彼女はパートナーに対してひどく警戒するようになった。メール、テキストメッセージ、ダイレクトメッセージに目を通し、だまされるかもしれないと、ぴりぴりしながら生きてきた。

警戒しすぎる人は、環境、人間関係、周囲の人たちをつねに監視して、嘘やごまかし、裏切りの兆候がないかチェックしている。一種の自己防衛だ。「どんな細かいことも見逃さなければ、わたしは傷つかないはず」。これはかなりの重荷でもある。だまされたり裏切られたりしないかつねに窺い、ずっと守備についているような気がする。そう、まさに守備についているのだ。あなたの経験や信念が、「人はかまってくれないし信用できない」というものだったら、いったい誰が守ってくれるだろう?

わたしの両親の離婚協議中、わたしは過度に警戒するようになった。ふたりから聞く話はまったく違っていて、どちらの話も真実ではありえなかった。どこかがおかしかった。だから親たちの話を耳をそばだてて聞いてみると、どちらかが嘘をついたり、情報を伏せたりしていた。それぞれの家で親が電話で話していると、子機を取りあげて盗み聞きし、真実はどうなのかを知った。そのおかげで人の心を読むのがうまくなり、そのスキルは今も役に立っているが、過度の警戒はわたしから喜びや、つながり、自由、遊び心を奪った。この不適切な対処法は、大人になってからの人生でも続きやすい。わたしもそうだった。

私生活でこまごましたことをチェックしたり、パートナーのミスを指摘せずにはいられなかった。コナーは笑いながら、わたしのことを「指摘屋さん」と呼んだ。どんな細かいことも見逃すことなく、必ず伝えたからだ。今では笑い話だが、これはよく衝突の原因になった。

あなたはどのようにして、信頼の傷への対処として過度に警戒するようになったのだろう？　今もそれをしている？　それはなんの役に立ってきた？　今、この対処法がネガティブな影響を及ぼしていることに気づいている？

試すこと・壊すこと

まわりの人を信頼できないときは、相手を試さなければならないと思いがちだ。あなたも自分の期待を伝えずに、誰かを試しているかもしれない。わざと追い払ってみて、その人が追いかけてくるかどうか、自分がその人にとって大切な存在かどうか確かめようとする。または無茶をしたり、不当な要求をすることで、相手がどれくらい本気か試そうとする。

トロイは自分の不信感を自覚していなかったが、たしかに人を試そうとしていた。誰かに味方してもらいたいし、自分の肩をもってほしい。ときには自分が悪いとわかっている場合でも、マークには自分の側についてもらいたかった。何十年も前、継父が義理の兄弟たちにしたように。また、自分が母親にしてもらいたかったように。「味方がいるってどういうものか感じてみたいだけなんだ」。トロイは、自分が非常識な人間にわざとなってみて、それでもパートナーが庇ってくれるのを体験したかった。

マークがトロイの信頼の傷と悲しい生い立ちについて理解すると、ふたりの関係が変わりはじめた。一緒に傷の癒やしに取り組んでいたため、トロイはマークを試す必要がなくなっていった。信頼は、非常識な言動で試すのではなく、会話と、傷ついた心をさらけ出すことで築かれた。ふたりのあいだに信頼が増すほど、トロイが社交の場で暴言を吐くこともなくなっていった。

あなたは、どんなふうに人を試したことがあるだろうか。試すことで何を確かめようとしているのだろう？　また、そのせいで人間関係にどのようなダメージを与えているだろう？

試すことは、壊すことにもつながりやすい。ナターシャは父の不倫を知るまで、まったく疑いを知らないティーンエイジャーで、父を尊敬していた。ところが、あのメールですべてが変わった。一夜にして、もっとも近しく、もっとも愛している人たちが想像を絶するような裏切りをしかねないと思うようになった。

これが、プロポーズも間近な恋人のクライドを信じられない理由だ。これまでのパートナーたちを信じられなかった理由も同じである。ナターシャは、クライドには疑わしい点などないのに、「隠された」何かが見つかるのを待ち構えていた。そして、この不信感が恋愛関係を壊すことにつながった。

ナターシャは恋愛関係を終わらせれば自分を守れると考えた。これまでの恋愛のときと同様である。「裏切られる前に終わらせてしまえば、傷つかずにすむわ」。ナターシャはクライドを試すのではなく、恋愛関係を壊そうとした。これまでもずっと、相手を追い払う方法をわざわざ探し、自分が打ちのめされる前に関係を終わらせてきたのだ。

ところが、この破壊と回避はナターシャを傷つけてきた。とくに今回の恋愛では、結婚したい男性が目の前にいる。優しくて、面倒見がよく、思いやりのある男性だ。彼はナターシャが感じている苦しみも、これまで負ってきた重荷にも気づいていない。

あなたも人を信じられないとき、自分を守るために関係を壊したことがあるだろうか。どんなふうに壊した？　それが今の生活で何を邪魔している？

不安定型の愛着

信頼の傷をもつ人のなかには、再び傷つかないよう心を閉ざして孤立する人がいる。しかし、マハムードのように逆の方法をとる人もいる。彼らはあまり知らない人とでもすぐに仲良くなって、心の穴を埋めようとする。

「愛着理論」については、よくご存じかもしれない。これは１９５２年に英国の精神分析学者ジョン・ボウルビィによって提唱され、のちに発達心理学者メアリー・エインワースによって確立された理論だ。彼女はストレンジ・シチュエーション法という実験を行ったことで有名である。[*1] この実験では、母親が子どもを残して部屋から出ていき、その後戻ったときの子どもの反応を観察することで、さまざまな愛着スタイルを判断する。安定型の赤ちゃんは再会すると再びつながろうとし、母親に近づいて抱いてもらおうとする。だが不安定型の赤ちゃんは母親が戻ってきても怒ったり、完全に避けたりする。ストレンジ・シチュエーション法は安定型と不安定型の愛着関係を調べるツールとなり、今日でも幼児や成人の愛着について理解するために利用されている。[*2]

研究によると、幼少期に愛着スタイルが安定型だった人は、成人しても安定型になりやすく、幼少期に不安定型だった人は、成人しても不安定型になりやすい。マハムードの父親が家族を捨てたとき、その行為によってマハムードの安全基地は破壊された。その結果、マハムードは不安になり、誰かとつながることで安心しようとした。見込みのあるデート相手を見つけると、大急ぎで関係を築いて「即席ボーイフレンド」になろうとする。この対処法は、信頼が踏みにじられないように、相手に早く近づいて自分を守ろうとする方法だ。「この関係を定着させられたら、ぼくは二度と捨てられないはずだ」。

マハムードはとても感じのいい青年なので、新しい女性との最初の数回のデートはうまくいき、見た目にはつながりができた。ところがその後、彼は早く話を進めすぎた。ふたりの将来の生活や、引っ越し、婚約、結婚、ふたりの子どものことまで話しはじめる。はじめのうちは楽しい冗談に聞こえるが、あまりにしつこいので相手は嫌気がさし、次のデートを断られたり、突然連絡がとれなくなったりする。このようなことが何度も繰り返された。「相手が離れていくのは、そのせいだってわかってるよ。でも、どうしてもそのパターンになってしまうんだ」とマハムードは悲しそうに言う。彼は自分の行動が不快感をもたらしていると理解していた。ただ、なぜそんなふうに行動してしまうのか、また、パターンを変えるにはどうしたらいいのかわからなかった。

「あなたは捨てられないように自分を守ろうとして、じつは見捨てられ体験を増やしてしまっているようですね」わたしは言った。

「え、そんな……そんなふうに考えたことなかったな。少し考えさせてよ」

見捨てられることから自分を守るために、つながりや親密さを避けても、または必死で早く関係をつくっても、結果として本物の人間関係は結べない。マハムードの恋愛がうまくいかないのは、彼の主な目的が、自分を守って捨てられないようにすることだからだ。誰かと知り合って本物のつながりを築き、時とともに自然に発展させていくという、よい恋愛の形ではない。マハムードは無意識のうちに、何年も前に父親に奪われたものを強引につくりあげようとしていたのだ。

つながりを急ぐのではなく、もっと落ち着いて心を開くことが必要だ。誰かを本当に知ろうとし、相手にも自分について知ってもらわなければならない。それには必ずリスクが伴う。人間関係は不変ではない。関係が永遠に続く保証はないし、相手がずっといてくれる保証もない。子どもは親が保証してくれると望むものだ。だがその親に捨てられたら悲惨である。この世に自分を捨てない人がいるとは思えなくなるだろう。

見捨てられることと、関係が終わることは別だということを知っておこう。この区別を理解できない人が多い。とくに不安定型の愛着スタイルの人はそうなので、ここで強調しておきたい。見捨てられ体験によって信頼の傷を負っている人は、ぜったいに離れていかない人を見つけなければならないと信じている。「離れていかないと約束して。ずっとそばにいると約束して」と願う。しかし、もちろん保証はない。約束してくれる人もいるだろうが、その言葉をもらっても、未解決の傷による恐れは変わらない。言葉では本当の信頼を築けない。

未解決の信頼の傷は、今の人間関係を破壊する。パートナーになれそうな人にプレッシャーを与えるだけでなく、無意識に信頼できない人を引きよせてしまい、その人によって恐れが現実になるだろう。そのため偽物のつながりをもったり、逆に、二度と傷つかないようにつながりを避けることになる。これでは生きるのがつらい。傷に操られているかぎり、安心と信頼を築くことができず、新しい信念や、新しい体験、そして癒やしを得ることはできない。

さまざまな対処によって傷の痛みをごまかしても、癒やしには役立たない。信頼するためには、自分の回復力を信じ、判断力を高める必要がある。嘘や、欺き、裏切りに遭っても、自分には立ち直る能力があると信じなければならない。頑なになって心を閉ざすのではなく、その体験から学んで知恵深くなることだ。

信頼の傷を癒やす

自分や人を再び信頼することは大仕事だ。アンジェリカは勇気を出してパートナーを信じることにした。まず信頼の傷を明らかにし、彼に打ち明けることが第一歩だ。家族内の嘘の深刻さと、自分が受けた影響を認識することも、不信感から方向転換するためには必要である。

いずれは、パートナーの携帯電話を盗み見するのではなく、そうしたくなるのは不安なことがあるからだと彼に話し、その問題をはっきりさせてもらうようにする。また、アプリで追跡するのではなく、メールで居場所を訊くようにする。そして、それを信じる練習をすることだ。もちろん彼は断らないだろう。

さて、ナターシャのほうは、いったん信頼の傷が明らかになると、しだいに傷をもちつづける必要はないと思うようになった。わたしに秘密を打ち明けたことで、彼女の傷は少し軽くなった。やがてクライドに打ち明けることだろう。それは弱さをさらけ出す決心であり、クライドへの深い信頼を表すものだ。ナターシャはリスクを冒そうとしていた。

「相手がわたしのことを知ったら、わたしを傷つけることができるのでは？」この疑惑が何週間も頭のなかで鳴り響いていた。

「クライドはわたしのいちばん弱い部分を知ることになるわ」ナターシャは言った。

「そのとおりですね」わたしは答えた。「クライドがその秘密をどうするか、わたしたちにはわかりません。どんな反応をするのかもね。でも、クライドに打ち明けようという気持ちがあるということは、彼なら秘密を守ってくれると、ある程度信じているからだと思いますよ。あなたが打ち明けることを、彼なら大事にしてくれるとね。彼に打ち明ければ、あなたもふたりの関係がよくなると、心のどこかで信じているのでしょう。なんのメリットもないのに、打ち明けようとは考えないはずですよ」

この言葉が心の琴線に触れたらしい。ナターシャはついに父親の秘密保持者という役割を捨てることにした。この秘密は彼女の人生と人間関係に大きな影響を及ぼしてきた。その支配から自分を解き放つ用意ができたのだ。クライドに打ち明けることは、傷つくのを恐れて関係を壊すかわりに、信頼を回復して強めるための試みだった。

幸運なことに、ナターシャのパートナーは思いやりの深い人だった。彼女がクライドに打ち明けると、ふたりは強力なチームになった。彼女は関係を壊すかわりに、上手にコミュニケーションをとるようになり、クライドの協力で信頼を築いていった。これはナターシャにとって信じがたいほどの癒やしになった。彼女は男性や、近しい人、裏切りについて抱いていた物語を書きかえはじめた。その変化のようすは感動的だった。

この方法は、協力してくれる誠実なパートナーや友人がいなければうまくいかない。ありのままの自分を見せられる人が必要だ。しかし当然のことながら、けっして嘘をつかないと思った人に欺かれることもある。

じつのところ、信頼の傷をもっていたら、人を信じることは危険だと感じるだろう。だがアーネスト・ヘミングウェイは単刀直入に語っている。「誰かを信頼できるかどうか知る最善の方法は、その人を信頼してみることだ」。これは無謀な行為ではない。信頼してみて、信頼を築けるかどうか確かめるという意図的な行為である。

信頼するためには、自分の回復力を信じ、判断力を高める必要がある。嘘や、欺き、裏切りに遭っても、自分には立ち直る能力があると信じなければならない。頑なになって心を閉ざすのではなく、その体験から学んで知恵深くなることだ。それには、思いやりのあるコミュニティーやまわりの支えがあるほうがやりやすい。

このワークは痛みや感情を回避することではないし、嘘や裏切りを見過ごすことでもない。愛と支えによって苦しみを乗り越えられると学ぶことだ。そうすることで、信頼できる人とできない人の違いがわかるようになり、自分への信頼も高まるだろう。

嘘や、裏切り、見捨てられ体験、欺きから身を守るすべがあるのかどうか、わたしにはわからない。できるだけ遭わないようにすることはできても、完全にかわすのは無理だろう。傷ついたことのある人は、再び同じ痛みを受けないよう全力を尽くす。でも人を信頼することを避けていては、信頼を学ぶことはできない。

もう一度言おう。人を信頼することを避けていては、信頼を学ぶことはできない。再び信頼できるようになるには試行錯誤するしかない。

信頼とは弱さをさらけ出す無防備な行為だから、とても怖く感じることもある。最初からほかの人を信じるのは難しいので、まずは自分自身を信じることに集中するよう、わたしは勧めている。どんなに小さくても、自分に言った言葉どおり実行できることを見つけよう。たとえば、寝ようと自分に言ったら、ベッドに入る。水を飲もうと言ったら、たっぷり飲む。出かけようと言ったら、その日に出かける。自分の言葉への信頼を高めて、そのとおり実行できるか確かめよう。

この「誰かを信頼してみて、信頼できるか確かめる」という方法を試したいなら、信じやすいことと、信じにくいことは何かを考えてほしい。リストにしてみるのもいい。もっとも信じにくいことは、前に経験のあることだと気づくだろう。これはやみくもな試行錯誤ではなく、意図的なものだ。自分の傷とつながり、信頼できそうな人に打ち明け、疑惑に苛まれる心のなかにその人を受け入れよう。

信頼しようとしている相手に、自分が信じにくいことは何かを伝えると助けになるだろう。もしからかわれたり、無関心だったり、軽蔑されたりしたら、その人は信頼できない人だというよいサインである。また、会ったばかりの人にはしないほうがいい。あなたへの思いやりがたしかに感じられる人を選ぼう。あなたの痛みを受け入れられない人と一緒に取り組んでも、傷は癒やされない。ここで次の文を完成させよう。

●（　　　　　）が起こると、あなたを信じにくくなる。なぜなら、（　　　　　）と感じてしまう。

●そのせいで、わたしは（　　　　　）を思い出し、（　　　　　）。

●わたしの助けになることは（　　　　　）。

●そして、わたしが頑張っていることは（　　　　　）。

信頼は、まず信じてみて、安全だと感じることを通して築かれる。自分と他者に信頼し合う機会を与え、相手が応えてくれ、相手が信頼できる人だとわかったときに、あなたは勇気をもって信頼へとジャンプできる。信頼は、予測不能な未来のものではなく、現在のものとなる。「わたしからぜったいに離れないと約束して」と要求するのではなく、「今このとき、わたしはどう感じてる?」と自分に語りかけるようになる。これは、人間関係がぜったいに終わらないということではない。誰かと橋を渡った後、それぞれが別の道を選ぶかもしれない……それでも、あなたはたしかな信頼を抱いたまま道を進めるだろう。

信頼はたやすく取り戻せるものではない。一夜にして自分のものにはできない。だが自力で、また、ほかの人と一緒にでも築くことができる。

心の根元を癒やすワーク

では、少しワークをしてみよう。あなたも信頼の傷があると感じるなら、一緒に心の根元を癒やすワークに取り組んでほしい。

まず楽な姿勢をとろう。横になってもいいし、椅子にすわってもいい。目は閉じても開けていてもかまわない。安心できて、ひとりきりになれる場所にしよう。念のために言っておくが、もしトラウマを感じているなら、心のケアが不可欠だ。ワーク中にあなたを導き、支え、安全な場所となってくれる人が必要になる。

名前をつける

ある人を信じてもいいのだろうかと最初に疑った瞬間、または、初めて信頼を失った瞬間をはっきり思い出そう。その日はいつだった？　あなたはどこにいた？　誰があなたに疑いをもたせた？

客観視する

さあ、もっと自分自身に集中しよう。裏切られたり、だまされたり、見捨てられたりしたときの、幼い自分に焦点を合わせよう（今ワークをしているあなたではない）。そしてビデオで観るように、そのときの気持ちに気づいてほしい。嘘をつかれたときや、親に見捨てられたとき、どのように感じただろうか。悲しみと不信が現れるときの顔の表情、身ぶりの変化に注意しよう。そして、小さな子どもの自分を思いやろう。

悲しむ

もう感情が湧きあがってきているかもしれない。その感情を外に出そう。何年も前の気持ちに共感しているだろうか。信頼の傷に耐えている幼い自分のために、胸がはりさけそうになるかもしれない。今このとき、幼い自分にしてあげたいことに気づこう。その子は何を求めている？　その子をハグしてあげたい？　裏切られてかわいそうに、と言ってあげたい？　抱きあげて、嘘をつかれてつらかったね、と言ってあげたい？　せずにいられないことは、なんだろうか。それに気づいてほしい。

心地よければ、気がすむまでこの状態を続ける。もし目を閉じているなら、部屋に戻る前に少し時間をとろう。目を閉じたまま、手や足の指先を少し動かしてみる。首を伸ばしたり、胸やお腹に手を当てたり、呼吸に集中するのもいい。目を開けたときに何が見えるか考えよう。どこにいるか思い出せるだろうか。それから、ゆっくりと、瞬きしながら目を開ける。そのまましばらくじっとしていよう。

必要なだけ、やりたいだけ行おう。1週間毎日する人もいるだろうし、1度だけやって、来年や5年後に戻ってくる人もいるだろう。どちらも、すばらしいことだと思う。

方向転換する

最後のステップなので、少し時間をかけて、信頼の傷が今も現れていることを確認してほしい。どんなふうに現れるだろうか。どの人間関係のなかに現れる？　次の文を完成させよう。

●もし心から信頼することができたら、また、もしそれを恐れなかったら、違っていたことは（　　　　　　　　　　　　）。

今週、古い生き方を新しい生き方に変えるチャンスに気づけるか見てほしい。

信頼の傷に手紙を書く

これが信頼の傷を癒やすための最後のワークだ。手紙を書くことには信じられないほどの力がある。そうすることで、自分が取り戻そうとしているものを言葉で表現できる。もし信頼の傷をもっているなら、このワークをぜひ勧めたい。

では、自分の信頼の傷に向けて手紙を書いてみよう（そう、手紙の書き出しは「信頼の傷さんへ」である）。傷への思いやりや、対処法への感謝をこめて書こう。でも、あなたが取り戻したいものについても書いてほしい。あなたは傷に何を知ってほしいだろうか。今の生活について何を知らせたい？　傷のかわりに自分で主導権を握りたいものは、いったい何？　率直に語って、傷との関係を深めよう。信頼の傷を癒やすには、傷にあなたを信じてもらうことが必要だ。あなたのどういうところを信じても大丈夫か教えてあげよう。

繰り返しになるが、このワークの効果はすぐには表れない。手紙を何度も読みかえすかもしれない。付け加えたり、書き直したりすることもあるだろう。それでも、とにかく書きはじめよう。

Chapter 7

安心したい

あなたは子どもの頃、安心したければ誰よりも親や養育者に頼っただろう。親たちはあなたを守り、気遣い、共感し、支持し、ルールや境界線をつくって安心させてくれるはずだ。しかしご存じのように、大人はいつもそうとはかぎらない。それどころか、サインを見逃したり、危害を加えたり、無関心だったり、危険な状況に置いたりする。

生まれたときから慎重に育てられ、害から守られるという保証はたしかにない。でも、あなたはそうされるべきだった。家庭内で安心を得られるべきだった。家庭は心地よさや、安心、平和、安定、予測可能性を求めるべき場所だ。そして、まわりの世界が怖くて危険で厳しいときに、心身を休めに戻るべき場所だ（わたしは、「べき」という言葉をあまり使わないが、ここではふさわしいと思う）。

もちろん親があらゆるものから子どもを守ることなどできないが、家族の誰かが虐待的、無関心、搾取的、支配的、無責任、または情緒的に未熟な場合、安心の傷ができやすくなる。「家庭はいちばん心の休まるところ」とよく言われるが、すべての人に当てはまるわけではなく、誰もが帰りたい場所とはかぎらない。家庭には、予測できないことがあるときには混乱があり、ときには虐待さえある。

安心の傷の原因

安心や安全について話す場合、虐待に触れないわけにはいかない。こう書いたのは、本章を読み進める際に自分をしっかりケアしてほしいからだ。虐待を受けた経験があってもなくても、読むことで何かを思い出したり、感情的になったり、ショックを受けたりするかもしれない。自分の状態をよく観察しながら読んでほしい。

虐待

虐待は間違いなく安心の傷をもたらしてしまう。虐待のあるところに安心はない。虐待が自分の家庭で起こったり、家族が止めなかったりした場合、深刻な裏切りや信頼の喪失を経験する。作家、教授、社会活動家のベル・フックスは、著書『オール・アバウト・ラブ：愛をめぐる13の試論』（宮本敬子・大塚由美子訳／春風社）のなかで的確に述べている。「虐待とネグレクトは愛を打ち消す。思いやりと肯定は、虐待と屈辱の真逆であり、愛の土台である。虐待が起きていること自体、愛の実践に失敗している証だ」。このように、愛と虐待は共存できない。

これから家族関係における虐待について見ていくが、大人になった今でも当てはまるものがあるかもしれない。その場合は専門の機関に相談してほしい。また、虐待のさまざまなタイプを以下で説明するが、自分の幼少期に似ているものがあるかもしれないので注意してほしい。

虐待とは、他者に対して力をもち、支配しつづける行動パターンのことである。[*1] 虐待には6種類のタイプがある。身体的虐待、性的虐待、言葉による精神的虐待、心理的虐待、経済的虐待、文化的・人種的なアイデンティティに基づく虐待だ。どの虐待も支配力を用いるので、子どもたちは虐待の被害に遭いやすい。大人と子どもの関係には、すでに力と支配が組みこまれているからだ。

では、もうご存じかもしれないが、それぞれについて一緒に見ていこう。

身体的虐待とは、子どもの身体的安全を脅かすことだ。あなたは、一方の親が他方の親やきょうだいを虐待するのを目の当たりにして、無力さや、恐怖、不安を感じたかもしれない。または、あなた自身が親の怒りと反応性の標的にされ、物を投げる、殴る、叩く、蹴る、首を絞めるといった虐待を受けていたかもしれない。虐待におびえて生きる子どもたちの悲惨な話は途絶えることがない。わたしのクライアントたちも、タバコを押しつけられたり、頭に重い物を投げつけられたりしたという体験を話してくれた。あるクライアントの父親は、脳性麻痺のあるきょうだいに、罰としてソファーに飛び乗ったり飛び降りたりさせたという。

身体に触れなくても身体的虐待になることがある。大人に脅かされるときだ。たとえば、捕まえはしないものの追いかけたり、子ども部屋の前に立って出られないようにする。子どもは身体的な危険を感じ、閉じこめられ、威嚇されているように感じるだろう。

性的虐待は、子どもの性的安全を脅かす。10人に約1人の子どもが、18歳の誕生日までに性的虐待を経験するといわれている。[*2] だが子どもの性的虐待は報告されないことが多いので、本当の数字はもっと大きいはずだ。あなたも家庭で、親や、継親、きょうだい、いとこなどから性的虐待を受けたかもしれない。虐待者から痛い目に遭わせると脅されたり、あなたの好きな大人から誰にも言わないよう念を押されたり、そういう目に遭って当然だと思わされたり、起こったことはふつうのことだと言われたりしたかもしれない。あなたは恐れ、当惑し、性的快感を感じながらも、何かがおかしいと思っただろう。わたしのクライアントのなかには、幼いときにポルノ写真を見せられて嫌だったという人や、まわりに誰もいないときに継親から性的な言葉をかけられたという人もいる。大人と未成年者のあいだでは、また未成年者同士でも、一方が他方に支配力をもつ場合、身体に触れることも、身体に触れない性的な行為も、子どもへの性的虐待となる。

言葉による精神的虐待とは、子どもを怖がらせたり、孤立させたり、支配したり、蔑んだりすることだ。傷つく言葉、あら探し、誹謗中傷、容姿や成績への侮辱を口にしたり、人前で恥をかかせたり、見下したりする。言葉は人を深く傷つける。あるクライアントは、ホッケーチームのコーチをしていた継父に、いつもチームメイトの前で下手くそだと罵られたそうだ。ある日、継父がみんなの前で言った。「おまえの母親は、おまえなんか妊娠して大失敗だな。親父のアレを引っこ抜きゃよかったんだ」。この言葉は彼にとっても母親にとっても、まさに屈辱的な虐待だった。

心理的虐待は精神的虐待の一種だが、もっと巧妙でわかりにくい。虐待者は心理的虐待によって子どもを支配し、脅し、侮辱する。[*3] あなたの親は、あなたや自分自身、ほかの誰かを傷つけると何度も脅したかもしれない。または、何かがうまくいかないと、いつもあなたのせいにして叱責したかもしれない。行儀が悪ければ見捨てると脅したり、長期間口をきかずに無視したり、学校や生活に必要なものをどこかに隠して困らせたりしたかもしれない。あるクライアントの父親は、腹を立てるたびに、彼女の宿題や工作を破ったり壊したりすると脅したという。また、彼女のお気に入りの服を取りあげ、言うことを聞かなければ目の前で破ると脅した。別のクライアントは、自分がゲイであることを両親に打ち明けると、父親が何年も口をきいてくれなくなった。その頃、彼は日記をつけていたが、ゲイであることを書いたページが破りとられていた。

経済的虐待は、金銭で子どもを支配しようとすることだ。この種の虐待は大人のあいだで起こるものと思うかもしれないが、親と子どものあいだでも起こる。あなたの親は、あなたが誕生日などにもらったお小遣いを貯めたものを使わせてくれなかったかもしれない。その貯金を盗んだか、何かの支払いに使ったか、黙って銀行口座に入れてしまったのだろう。また、お金のためにあなたを利用したり、あなたが自分のお金を使うと罰したりしたかもしれない。

文化的・人種的なアイデンティティに基づく虐待は、子どもに苦痛を与えて支配するために、文化的・人種的なアイデンティティを利用することだ。継父母、養父母、里親など、文化や人種の違う家族で起こりやすい。あなたも文化や人種に関する差別的中傷を受けたり、追い出すと脅されたりしたかもしれない。または、信仰による食事や服装を嘲笑され、否定されたかもしれない。ある先住民のクライアントは、母親が離婚して白人の男性と再婚した。継父はいつも彼女の腕や顔が毛深いとからかい、毛を剃らないと学校で動物に間違われるぞ、と言った。なんと屈辱的でひどい言葉だろう。

このほかにも知っておいてほしい虐待が2種類ある。育児放棄（ネグレクト）と搾取だ。ネグレクトとは、必要な食事、衣服、住まい、医療、監督を与えないことだ。これは意図的に行う場合と、そうではない場合がある。なかには子どもの医療、衛生、栄養に気を配れない親もいる。あなたの親は、世話をする人のいない家にあなたを放置したかもしれない。または、あなたが感情的・身体的な必要を訴えても無視し、不安や苦痛を与えたかもしれない。

子どもに対する搾取とは、利益や、労働、性的満足、金銭などのために子どもを利用することだ。子どもはその引き換えに、プレゼントや、お金、薬物、愛情、地位を与えられることが多い。搾取は、子どもに売春させたり、子どもを密売したりする親、また、自分のために薬物を所持させたり、売らせたり、運ばせたりする大人などに見られる。

これぐらいでいいだろう。さあ、深呼吸して。もうたくさんだ。もしどれか当てはまるものがあるなら、初めて気づいた場合も、前から知っていた場合でも、臨床心理士のサポートを受けることをお勧めする。虐待体験の解消という大切なワークのための安全な場所となってくれるだろう。

無責任

なかには、親が自分の行為や、決定、選択が子どもに害を与えると知っていながら、その大きなリスクをあえて無視するときに、安心の傷を負う子どももいる。この無責任さは、酩酊しながら子どもを車に乗せたり、子どもを乗せたまま薬物を受け取りにいったりするような親に見られる。また、意識朦朧となってオーブンをつけっぱなしにしたり、使った針や薬物を出したままにしたりするなど、薬物依存によって子どもを危険にさらす親も同様だ。親の無責任な行動によって子どもは不安になり、危害を受けやすくなる。

アミールがカウンセリングにやってきたのは、浪費癖が抑えられないからだった。彼はいつもデザイナーブランドの服や靴を買い、旅行で湯水のように金を使い、友人たちと贅沢な遊びにふけっていた。収入は多かったが、もっている金の最後の1ドルまで使い果たしてしまうのだと打ち明けてくれた。49歳にもなって貯蓄がまったくないことを恥じていた。

「なんていうか、からっけつなんですよ。まったく貯金していないんです。金が入っては出ていく。いつも使ってるから、ずっとそんな感じです。みんなはわたしが裕福だと思ってるでしょうが、本当は違います。なんの蓄えもありません。大金を稼いでは、副業のように大金を使ってるんです。まったく情けないですよ」

アミールは自分にうんざりしていた。このような浪費を長年続けてきた。20年近く安定した職についてきたが、金銭面では無分別だった。財産はまったくなく、借金までたまりだしていた。

「助けてください。わたしはどうして、こんなことをするんでしょう?」と彼は訊いた。

これは、その日暮らしで食いつないでいる人の話ではない。アミールは経済的には恵まれているのに、ストレスに満ちた恐ろしい未来をつくろうとしていた。収入を使い果たすことに伴う多大なリスクを無視している。この危険な行動の中心には、心の傷があるかもしれないと、わたしは思った。

アミールの幼少期について探っていくと、父親がとても短気だったと話してくれた。具体的には、その短気を起こすのは、きまってアミールを車に乗せているときだった。

「父は大柄だけど温厚な人だと、誰もが思っていました。でも、わたしとふたりだけで車に乗ると、いきなりカッとなって猛スピードを出すんです。制限速度が50キロの道を130キロや140キロで走りました。それから急ブレーキをかけて、またスピードを上げるんです。やめるよう懇願しても、怖いよ、と泣きながら訴えても無駄でした。父はわたしを怖がらせて、命の危険を感じさせたかったんです。理由はわかりませんが、支配していると感じるのが好きだったんです。母が運転をしないので、毎日父が学校へ迎えにきて、機嫌が悪いと、いつもこれをやりました。怒っている相手は、わたしとはかぎりません。母や、近所の人、自分の兄など、誰に腹を立てていようと関係なかったんです」

話しているうちに、アミールの息遣いが荒くなった。思い出すのはつらいが、まだ言いたいことがあった。「どうして、わたしの命は父にとって大事じゃなかったんだろう？」彼は信じられないといったようすで叫んだ。「どうして、わたしを死なせたり、怪我させたりしてもかまわなかったんだ？」

アミールは、父親の無責任という安心の傷を見つけて明らかにした。あなたの親も、弾丸の入った銃を子どもの手の届くところに置いたり、薬物をテーブルの上に置き忘れたりしたかもしれない。アミールはワークを続けるうちに、父親の無責任さを自分の人生に取りこんでいることに気づきはじめた。それは少し姿を変えているだけだ。アミールは、自分の命が父親にとって、また、介入してくれなかった母親にとっても重要ではないと信じるようになった。

「ふたりにとってどうでもいいなら、自分にとってもどうでもいいじゃないか」

アミールは無責任な生き方をするようになった。20代のときには身体的な危険を好んで冒した。エクストリームスポーツ［訳注／高さ、速さ、危険度などを競う過激なスポーツ］をしたり、どんちゃん騒ぎをしたり。それでも、自分はアドレナリン依存症だと言って気にかけなかった。年をとってくると、新たに危険な生き方を見つけた。無責任な金遣いをすることだ。でも本当のところ、彼がずっと受けとり、自分にも言いきかせてきたのは、「おまえの安全など重要ではない」というメッセージである。彼は自分を大切にする方法を知らなかった。自分の命、健康、現在と未来の安全が最優先だというメッセージを、自分に伝えるすべをもたなかった。

過去が自分の安全など重要ではないと語りかけてくるとき、安全や安心に向かって方向転換するのはたやすいことではない。安心の傷が親のせいで生じたものなら、なおさら解消しにくい。

幼少期を振り返って、家族の誰かがあなたに対して無責任な行動をしたかどうか思い出してほしい。さあ、一緒に探ってみよう。

- わたしの命に対して無責任な行動をした人は（　　　　　　　）。
- その体験について思い出せることは（　　　　　　　）。
- その体験が現在に及ぼす影響は（　　　　　　　）。

解離

解離とは、身体と心のつながりが断たれる精神状態のことだ。[*4] 自分から完全に離れたような体験として語られることが多く、身体はそこにあるのに、心がほかの場所へ運ばれたように感じる。また、適応的な解離性体験もあれば、不適応な解離性体験もある。[*5] トラウマ研究の第一人者で『身体はトラウマを記録する：脳・心・体のつながりと回復のための手法』（柴田裕之訳／紀伊國屋書店）の著者、ベッセル・ヴァン・デア・コーク博士は、解離を「知っていながら、知らない」状態と説明している。[*6] 解離は未解決のトラウマへの反応として起こることがある。もし解離状態の人を見たことがあるなら、その恐ろしさがわかるだろう。とくに、何が起こっているかわからない子どもにとっては非常に怖いものだ。

親がまるで死んだように見えるので、子どもは心配するかもしれない。なぜ親が大事なことを覚えていないのかと怯えるかもしれない。会話中や、運転中、料理中に親が解離した場合、身の危険を感じるかもしれない。

クライアントのトニーは、人と親しくなるのが難しいのだと言った。ずっと独身で、女性との交際を拒んできたという。カウンセリングを受けて原因を突きとめるよう、友人から強く勧められたそうだ。わたしたちは時間をかけて、彼の育った家庭や幼少期について探っていった。セッションを数回重ねた後で、父親が母親に身体的虐待をするようになったと打ち明けてくれた。虐待が始まったのはトニーが9歳のときで、それから頻繁に起こった。トニーは虐待そのものを見ていないが、母親が抜け殻のようになっていくのを目にした。

「母はそこにいるようで、でも、いなかったんだ。遠くにいるみたいで、呼び戻すことはできなかった。そうなる前は最高の母親だったのに」。母親がゆっくりと解離していくのを見るのは、とても怖かった。家にいても不安で、父親がいつか自分にも向かってくるのではないかと怯えていた。

トニーは父親に虐待をやめるように言った。ただし、成長して父親に立ち向かえるほど強くなってからだった。

「ぼくがあいつを殴り倒してやったんだ。それからは二度と母に手を出さなかったよ」

虐待がなくなってトニーは喜んだが、母親は元に戻らず、抜け殻のままだった。これは計り知れない喪失だった。彼は心から母親を必要としていた。そして、母親から昔の性格を奪っただけでなく、トニーから愛と思いやりに満ちた母親を奪った父親が憎かった。

人間関係をもてば、いつかはきっと愛やつながりが失われるだろうと、トニーは恐れていた。彼にとって人間関係は、人々が解離し、心理的に消えてしまう場だった。耐えがたい痛みをまた味わうくらいなら、デートや恋を避けるほうがましだ。人を失うことが怖い。愛されたのちに愛をはぎとられるのが怖い。その体験があまりにつらかったので、愛に背を向けてきた。トニーが安心の傷の癒やしに取り組み、人を愛せるよう安心を取り戻しはじめたとき、わたしたちは力強い出発点に立つことができた。

あなたも幼少期を振り返って、家族の誰かが解離したことがあるか思い出してみよう。その体験はあなたの安心や安全にどのように影響しただろうか。

- ●解離した人は（　　　　　　　　　　）。
- ●その体験で覚えていることは（　　　　　　　　　　）。
- ●その体験について、わたしが恐れていることは（　　　　　　　　　　）。
- ●その体験が現在に及ぼす影響は（　　　　　　　　　　）。

怖い体験

安心の傷の多くは、虐待が原因である。親、継親、養育者、大人、年上のきょうだいが、あからさまに、またはそれとなく支配的、無責任、無関心、虐待的なのだろう。とはいえ、力や、支配、無責任、ネグレクト、搾取がない家庭でも、安心の傷が生じることがあるのはたしかだ。

両親が最善を尽くしていても、明らかに安心できないときがある。たとえば、子どもでもわかるほど親が貧しい場合だ。子どもは自分に必要な衣食を与えられていても、親の健康を心配して不安になるかもしれない。両親が離婚した場合、親たちが協力して育てていても、子どもは週末に他方の親と楽しく過ごしたことを話すのを恐れるかもしれない。想像を絶することが起こったときにも安心は失われる。たとえば一方の親が亡くなると、他方の親も死ぬかもしれないという最悪のシナリオに、子どもは怯えるようになる。

これらの例は、力や支配のない家庭の場合だ。親は子どもから何かを得ようとしているわけではない。正しい行動ができているが、それでもやはり安心の傷が生じることがある。

アリーヤが安心の傷を負ったのは、少女の頃のある夜のことだった。両親は彼女を祖母にまかせて夕食に出かけていたが、そのとき祖母が重い脳卒中で倒れた。わずか9歳のアリーヤは祖母の頭を手で支え、救急車を呼び、救急隊員が到着すると手助けした。祖母は回復したが、この出来事があまりに怖くてショッキングだったので、アリーヤは二度と家にひとりでいたくないと思うようになった。

大人になっても、アリーヤはひとり暮らしをうまく避けていた。彼女にはいつもパートナーがいた。つまり連続的に同棲を繰り返して、パートナーのいないときがなかった。自慢できることではないが、ひとりの男性との関係が終わりそうになると、別の男性（彼女にとっての「代替策」）と付き合いはじめて、その人との同居にすぐ移れるようにした。豊富な恋愛歴にもかかわらず、彼女は誰も心から愛したことがないという。そして、このような自分の行動が恥ずかしくてたまらないと話してくれた。問題は、その行動の原因だ。

一緒に探っていくうちに、祖母の脳卒中という怖い体験で生じた安心の傷が、つながりよりも同居を優先させていることに、アリーヤは気づきはじめた。この衝動に後押しされて恋愛関係へと進んでいた。自分がパートナーに何を求めているかは重要ではない。目的は「契約を結んで」、一刻も早く同居することだ。パートナーシップで大切なものは何か、落ち着いて考えたことさえなかった。ひとり暮らしを避けるためだけに、自分にとってよくない関係を続けてきた。

安心の傷が原因だとわかったときの、アリーヤの驚いた表情をよく覚えている。ぱっとひらめいたその瞬間、彼女にとってすべてが変わった。このパターンは、無責任な決断を繰り返しているわけではない。彼女の行動はむしろ、自分で安心をもたらそうとするものだ。いつも恋人がいれば、祖母のときのような恐ろしい状況にひとりで対応せずにすむ。

彼女の自己批判は、自分への思いやり（セルフ・コンパッション）に変わった……同時に、自分をしっかりと取り戻すことができた。

あなたは幼少期に、力や支配のない家庭であっても、安心できなくなるような体験をしただろうか。誰のせいでもないものの、不安を感じた出来事はなんだろう？

●誰のせいでもないけれど、わたしが子どもの頃に怖かったことは（　　　　　　　）。
●それがわたしの人生に与えた影響は（　　　　　　　）。
●それが今の生活で邪魔していることは（　　　　　　　）。

安心の傷への対処

安心できない家庭環境にいたことは、あなたから何かを奪い、あなたを変えたことだろう。だが幼少期の不安に対する対処法を、今の生活で使う必要はない。

もちろん世の中は怖いものだし、会う人がみな安全というわけではない。ただ、危険な人とそうでない人の違いがわかるようになることも、ワークのひとつである。これは自分で鍛える筋肉のようなものだ。世間にはあなたに痛みをもたらす人もいるが、あなたの避難場所や安全基地になってくれる人もいる。信じがたいだろうが、小さな一歩を踏み出す方法がないか見てみよう。

恐れながら暮らす

多くの子どもたちが恐れながら暮らしている。身体的な危険を恐れている子もいれば、親を失望させることを恐れている子もいる。子どもは親に気持ちを打ち明けるかどうかで思い悩む。そうすることで叱られたり、境界線を引かれたり、あざけられたり、恥ずかしい思いをさせられたりするのが怖いからだ。安心できない家庭環境で恐れながら暮らすとは、人がどのように反応し、非難し、あざけり、無視するかを恐れるということでもある。

このワークは多くのことを表面化させるかもしれない。おそらくあなたも幼少期に恐れて暮らしたことを思い出すだろう。ところが、わたしがミヤコとジンに会ったとき、ふたりとも心の傷について考えたことがなく、目を向けることさえ知らなかった。

ミヤコとジンは30代半ばだ。ふたりは4年間一緒に暮らし、ミヤコは婚約したがっていた。ミヤコの最後通告と思われる行動に、ジンはうんざりしていた。わたしには、ミヤコの要求がジンを反対方向へ押しやっているように見えた。だが、ミヤコはその行動を最後通告とは思っていなかった。むしろ境界線を引くことだと考えていた。ふたりとも子どもを欲しがり、愛し合い、同じ将来像をもっていたが、もしジンに結婚する気がないのなら、自分でしっかりと生きていかなければならないと感じていた。

ミヤコはこの最後通告もしくは境界線について、1年間もはっきり伝えてきた。その年だけで5回の期限があった。バレンタインデー、ミヤコの誕生日、ジンの誕生日、パリ旅行（エッフェル塔の前でプロポーズされるのを夢見ていた）、感謝祭。各期限がやってきては、プロポーズなしに過ぎていった。ミヤコはひどくがっかりした。そのたびにかばんに荷物を詰め、友だちの家に数日泊まり、新しいアパートを探しはじめ、ジンと別れ話をした。でも結局、いつも戻ってやり直すことになる。これが最後だと約束して。

じつは、ミヤコは約1年前に職を失っていた。それがどれほどつらいことだったか、彼女は話してくれた。理想の仕事だったのに、会社の期待に沿う業績をあげていないという理由で解雇された。ミヤコにとっては打ちひしがれるほどのショックだった。恥ずかしいので、ジン以外の人には隠していた。そして職を探すかわりに、1年間失業したまま、同じ職場で働いているふりをしてきた。しかし、陰ではとても苦しんでいた。ジンが仕事から帰ると毎日泣きついて、心を支えてもらおうとした。毎晩のように気持ちを受けとめてもらい、励ましてもらわなければならなかった。

「ジン、このことがあなたにどんな影響を与えていますか」

「喜んで支えていますよ。ぼくたちはつらいことも乗り越えてきたんだから。でも、かなり経つしね。ミヤコはいつまで働かないつもりなんだろう？　いつまで働いているふりを続けるのかな？　それに、まだあそこで働いているように見せかけるのに、ぼくも苦労してるんです」

ミヤコがすぐさま反応した。

「それがわたしと結婚したくない理由なの？　それで婚約を避けてるの？」

ジンはすぐに答えられなかったが、結婚する決心がまだついていないことはわかっていた。ミヤコの失業のことでストレスを感じていたし、ついには帰宅を遅らせていることも認めた。

「毎晩帰るなり同じことを聞かされるのは、もうたくさんだよ。きみが苦しんでるのはわかってるけど、解決のために何もしようとしないじゃないか。ぼくに助けてもらおうとするばっかりで、もううんざりだよ。こんなのはすごく疲れるし、不安になるんだ」

ジンが心の支え手という役割をさせられることに反応性をもっているのは明らかだ。わたしはジンに両親の関係について尋ねた。すると彼は、ふたりは尊敬し合っていると、慎重な答え方をした。ただし、愛はなかったという。一緒に暮らしているだけで、互いに多くを求めず、それでもジンと姉を育ててきた。わたしは母親について話すよう促した。

「母は物静かな人だったけど、すごく働き者で、勤労の精神をぼくに叩きこんでくれました」

ミヤコが小さな声で口を挟んだ。「ジン、あの自殺の話をしたら？」

ジンがプライベートな話を打ち明けるかどうか決心するのを、わたしは黙って待った。

ジンが目を上げてわたしを見た。わたしの表情を見て安心したかったのだろう。わたしはどんな話でも受けとめるというように、微笑みながら頷いた。

「ぼくが13歳のとき、母さんが初めて自殺しそうになったんです。母さんは具合が悪かったし、父さんともうまくいかなくて本当に不幸でした。ぼくが13歳になったとたん、そんなことを打ち明けるようになって。13歳ならもう子どもじゃないから、ぼくにぶつけても大丈夫だと思ったんだろうな」。ジンは少し言葉を切り、気持ちを落ちつけようとした。

「そう、それで、母さんは何度も自殺しようとしました。数週間おきに。頭のなかで考えるだけじゃない。死にたくなるたびにぼくに打ち明けて、さようならって言うんです。ぼくは泣き叫びながら、やめるように頼んで、母さんが何もしないようにそばについてなきゃならなかった。そしたら母さんはやめてくれたんです。本当にやったことは一度もありません。でも何年ものあいだ、何度も自殺しそうになったんです」

ミヤコがジンの手をかたく握っている。ジンは頭を垂れて泣きだした。

わたしは言った。「とても怖かったでしょうね、ジン。恐ろしかったに違いありません。いつもお母さんの命の心配をして、そのたびにあなたが守らなければならないと感じていたのですね」

彼は頷いた。

ジンにとって、家庭は安心できる場ではなかった。母親の心の支えという不適切な役割を押しつけられる場だった。彼は絶えず警戒し、母親が必要とするときに、いつもそばにいなければならなかった。愛する人が大きな苦痛を抱えているのを見たことがある人なら、それがどれほどつらいかわかるだろう。ジンは母親を愛していたし、無事でいてほしいと願っていたが、母親は彼にこの役割を負わせるべきではなかった。ジンは子どもの頃、つねに恐れながら暮らしていた。このことを知っている人はひとりもいなかった。怖さと恥ずかしさから、誰にも話さなかったからだ。

わたしたちはしばらく沈黙して、あたりに漂う生々しい感情を受けとめた。それから、この後ジンに必要なものは何かと考えた。ジンは安心の傷を見つけて名前をつけたところだ。家庭のなかでどれほど不安だったか、わかるようになってきた。父親がかかわって責任を負ってくれるとは思えなかったし、母親がほかの人から必要なサポートを受けてくれるとも思えなかった。繰り返し自殺を仄めかされることで、いつか母親が自らを傷つけ、それを止められなかった自分が責任を感じるだろうという深い恐怖心が生まれた。ジンには自覚がなかったが、これは一種の虐待体験だ。そして、ミヤコとの結婚に抵抗を感じる原因を理解するための鍵である。

ジンの母親とミヤコはかなり違うが、共通する特徴があった。ジンはミヤコの人生で、唯一の心の支えにならなければならないことを恐れていた。ちょうど母親のときのように。

また、ミヤコがこの大変な時期に、ほかから必要なサポートを受けようとしないことに不安を感じていた。これも昔の体験そのものだ。

あなたも家庭内で、自分が家族の誰かを見張らなければならないなら、安心することは不可能だろう。気楽さも、安らぎも、楽しみも得られない。いつも予測か防御の態勢に入っていて、誰も休息や、回復、くつろぎ、自由を与えてくれない。かわりにいつも警戒し、次にやってくる脅威を待ちかまえている。そのサインは、缶ビールが開けられる音かもしれない。母親が夜勤に出かけて、虐待する継父とふたりきりになることかもしれない。階下から呼ぶ怒鳴り声かもしれない。父親の特徴的な眉の上げ方かもしれない。あなたにとって、家庭が安心できる場から不安な場に移るきっかけは、なんだっただろうか。

家庭は休める場であるはずだ。鎧を脱ぎ、自分を取り戻し、元気を回復する場所。ところが、多くの人にとって家庭は休める場ではない。悲しいことに、安心の傷をもつ子どもや大人にとっては、もっとも恐怖と孤独を感じる場所なのだ。

心を閉ざす

多くの子どもたちが、脅しや、未解決の怒り、不当な非難、厳しい批判、不安な体験に遭っても、ただ無視するようにと言われる。でも、どれもが非常に怖くて不快なので、家庭は安心できないと感じるようになるだろう。

もしかしたら、あなたはいつも親から容姿を批判され、それが嫌で身体を覆うようなぶかぶかの服を着るようになったかもしれない。または、両親が絶えずけんかして、その怒鳴り声や物音で安心できなかったかもしれない。もしくは、父親か母親がよく動揺するので、いつも恐ろしいことが起こりそうな気がしたかもしれない。

このような体験をすると居場所を失い、感じたり、表現したり、感情を示すことができなくなる。よくある対処法は、痛みを受け入れるかわりに、心を閉ざすことだ。[*7]

アリーとのカウンセリングを始めたときのことを、わたしはよく覚えている。彼女はソファーにすわって、こう言った。「いよいよ、その時が来たのね」

「なんの時が来たのですか」わたしは尋ねた。

「自分が感じていることを人に話す方法を学ばなきゃならない時よ。わたしには難しくって。でもそれがわからないと、パートナーとうまくやっていけないの」

アリーは25歳。ニューヨークに住む若いキャリアウーマンだ。彼女はガールフレンドから別れを告げられたばかりだが、破局はいつものことだった。アリーによると、これまで誰ともうまくいったことがないという。「人はいつもわたしから離れていくの。そして、わたしのガードが固くて弱さを見せないからだって、いつも言われるのよ」

アリーはこの言葉に腹を立てていた。元恋人たちの意見は納得できるが、気に入らなかった。

「その意見のどこが気に入らないのですか」わたしは訊いた。

「弱さを見せなきゃいけないからよ。わたしが自分のことを話さないせいで人が離れていくのなら、そうしなきゃいけないでしょ」

「そのとおりですね」わたしは言った。「でも、無理やり弱さを見せるようにするかわりに、そもそもどうしてそうするのが難しいのか、よく考えてみませんか」

アリーが抵抗を示したのは、わかりやすいサインだった。そのあたりに傷があるという印だ。わたしたちはその傷を探らなければならない。

「『弱さを見せる』という言葉を聞いて、まず何を思い浮かべますか」わたしは訊いた。

「自分のことを話すとか?」アリーはためらいがちに答えた。

「いい答えですね。それでは、子どもの頃に、家族に自分のことを話した経験について教えてください」

アリーはわたしに、弱さを見せることが安全ではないことを明かそうとしていた。彼女はそのことに悩み、元恋人たちから同じ指摘をされても、話したくない自分を変えられなかった。心を閉ざすことで、何かから身を守っていた。たとえ恋愛関係を失っても。その何かが恋愛関係の維持よりも重要か、もしくは強力なのだ。彼女は全力で防御態勢をとっていた。それにはもっともな理由があるはずだ。

アリーはついに、衝撃的な話を打ち明けてくれた。「わたしが12歳か13歳のときに、すべてが始まったの。あの頃は、母と父とわたしの3人で夕食を食べていると、父に学校のこととか、身体の具合とか、日々のことをよく訊かれたわ。ある日、わたしが答えようとしたら、母が精神錯乱みたいな状態になったの。わたしに向かって悲鳴をあげて、『わたしの夫を誘惑しないで！』って言ったのよ。それから立ちあがって部屋を飛びだした。わたしと父は何が起きたのかわからずに見つめ合ったわ。現実とは思えなかった。父が母と話したのは知ってるけど、わたしは謝ってもらえなかったし、何も教えてもらえなかった。そして、同じことが数週間続いて起こったの。毎晩、夕食のあいだ母はわたしのことを小声で罵ってた。父がわたしに質問したり、わたしのことに興味を示したりすると、わたしが誘惑してるとか、父に惹かれるなんて信じられないとか、ひどいことを言われたわ」

信じがたいほど痛ましい話だ。どれほど動揺したことだろう。アリーの母親の症状は専門的には精神病エピソードといい、現実と非現実の区別がつかない状態だ。アリーと父親は何かおかしいと気づいていたが、この重度の精神障害は見過ごされてしまった。

わたしはアリーに、母親の過去について何か知っているか尋ねた。すると、母親はティーンエイジャーの頃に性的虐待を受け、未解決のままだと話してくれた。「母は解決しようとしなかったの。ただ心を閉ざして、その話をけっして口にせず、決着をつけなかった。ひどい話よね。母がどんな目に遭ったのか想像もつかないけど、その痛みやトラウマをわたしにぶつけるなんて間違ってる」

アリーの母親が虐待されたのは13歳のときだった。アリーが同じ年齢になろうとしているので警戒するようになったのだろう。母親の非難は、性的不品行を見つけようとするものだった。母親はカウンセリングに来たことがないが、自己非難をアリーに投影しているのではないかと、わたしたちは考えた。母親は、自分が受けた虐待に対して責任を感じているのだろうか。トラウマが未解決のままだから、実際には起こってもいないことでアリーを非難したのだろうか。これらの疑問についてアリーはじっくり考えた。

このように痛みは世代から世代へと受け継がれ、未治療の精神障害は家庭を破壊する。アリーの人生に性的虐待はなかったが、母親が過去に受けた性的虐待に家庭を支配されたため、アリーは不安を感じるようになった。母親の怒りや、未解決のトラウマ、アリーへの不当な非難はいつまでも続いた。アリーはとうとう、かかわるのをやめた。非難がやんだ後でさえ。「いろんな理由をつけて両親と夕食をとらないようにして、できるだけ家から出るようにしたの。母がわたしをにらんでいるのを感じたし、母の怒りがわたしに向かっているのを感じたわ。父はなんにもしてくれなかった。心配するなって言うだけ。だから、わたしは心を閉ざすことにしたの。あの頃は、どうして母がわたしをあんなに憎むのかわからなかった。後になって母の過去を知ってから、だんだんわかるようになったけど」

アリーは首を振った。「これが、わたしが弱さを見せられない理由なの?」

つらい話だった。感情的な銃弾と闘い、かわさなければならない少女のことを思うと、たまらない気持ちになる。それでも、アリーが心の根元にある傷を見つけたので、わたしは微笑まずにはいられなかった。「アリー、自分で見つけましたね」

アリーには居場所がなく、その日のことを話すことも、両親とふつうの会話をすることもできなかった。毎日母から攻撃されるので、心を開いて話すことは安全ではないと、すぐに学んだ。安全とは、心を閉じておくこと、気を紛らわすこと、忙しくすること、できるだけ両親から離れることだった。彼女は過度に用心深くなった。けっして父を見たり、外出先で父の隣にすわったり、母がいるときに父に質問したりしないようにした。アリーは暗号を解くように、身を守るすべを見出した。ただ、そのためには口を閉ざし、孤立し、何も話さないようにする必要があった。

もちろんアリーの話は、ほかのクライアントの話と同様に、独特で個人的なものだ。あなたの親は、アリーの母親のような過去をもたず、痛みを娘に伝えたりしなかっただろう。そのかわり、あなたが悲しくて泣いていても、どうしていいかわからなかったかもしれない。または、あなたが「完璧な子ども」でないと、強く反応したかもしれない。もしかしたら、自分の信念を押しつけ、ある服装や髪型のときしか注意を向けてくれなかったかもしれない。もしくは、きょうだいのようになれと繰り返し言ったかもしれない。

子どもたちが心を閉ざしたり、自分のことをすっかり話すのは危険だと学んだりするのも無理はない。その子たちが成人して、心を開くのに苦労したり、逆に、親しくない人に個人的な話をしすぎたり（オーバーシェアリング）するようになるのも当然だ。

心を開いて人に自分のことを話すのが難しいなら、心の傷があるかどうか考えてみよう。少し時間をかけて、自分の過去や人生に注意を向けてほしい。自分の考えや、感情、気持ちを人に話したら、何が起きると思いこんでいるのだろう？　限られたことしか話さないのは心地いいだろうか。人の意見に反対したり、別の意見を述べたりするのに苦労しているのでは？　育った家庭のせいで自由に表現できなくなったのでは？

アリーは、安心の傷のせいで大切な人に心を開けないことがわかった。この過去の傷によって、つながりや、存在感、深い関与、喜びなど、人間関係において望んでいるものを奪われたのだ。もしかしたら、あなたもそうかもしれない。我が身を守ることで、あなたを気遣い、愛し、あなたの話を聞こうとする人たちから、自分を切り離しているのではないだろうか。

安心の傷を癒やす

子どもの頃、まわりの人が自分の安全を優先してくれると信じられなかったら、生き延びるために必要な方法をとるだろう。安心の傷をもつ子どもが、大人になっても人や自分自身を信頼できないのも無理はない。また、自らの安全や安心をたゆむことなく築こうとするのも当然だ。ただ、それがつながりや親密さを妨げてしまう。

アミール、トニー、アリーヤ、ミヤコとジン、アリーはみな全力を尽くしていたが、彼らの安心をもたらす方法は、断絶をもたらすことだった。何がなんでも傷を守っていたら、傷はいつまでも癒やされない。傷を守ることは、人生での重要な別の目的、すなわちパートナーシップや、つながり、親密さを犠牲にしてしまう。

安心の傷を癒やすのは難しい。本書に登場した人たちがみな取り組んだように、自分のことを話せるようにならなければならない。そのためには、話し手と聞き手との信頼が必要だ。だからこそカウンセリングは始めやすい場所だといえる。つらい体験をもつ多くの人が、心を開き、自分のことを話し、ほかの人から客観視され、認められることを練習するために、まずはカウンセリングを選ぶのも信頼が必要だからだ。

信頼は、本当に安心できると感じる体験のなかにある。アレクサンドラ・ソロモン博士［訳注／米国の臨床心理学者、作家］が言うように「残念なことに信頼とトラウマは密接に関連している」。[*8] つまりトラウマを癒やそうとするなら、信頼しなければならない。これはまさに、自分の安全が守られなかったときに砕け散ったものだ。大胆で勇敢な決断である。

アミール、トニー、アリーヤ、ミヤコとジン、アリーには共通点がある。誰もがわたしと、安心して自分のことを話せる関係を築くことができた。ミヤコとジンも互いにそういう関係である。パートナーシップや、カウンセリング、友情などに見られる愛に満ちた関係は、強力な癒やしの力だ。このワークをひとりで行うのは難しい。だからこそ、関係のなかでの癒やしを、わたしは勧めている。

もしあなたがひとりで取り組めるものを探しているなら、マインドフルネスをお勧めする。自ら安心をもたらすワークでは、自分の身体に安心とは何かを見せることが必要だ。考えたり、自分に語ったりするのではない。心理学者キャサリン・クックコットン［訳注／米国の心理学者、作家、ヨガ教師］による造語「自己調整の具体化」は、マインドフルネスによって自分自身や感情の調整を、頭で考えるのではなく体験することだ。[*9] これは、安全なときとそうでないときを感じる助けになる。

ただしトラウマをもっている場合、マインドフルネスが難しくて不快に感じることもある。これは珍しくないので知っておいてほしい。無理をせず、自分の身体の声に耳を傾けよう。また、時間をかけて、心の傷によるトラウマを癒やすのに欠かせない安心を築き、トラウマに詳しい専門家とともに取り組むことも大切だ。ガボール・マテ博士［訳注／カナダの医師、作家］によるトラウマの説明がぴったりだと思う。

「トラウマはあなたに対して起こっているものではない。あなたに対して起こったことの結果として、あなたのなかで起こっているものだ」[*10]

自分自身や人とつながること自体が癒やしとなる。安心について新しい物語を書きはじめるのは、なんと感慨深い体験だろう。また、自分自身や選んだ人間関係のなかに安心を見出せることも、根底から揺さぶられるような体験だ。取り組む価値のある目標である。すばらしいワークなので、何度でも戻ってこよう。

心の根元を癒やすワーク

前章で学んだ心の根元を癒やすワークを、ここでも使うことができる。つまり、名前をつける、客観視する、悲しむ、新しい行動に方向転換するというワークだ。でもトラウマをもっている可能性が高いので、このステップでは自分自身を十分にケアしてほしい。この章では、心の根元を癒やすワークを飛ばして読みたい人もいるだろう。または、トラウマに詳しいカウンセラーの正しいケアとサポートを受けられるまで待ちたいかもしれない。

そのかわりとして、あなたの体内で安心を体験できるように考案した、ガイド付き瞑想をお教えしよう。

心の根元を癒やすワーク——ガイド付き瞑想

このワークは、安心とは何かを考えるのではなく、体内で感じることを練習するものだ。家のなかで居心地のよい静かな場所を見つけよう。ひとりになれる場所がいい。リラックスした姿勢ですわろう。わたしはいつも目を閉じるように勧めているが、開けているほうが安心なら開けていてもかまわない。背骨をしっかり立てながら、身体の前側はやわらかくしなやかに開いておく。背中に力を、前側に柔軟さを感じよう。

では、呼吸に意識を向けよう。息が体内に入り、出ていくのを感じる。無理に息をしなくていい。ただ、息の出入りを観察するだけだ。そうしながら、眉とまぶたに注意を向け、やわらかくしよう。顔のなかにやわらかさを探し、顔の筋肉をしなやかに緩める。その安らぎとやわらかさに息を吹きこむ。その安らぎにつながる安心に気づこう。

次に、体内の奥へ注意を向け、意識を胸まで落とそう。心臓のてっぺんにつながる。この場所にある空間と心地よさに気づこう。心臓のてっぺんにある力と安心を感じ、胸のなかの安全な港にする。それから心臓のてっぺんの安全と安心を広げて、胸のなかの空間を占めていき、安らぎと安心と力強い静けさを深く感じよう。

呼吸を感じながら、意識を体内のさらに下へ落としていき、横隔膜のなかに置こう。ここは腹とあばら骨が出合う場所だ。ここでも呼吸を意識しながら、身体と存在の核である中心の力を感じよう。その力に息を吹きこみ、膨らませて、占める空間をもう少し広げる。

身体の中心とつながり、内なる力がもつ安心に息を吹きこむ。この力とつながったまま、そこに存在する安らぎと安心を見出そう。さあ、息をして。しばらくここにとどまろう。

最後に、意識と息をもっと下へ落とし、骨盤底の根元に置こう。地に根づく力と、下腹部に内在する安心を感じよう。この場所の広大さを感じとり、ゆっくり息を吸って、その息を自然に下へ落とし、出ていくのにまかせる。しばらくのあいだ、自分の根が椅子の座面につながり、さらに下へおりて地中に入っていくようすを思い描こう。息をしながら、安心の感覚が自分の内と外に打ち寄せるままにする。自分の根が地に根づくのを感じ、存在の中心の力と、身体に力と安らぎをもたらす心臓の雄大さを感じよう。これに息を吹きこみ、安心を身体中に広げていき、ふだんは不安や、緊張、恐怖を感じている場所へ入りこませよう。存在の中心で感じる安心を身体中に広げ、吸い込んだ息を腕、手首、手に流れこませよう。その安心を太腿、膝、ふくらはぎ、足、爪先まで落としていき、それから頭のてっぺんへ移動させる。深く揺るぎない安心感を身体中で発散させ、もっとも強く感じる場所の感覚を、必要なときに戻れる場所として心と身体に記憶させよう。この感覚のなかでしばらく安らいで、呼吸を楽しみ、強さとしなやかさを味わう。準備ができたら、精神的には体内の安心の感覚と体験につながったまま、ゆっくりと元の世界へ戻ろう。

Part

3

人とのかかわり方を変える

Chapter 8 衝突

心の傷には膨大な量の情報が蓄えられている。これまでの章では、傷から貴重な情報を集めようと努力してきた。現在の状態をよく知るために過去の体験を探ることは、痛みを伴うものの効果的な作業である。しかし、ここからが真骨頂だ。今こそ、この知識のすべてを現在と未来の人間関係に生かすことができる……いよいよ、もっと健全で満足できる行動へと方向転換できるのだ。

苦労して得た知識を生かすには、人との衝突について考察するのがいちばんだろう。衝突は、あらゆる人間関係で繰り返されるものだ。また、衝突すると好意的な行動がどんどんできなくなっていく。

誰でも衝突することはある。では、どうしてそれほど危険を伴うのだろう？　ひとつには、ほとんどの人が健全な衝突の仕方を学んでいないからだ。もしあなたが幼少期に、衝突の結果として支配や、条件付きの愛、虐待、無関心、不寛容、屈辱を経験したなら、前向きな和解の方法を学んでいないだろう。つまり、今誰かと衝突したら、やり方も応じ方も不健全なものになる。過去に見たものをまねたり、または必死で衝突を避けたりして、思いもよらないさまざまな問題を引き起こすだろう。

けれども、奇妙に聞こえるだろうが、衝突は**つながり**への試みでもある。まずい試みだが、それでもやはり試みだ。なぜ同じけんかを繰り返すのか考えてみてほしい。何が起こることを望んでいるのだろう？　けんかの果てに、もっと断絶を感じたいのだろうか。もっと悲しみを感じたいのだろうか。もちろん、そうではない。あなたが望んでいるのは、相手があなたの話を聞き、伝えようとしていることをやっと理解し、あなたの痛みに気づき、必要に応じて変わってくれることだ。

そして、これも奇妙に聞こえるかもしれないが、衝突は、つながりや、親密さ、傷の癒やしへの入り口にもなり得る。その秘訣は、傷が活性化していることを意識しながら、または傷が活性化するのを避けながら、衝突するコツを身につけることだ。つまり、**前向きな衝突**をしなければならない。

前向きな衝突とは、けんかになったときに、自分のことを見てもらい、聞いてもらい、理解してもらうという目標を意識して相手に求め、自分も同様に相手に与えることだ。また、自分の本当の感情的欲求に寄り添い、相手が望む目的をはっきり知ることだ。

こんなふうに考えよう。衝突はしばしば、自分と人とのあいだの溝に橋をかける方法となる。溝に橋がかかるか、溝が深まるかは、どれほど意識して衝突するかによる。

「意識して衝突する」ことは、口で言うほどたやすくはない。わたしはいつも練習しているが、今でもカッとして放り出してしまうときがある。それから本来の目的に戻って、さらに努力するようにしている。これを話したのは、あなたの目標がまだ完全でなくてもいいからだ。今のあなたの目標は、衝突のたびに、もう少しだけ気づくようになることである。人間だから腹が立つこともあるだろう。現実的な目標をもつことは成長に欠かせない。

それでは、この癒やしの方法を詳しく見ていこう。これは可能なのだ。

見てもらい、聞いてもらい、理解してもらいたい

共感できない人は別として、わたしがこれまで会ったほぼすべての人が、自分のことを見てもらい、聞いてもらい、理解してもらいたいと思っている。でもそれができないときに、衝突が起こりやすい。

理解されることの根幹は、深く知られているという感覚だ。もし理解されたことがある

なら、それは相手があなたの言いたいことに本当に興味をもってくれたからだ。このような体験があれば、ほとんどの人は自分が大切で、価値があり、優先され、安全だと感じるようになる。その人はじっと耳を傾け、質問し、防御や反応性など見せずに、あなたの話をしっかり聞いてくれたのだろう。これはすばらしく深遠な体験だ。だが、このような体験とは無縁なら、あなたは理解されなかったときのことをいつも考え、とくにつらかったときのことが頭から離れないだろう。

幼少期に理解されなかったと感じる理由はたくさんある。あなたは親にひどい思いこみをされたかもしれない。親に関心をもってもらえず、話しかけても無視されたかもしれない。まったく無価値のように扱われ、子どもは大人の前で口をきくものではないと言われたかもしれない。親との違いを批判されたかもしれない。自分の感情を表すと、親が防衛的になり、聞き分けがなくて時間を無駄にしたことを責められたかもしれない。

わたしのクライアントのカーリーは、両親が自分のことを姉たちのように外向的だと思いこんでいたそうだ。「わたしは内向的で繊細な人間だと言っても、両親は聞いてくれませんでした。何度も話したのに無視されたんです」

親ももちろん、ときには失敗する。当然だ。子どものことを完璧に見て、聞いて、理解するのは無理だろう。いつも正しいことを言い、話をすべて受けとめられるわけではない。とはいえ、懸念や、意見の相違、要望をどのように示すかで、大きく違ってくる。親があなたのすることに賛成しなくても、あなたのことを見て、聞いて、理解してくれていると感じられることがある。あなたの決心を支持しなくても、決心した理由をわかってくれていると感じることがある。また、あなたのライフスタイルが気に入らなくても、受け入れてくれていると感じることがある。

しかし、親が本当に理解したりしてくれない場合もある。親が自分自身を優先すると、子どものことを見たり、聞いたり、理解することができない。親に未解決の傷があると、その痛みを子どもに伝えてしまう。衝突がつながりや、親密さ、癒やしになることがあるとしても、わたしたちの今の衝突の仕方は、傷を土台にしていることを理解しなければならない。

簡単にいえば、わたしたちの衝突の仕方は心の傷と大きく関係しているのだ。

衝突はどのようにして始まるか

衝突の始まり方は数えきれないほどある。自分が動揺し、反発したときを考えてみれば、さまざまな例が思いつくだろう。たとえば、自分の心配が一笑に付された、支配されていると感じた、見下したような言い方をされたなど。

これらの例が相手の行動にどれほど重点を置いているか、気づいただろうか。そう言えば聞こえがいいが、じつのところ、衝突はあなたか相手によって始められる。まわりの人がよくない行動をしているからではなく、あなたの不健全な行動のせいで衝突が始まることもある。残念だが、本当のことだ。でも、あなたがそれを直すために努力しているのをわたしはよく知っている。

誰かの反応性に応えて衝突したにせよ、自分で始めたにせよ、その先頭に立っているのは自分の感情的な反応性だ。そしてよく注意しないと、その反応性がすぐに会話を脱線させてしまう。これは衝突の始まりに傷が活性化した場合によく起こる。後で詳しく述べるが、あなたがまず心の傷をケアし、それから感情的欲求を認識すれば、条件反射的な反応性から離れ、自分のことを見てもらい、聞いてもらい、理解してもらうほうへと方向転換できる。

まずは、活性化した反応性によって脱線するパターンをよく知るために、衝突が始まるようすから見ていくことにしよう。このワークは、ジョン・ゴットマン博士［訳注／米国の心理学者、作家］による「黙示録の四騎士」というワークと人間関係の失敗の4つの指標を基にしている。[*1] おそらく、あなたもこの5つの状況のどれかに自分の姿を見つけるだろう。さあ、気を引きしめながらも、自分を思いやり、表れようとするものをそのまま表してあげよう。

非難しないでほしい

「もうやっていけるかわからない。きっとうまくいかないわ」ベロニカがある日、イライラしながらカウンセリングにやってきた。新しいパートナーが別れをもちだすかもしれないと心配している。

「聞いてよ。ごく簡単なことを頼んだだけで、彼ったら大騒ぎするのよ。もう、うんざり。昨日、わたしの家に来るときに夕食を買ってきてって頼んだの。それから電話をかけ直して、スーパーにちょっと寄って、朝に要るものも買ってきてほしいって言ったのよ。たいしたことじゃないわ。4つだけよ。好みの朝食とコーヒーにするためにね」

ベロニカがパートナーに用事をさせるのは、彼女に価値があると相手に証明させる方法のひとつだ――「彼がもう1軒寄って、頼んだものを買ってきてくれたら、わたしには価値があり、言うとおりにしてくれるほど大切な存在だということがわかる」。これが、「わたしには価値がある」という名の貯金箱に貯められていく。

ところが、抵抗や、反対、または境界線が引かれるのを感じると、その瞬間にベロニカの自尊感情の傷が開いてしまう。「彼ったら、一日中働いて疲れたし、テイクアウトの店で夕食を買った後でスーパーへ行く時間なんかないって言うのよ」と、彼女はわたしに不満をぶちまけた。「なんて自分勝手なの！　どれほど時間がかかるっていうのよ。せいぜい20分でしょ？」彼女はわたしに話しながら、再び激高していた。

彼女のパートナーは要求の裏に隠されたものが理解できず、一日中働いた後でふたつも店に寄るのを断ったことが、なぜそれほど重大なのかわからなかった。彼女の要求は無神経だと感じ、こう思っただろう――「一日中働いてくたくただってわかってるのに、なんで用事を言いつけるんだ？　そんなもの明日要らないだろ。なくても大丈夫じゃないか」。彼が境界線を引いたことで、事態を悪化させる連鎖反応が生まれた。つまりベロニカの自尊感情の傷がたちまち生傷になって活性化し、防御反応を引き起こした。こうして彼女は反応的で攻撃的になり、なんの説明もせずにけんかを吹っかけたのだ。

朝のコーヒーに入れるミルクを買いに2軒目に寄るのを断ったという、この一見なんでもない出来事のせいで、ベロニカとパートナーは大げんかになった。しかも事態は悪化していった。ベロニカはパートナーに、この件だけでなく性格や人となりについても非難を浴びせた。ご存じのとおり、性格に対する攻撃は冗談ではすまされない。痛烈なダメージを与え、人間関係が大きく損なわれる。いつも非難されたら、多くの人が防衛的になるのは無理もない。相手を非難すればするほど、相手はあなたを心から締め出して自己弁護し、非難し返してくるようになる。

ベロニカたちも非難と弁護の応酬になり、ますますひどくなっていった。ベロニカが彼の性格を侮辱し、彼が自己弁護する。それから逆の立場になる。これが4時間続き、らちがあかなかった。あなたもこんな状態になったことがあるだろうか。こうなると精神的、感情的、肉体的に疲労困憊し、パートナーとのつながりが切れたように感じる。そして、すべてを疑うようになりかねない。

ベロニカがふたりの関係を心配するのも無理はない。ふたりはしょっちゅうこれを繰り返していて、彼女は疲れきっていた。また、知らないうちに自尊感情の傷を悪化させていた。しかし、よいことをお教えしよう。そもそも傷の活性化に気づかなければ、傷を癒やすことはできないのだ。

わたしはベロニカを落ち着かせて、衝突が始まる前にどんな傷が活性化していたかわかるかと尋ねた。ベロニカは以前に自尊感情の傷を見つけていたので、この言葉をよく知っていた。

「自尊感情の傷だってわかってるわ。だけど、自分の価値を疑うようなことが何かあったかしら?」

「では、スーパーに寄るのを彼に断られたとき、どう感じましたか」

「ほんとに嫌な気分だったわ。でも何が言いたいの?」

「人があなたのために何かをしてくれたら、自分に価値があると思っていませんか」わたしは訊いた。

「自分の価値を、相手が自分の言うことを聞くかどうかで決めているのではないですか。どれほど追い払ったり、試したりしても相手がそばにいてくれることを、自分の価値の根拠にしているのでは?」

わたしは自分の考えを説明した。ベロニカはようやく気がついた。パートナーの「嫌だ」という返事が、自分の自尊感情の傷にはこのように聞こえたのだ──「嫌だ。きみはぼくにとって、それをするほど価値がないからね」。その思いを伝えるかわりに、彼女は攻撃態勢に入った。彼に謝らせ、彼が悪いと認めさせ、彼女の許しを請わせようとした。これがベロニカにとっては、見てもらい、聞いてもらい、理解してもらおうとする試みだったのだが、無残にも失敗した。

非難によって欲しいものに近づくことはできない。遠ざかるだけだ。非難によって、人に自分のことを見て、聞いて、理解してもらえるようにはならない。むしろ、人は自分を守ろうとして、あなたから離れていくだろう。衝突がつながりになるどころか、断絶になってしまう。

あなたが最近、非難したのはいつだろうか。どの傷が活性化して非難したのだろう?非難によって何を伝えようとした?

最近、非難されたと感じたのはいつだろう? どの傷が活性化したかわかるだろうか。そのとき、あなたはどのように反応した? おそらくうまくいかなかっただろうが、あなたは何を得ようとした?

防衛的にならないでほしい

「休暇に家へ帰らないほうがいいって、わかってたのよ」

アリーとはクリスマス前から会っていなかったので、これが年明けの初めてのセッションだった。アリーは若い女性で、ティーンエイジャーの頃、父親を誘惑していると母親に責められたことがある。

アリーはクリスマス休暇を家族で過ごすために数日実家へ帰るかどうか、何カ月も迷っていた。母親の精神病の発作や誹謗中傷から10年が経っている。母親はその後何年も治療を受け、昔とはすっかり別人のようになっていた。自分の弱さを見せるワークをしてきたアリーは、家へ帰って、子どもの頃の体験で苦しんだことを母親に話してみようと考えていた。これまで母親に話したことは一度もなかった。

これは危険なことだとわかっていた。わたしたちはそれに備えて、予想されること、恐怖、不安、最悪のシナリオについて話し合った。それで、アリーは準備ができたと感じたはずだった。

「何があったのですか」

「わたしは話し合いのために全力を尽くしたんだけど、母がすぐに守りに入ってしまったの。わたしは少しも非難しなかったのよ。子どもの頃、父を誘惑してるって母に責められて、どんなに怖かったか話したの。それに、母がどうしてそうなったか、性的トラウマがどんなにつらかったか、わかってるって言ったのよ。でも、母は聞きたがらなかった。言い返すばっかりで。わたしの記憶が間違ってるとか、わたしは子どもの頃幸せだったはずだとか、自分はすばらしい母親で、娘のためにあれほど犠牲を払ったのに、わたしがこれほど恩知らずだなんて信じられないとか。わたしはもうしばらく頑張ってみたわ。あの体験がどんなに怖かったかわかってもらおうとしたんだけど、やっぱり無理だった」

自己防衛は、当事者意識や、責任、説明の義務を避ける行為だ。言い訳したり、話の焦点を変えたり、無実を主張したり、なんとか責任をとらずにすむ行動をとろうとする。

同情的に見れば、自己防衛は非難から身を守ろうとすることだ。また、相手の自分に対する考えを変えようとすることでもある。もし相手の見方が厳しければ、こう答えるだろう――「わたしは悪くない。わたしは自分勝手じゃない。わたしはそんなにひどい人間じゃない」。だが非難と自己防衛がぶつかれば悪循環に陥り、すぐにでも人間関係を損ないかねない。

母親の反応にアリーがどれほど動揺したか、目に浮かぶようだ。いくら準備していても、アリーは傷つき失望した。母親に自分の痛みを認めてもらいたかった。謝ってもらい、責任を感じて説明してもらいたかった。でも返ってきたのは、母親の自己防衛だったのだ。

「あなたはどう答えましたか」わたしは尋ねた。

「最初は声を大きくして説得しようとしたわ。うまくいくわけないけど、そうせずにはいられなかったの。大声で話しつづけて聞いてもらおうとした。でも、とうとう諦めて、口を閉じたわ。身を守ろうとする母の態度が攻撃に思えたから。それで飛行機を翌朝の便に変えたの。すぐ出ていければよかったんだけど」。アリーは母親の限界にぶつかっていた。優しくし、思いやりを示し、言葉に気をつけ、ついには声をあげて説得するなど、さまざまな手を使ってみたが、うまくいかなかった。母に見てもらい、聞いてもらい、理解してもらうことはできない。ついに彼女は諦めて、家を去った。

ときには、もともと傷をつけた同じ人物によって傷が活性化することがある。アリーは母親との関係を修復しようとしていた。彼女が癒やされるには、もっと無防備になって自分の弱さを見せることが必要だ。だから、子どもの頃に母親から受けた影響について、母親に理解してもらいたかった。

「もし母にわかってもらえたら、すごく気分がよくなるはずよ」

アリーは自分の傷のことを母親に伝えようとし、母親が自己防衛などせず、娘の痛みに寄り添ってくれることを願っていた。ところが、母親にはできなかった。アリーとつながるよりも自分自身を守らなければならなかった。娘の痛みを理解するよりも、母親としての自分のイメージを保たなければならなかった。

「どうしたら衝突を避けられたの？　もう二度と両親のところに戻らないほうがいいの？」とアリーは訊いた。相手との関係を断ち切るほうがいいときもある。でも相手が変わらないことを受け入れることのほうがワークになる。そのワークは、変われない人たちとのかかわり方を変えてくれるだろう。癒やしは、自分のことを見て、聞いて、理解してもらいたいという願いを口に出し、人とのかかわり方を選ぶことにある。

だが解決策を見つける前に、アリーに自分の安心の傷がどのように活性化したかわかってもらいたかった。母親の自己防衛があまりにもつらい体験だったので、アリーの弱さを見せる無防備さや、安心したい思い、母親に過去の痛みに寄り添ってもらいたいという願いが脇に追いやられてしまった。母親の自己防衛がアリーの傷を活性化したからだ。彼女は無防備さを保とうとしたが、ついに衝突を始めて大声をあげ、それから心を閉ざし、できるだけ早く家を出てしまった。

「どうして簡単にすませて、予定どおり家にいられなかったのかしら？　わたしって、すぐむきになってしまうのよね。あんなふうに出てこなくてもよかったのに」アリーはきまり悪そうに、そして恥ずかしそうに言った。

「そんなふうに家を出たのは、あなたが安心できないと感じたからだと思いますよ」

わたしの答えに彼女は納得した。自分の安心の傷に配慮するなら、少なくとも今は、母親の傷にかかわらないことを選ぶはずだ。つまり、耐えがたいその場を去るはずである。アリーは衝突から身を引いて、母親に悲しみを認めてもらおうとするのをやめ、自分の傷を気遣い、自分の悲しみに寄り添うことを選んだ。母親にはできないし、その気もないのだから。癒やしとは、子どもの頃に夢見た母親の理想の姿や、大人になって抱いていた母親の幻を打ち消すことだ。アリーにとっては大きな喪失だが、その喪失のなかにこそ癒やしがある。幻を手放したことで、彼女は明快さや、確かさ、そして安心感を手に入れた。

あなたが最近、防衛的になったのはいつだろうか。自己防衛が現れたとき、どの傷が活性化しただろう？　そして、自己防衛によって何を伝えようとした？

最近、誰かがあなたに対して防衛的になったのはいつだろうか。そのとき、あなたのなかでどの傷が活性化した？　おそらくうまくいかなかっただろうが、あなたは何を伝えようとした？

支配しないでほしい

イザベルとジョーが10分遅れてセッションにやってきた。ふたりは部屋に駆け込みながら謝った。

「遅れてすみません」イザベルが言った。「時間が経つのを忘れちゃって」

イザベルとジョーは大学院に進学するためスペインからニューヨークへやってきて、友人から恋人同士になっていた。ふたりがカウンセリングに遅れたのは、けんかをしていたからだった。

「そのけんかについて話してもらえますか」

ジョーがすぐに話しだした。「支配されるのが嫌なんです。ずっとそのことについて話し合ってきたのはわかってるけど、もうたくさん。イザベルを怒らせないように自分の生活を制限することなんてできません。イザベルの反応を引き起こさないように、いつも気を遣うなんて無理。引き起こされてるのは、わたしのほうです。イザベルからメールがあったら15分以内に家に帰るなんて、もう嫌。注意を向けてほしいからって、携帯を見るのをやめさせられるなんて我慢できない」

イザベルとジョーは元の状態に戻ってしまった。この衝突は以前のものとそっくりで、細かい点がわずかに違うだけだ。その点にとらわれていれば、今後も同じことを繰り返すだろう。それは、「感情焦点化療法」の創始者スーザン・ジョンソン博士〔訳注／米国・カナダの臨床心理学者〕が述べたように、「ほとんどの衝突は、じつは感情的断絶への抗議である」からだ。[*2] このような衝突は、つながりを失うことへの恐れを解決しようとする無意識の試みだ。[*3] そうわかっていればいいのだが、実際、ふつうはけんか中にそんなことを考えない。

ふたりの衝突のきっかけは、イザベルがジョーに携帯電話をしまうように言ったことだった。「イザベルが、『一日中携帯ばっかり見てるじゃない。そろそろ一休みしたら?』って、ものすごく失礼な口調で言ったんです。やめるもんですか。わたしはもう大人なんだから、携帯を何時間見ようとわたしの勝手でしょう」ジョーはもう限界だった。「あなたの優先の傷にはもううんざりよ。わたしも傷をもってるのよ。少しも考えてくれていないみたいだけど」ジョーはイザベルに向かってずばりと言った。

イザベルの優先の傷についてはもうおわかりだろうが、ジョーについてはまだ説明していなかった。3人でワークをするなかで、ジョーは自分の父親がどれほど支配的だったか話してくれた。父親はたいへん厳しくて、娘に数多くのルールを押しつけ、完璧に守れなければ娘を罰した。意地が悪くて、門限に1分でも遅れたら、彼女の携帯電話やパソコンを取りあげたり、何ヵ月も外出禁止にしたりした。「正当な理由があっても、まったく関係ありませんでした。そして、わたしが同性愛者だとわかったときには、支配と罰のレベルがさらに上がったんです。父は同性愛を自分で選ぶものだと思っていて、無理やり違うほうを選ばせようとしました。でもそのせいで、わたしは家族のなかでのけ者だと感じるようになったんです」

イザベルもジョーも、衝突中に傷が活性化していた。イザベルの優先の傷とジョーの帰属意識の傷だ。

「なぜイザベルとの関係が悪化したと思いますか」わたしは訊いた。

「イザベルが支配しようとするからです」とジョー。

「まあ、それもあるかもしれませんが、どうでしょうね。あなたの話によれば、イザベルはあなたに携帯ばかり見ていると指摘して、そろそろ一休みしたら?と訊いただけですよね。口調は聞いていないので、よくはわかりませんが、イザベルは観察して提案しただけのように思えますよ」

「支配されてるように感じたんです」

「なるほど、では、その感覚を以前にも感じたことがありますか」

ジョーはイザベルのことを、あの厳しい父親のように感じているのだとわかっていた。イザベルの優先の傷と、ジョーの帰属意識の傷が正面からぶつかったのだ。ジョーが携帯電話ばかり見ていると、優先されたいというイザベルの欲求が満たされない。イザベルがジョーのSNSの使用について疑問を投げかけると、付き合いながらも自由でいたいというジョーの欲求が満たされず、このように思う。「この関係に属したままで、自分だけの空間をもっちゃいけないの？　何かに属していると感じるために、支配を受け入れたくない」

ふう、なんということだろう。ふたつの傷が一度に活性化してしまった。ふたりは同時に、自分のことを見てもらい、聞いてもらい、理解してもらいたいと思っている。ふたりとも無駄にあがきながら、衝突の悪循環のなかでさらに断絶を感じている。

そのセッションで少しは落ち着いたが、怒りがまだ収まらないため、物事をはっきり見ることができなかった。本当に分析できたのは、次のセッションのときだった。

わたしはそれぞれ順番に、一方の傷に寄り添ってから、他方にそのことを説明した。ふたりは以前にも感じたことのある感覚について話し、互いに非難し合うかわりに、自分の感情的欲求を伝えることにした。

イザベルがまず口を開いた。「正直にいえば、わたしはあなたと一緒に過ごしたいし、あなたにもそう思ってもらいたいの。一緒に過ごすのが大好きだから、最近寂しかったのよ。うまく伝えられなくてごめんなさい」

次はジョーだ。「わたしはときどき、自分のしたいことをする自由が欲しい。わたしもあなたと一緒に過ごすのが大好きよ。でも、ひとりになって、いろんなことから自分を切り離してくれるような、くだらないことをするのも大好きなの。自由にしながら、この関係を続けられたらいいんだけど。あなたの言うとおりにしてるときだけ、この関係でいられると思うときがあるの。それって支配されてるように感じて、息が詰まりそうになるのよ」

感情的欲求を伝えたことで、それぞれが心の傷に近づけたのがわかるだろうか。イザベルの感情的欲求は、優先されたいということだ。ジョーと一緒に過ごしたいし、ジョーにもそう思ってもらいたい。そしてジョーの感情的欲求は、何かに属したいということだ。自分らしくありながら、この関係にも属していたい、と。

ふたりは互いに自分を伝え合うという、すばらしいワークを成し遂げた。ただし、このふたりが自分自身や、傷、要求をよく知っているという事実も見逃せない。だからこそ方向転換でき、変わることができたのだ。

傷をケアすれば、自分の反応性を抑え、衝突の悪循環に陥るのを防ぐことができる。激しくけんかしているときに、そうできるとはかぎらない。だが、なんとかしようとすれば、悪循環を断ち切り、間違いに気づくチャンスがあるはずだ。

衝突は、上手にできれば、自分自身やお互いとの深いつながり、親密さ、癒やしへとわたしたちを近づけてくれる。水面下に大切なものがあると教えてくれる、砂浜に立つ旗のようなものだ。落ち着きや、好奇心、寛容に至る前に、あなたの注意を引こうとする未解決の傷があるという最大のサインでもある。

あなたが最近、誰かを支配したのはいつだろうか。どの傷が活性化したせいで、支配したのだろう？　支配によって、あなたは何を伝えようとした？　また、なぜ支配という手段を使ったのだろう？

最近、支配されたと感じたのはいつだろうか。どの傷が活性化したのだろう？　その支配に対して、あなたはどのように反応した？　おそらくうまくいかなかっただろうが、何を伝えようとした？

侮辱しないでほしい

「もう辞めてやる。本気さ。あそこを出ていくんだ。こんな仕事、やってられないよ。あいつにはもう我慢できないんだ」カールは怒っていた。正午のセッションで、彼は職場からやってきたところだ。上司に腹を立てているらしい。

カールは海軍軍人の子どもで、支配的な父親から、きょうだいと一緒に毎朝軍隊式の訓練をさせられていた。

「思いっきり、わめき散らしてみますか」わたしは訊いた。これは心のなかをぶちまけることだ。行儀も言葉遣いも気にしなくていい。ただ吐き出せばいい。そうすれば気がすむし、たまっていたストレスを発散できる。さあ、どうぞ！

「正直いって、どうやって辞めようかずっと考えてたんだ。あいつの鼻をへし折るには、どうしたらいい？　恥をかかせて悔しがらせるには、どうしたらいい？ってさ。ほんとにクソッタレなんだ。あいつも、あの間抜け面も、もううんざりだ。自分のほうがずっと強いと思ってるんだぜ。ぼくとほとんど年が変わらないのにさ。大バカ者で、人のまとめ方もわかってない。いつも威張ってて、ぼくを見下したり、皮肉を言ったりするんだ。すぐにでも辞めてやるさ」

カールが息をついた。

「気分はどうですか」わたしは訊いた。

「うん、少しよくなったよ、ありがとう」

「よかった。では、何があったのですか。職場でのことですよね？　セッションに来る直前に何かあったようですが」

「しばらく前からずっとだよ。彼はみんなの前でぼくをこき下ろすし、ほんとに支配的だし、なんでも細かく管理しないと気がすまないんだ。今日、彼はあるメールの宛先からぼくを省いたんだよ。ぼくも入れてくれって何度も頼んでたのに。それでカッとなって彼にクソッタレって言ったから、大げんかになったのさ」

侮辱は、究極の批判だ。もっとも相手を傷つける衝突の仕方である。とくにカップルにとっては、破局の最大の前触れだ。[*4] 人は誰かを侮辱するとき、無礼で皮肉っぽく、横柄になる。相手を見下して一段上の立場に立ち、自分は上で、相手は下だと思う。Chapter 7で述べたように、侮辱は虐待にもなる。そして侮辱された人は、自分に価値がなく、無視され、嫌われていると感じる。

カールと上司の衝突はかなり激しくて、まわりの人が引き離さなければならなかったそうだ。殴り合いにはならなかったものの、顔を突き合わせて罵り合った。カールがいらだったのも当然だが、自分の反応が不適切だということも気づいていた。明らかなサインである。もちろん見下されたり支配されたりしたい人はいないが、彼の反応性は警戒すべきだ。

「カール、このように反応したのは、なぜだと思いますか」

「彼がクソッタレっていうのは、答えにならない？」カールは鼻でせせら笑った。

わたしは微笑み返したが、さらに突っこんで訊いた。「以前にも同じようなことがありましたか。上司のふるまい方を見て、何かを、または誰かを思い出しませんか」

カールはピンときた。上司は父親を思い出させる。カールは彼に支配され、見下すような話し方をされ、無視された。そして上司の行動は、カールにチームの一員ではないように感じさせた。彼は属していると感じられなくなった。

しばらく時間がかかったが、上司にメールの宛先から省かれたせいで、自分の帰属意識の傷が活性化したことにカールは気づいた。そして自分のことを見てもらい、聞いてもらい、理解してもらおうと、まっすぐ衝突に向かったことも。

「じゃあ、彼にあんなことをされたら、ぼくはどうしたらいいのさ?」カールが訊いた。

まず第一に、わたしはカールに落ち着いて、自分の傷に寄り添ってほしかった。上司のカールへの接し方と話し方は、よいものとは言えない。でも上司の行動はカールに、自分の傷に気づく機会を与えた。おかしな与え方だが、それでも与えたのだ。

「傷を客観視してください、カール。すぐに彼とやり合うのではなく、かわりに内側を見つめるのです。外側の関係ではなく、内側の関係に心を向けてください。そのときは、あなたに必要なものは彼から得られないでしょう。それはたしかです。いつか得られるようになるかもしれませんが、こんな形ではけっしてありえません。さあ、やってみましょう。しばらく時間をかけて、なぜカッとしたのか、自分を見て、聞いて、理解しましょう」

「ぼくはバカにされて無視されたように感じた。彼にこき下ろされて、みんなと違う扱いをされたと感じた。わざと宛先からはずされたと感じた。正直に言うと、そのことに腹が立つんだ」

「そう、それでいいのです」わたしは言った。「誰かに侮辱されたら、その人とのあいだに、はっきりと境界線を引くことが大切です。あなたは感情的に反応してしまいました。それもわかります。正直なところ、そのような扱いをされたら、ほとんどの人が反応的になるでしょう。でもあなたのワークは、自分自身に寄り添い、上司とのかかわり方を変えることです。あなたは自分のことを見てもらい、聞いてもらい、理解してもらいたいのですよね? だったら、あなたは自分の気持ちを明らかにする必要があります。それから、もし機会があれば彼にも話しましょう」

「彼がやっぱり聞かなかったり、気にもかけなかったりしたら?」カールがもっともな指摘をした。

「そうなるかもしれませんね。なんの保証もありませんから。でも変わるのは、あなたが自分を大切にし、自分を見つめるようになることです。そして感情的に反応するかわりに、思いやりをもつようになることです。これは勝利ですよ。上司が態度を変えるかどうかは、あなたにはコントロールできません。あなたのワークは、自分に責任をもつことです。もし事態が変わらなければ、この仕事を辞めることになるかもしれませんが、まだその時期ではありません。今あなたに考えてほしいことは、彼とのあいだに引く境界線のことと、それをどのように表現するかということです」

カールは試しにやってみた。「ぼくはそんな話し方をされたら、いい気がしません。宛先からはずされるのも、いい気がしません。屈辱的で、見下されているように感じます。敬意をもって接してほしいですし、このチームの一員だと感じたいのです。ぼくに変えてほしいところがあるなら、まわりに人がいないときに言ってください」

カールが取り組むべきワークは、衝突の仕方を変えることだ。彼のやり方では、上司との衝突の悪循環に陥ってしまった。暴言の応酬になり、らちがあかなかった。このワークは、感情の反応性から離れて、感情をケアするほうへ進むものだ。これが悪循環を断ち切る唯一の方法である。親しい人と一緒にすることもできるし、アリーのように自分ですることもできる。アリーは母親に拒まれても、自分で自らを見つめることができた。自分の感情をケアすれば安心を感じられるし、たとえひとりのときでも、見て、聞いて、理解してもらう体験ができる。

あなたが最近、誰かを侮辱したのはいつだろうか。どの傷が活性化したせいで、そうなったのだろう?　その侮辱によって、あなたは何を伝えようとした?

最近、誰かから侮辱されたと感じたのはいつだろうか。そのとき、どの傷が活性化しただろう?　その侮辱にどう反応した?　おそらくうまくいかなかっただろうが、あなたは何を伝えようとした？

壁をつくらないでほしい

「もう疲れました。悪く思わないでほしいんですが、ここには来たくないんです」明らかにマークはかたく心を閉ざしていた。

前に話し合ったとき、マークとトロイは互いの信頼について問題があった。トロイはマークがパーティーで味方してくれなかったことに怒っていた。しかし、マーク自身も両親から条件付きの愛を受け、その傷が活性化していた。

「いつもこうなんだ」トロイが言った。「話し合いが長引くと、マークは途中でやめて口をきかなくなるんだ。頭にくるよ。昨夜言い合いになったときも、急に立ちあがってアパートを出ていった。ぼくに何も言わずに、黙って出ていったんだ。携帯の電源も切って、何時間も帰ってこない。やっと帰ってきたときには、ぼくはもう眠ってたよ。まったく、めちゃくちゃだよ」

マークは壁をつくっていた。衝突を避けたいときに起こる一種の引きこもりだ。どんなことをしてでも高い壁を築き、相手とのあいだに距離を置こうとする。これは身を守る行動だが、相手を動揺させて衝突をもたらすことが多い。

トロイはマークと連絡がとれなかった。どこにいるかも、いつ戻るかもわからず、暗闇にひとり残された。しかも大事な話し合いの最中なら、なおさらつらいだろう。

「ふたりで何について話し合っていたのですか」わたしは尋ねた。

「お金のことだよ。最近どれぐらい使ってるかを話して、いくらか節約しなきゃいけないって言ってたんだ。けんかにもなってない。話し合いを始めただけなのに、マークが途中でやめたんだよ。そんなこと話したくないってさ。ふたりとも同じ考えじゃないと困るから、ぼくはもう少し続けようとしたけど、返事をしないんだ。話しかけても携帯ばっかり見てるから、ほんとにイライラしたよ。そのうちマークが立ちあがって出ていったんだ」

マークがすぐに言い返した。「トロイの望みどおりにできないことを、いちいち指摘されるのはうんざりなんだよ。しっかり味方してくれないとか。ちゃんと節約してないとか。きりがないだろ。あんな話し合いには興味ない。だから、話をやめるには出ていくしかなかったんだ」

変えてほしい行動についてトロイが話しだしたとき、マークの自尊感情の傷が活性化した。要求や意見は脱線しやすい。トロイがはっきりと、ぼくらは節約しなければならないと言ったのに、マークには、きみは節約しなければならないと聞こえた。また、彼がうまくできないことの長いリストにその件が新たに追加され、マークはよいパートナーではないと聞こえた。これが、子どもの頃の自尊感情の傷を活性化させていた。

トロイがマークの完璧ではない点を指摘しているとき、マークに聞こえていたのは、愛や、つながり、受容もまもなく失われるだろうという言葉だった。マークが学んだ身の守り方は、心を閉ざしてつながりを断つことだ。それで少しは安全な避難場所になる。だが壁をつくることで事態はますます悪化する。

ふたりはようやく、トロイが善意からお金について話し合おうとしたにもかかわらず、マークの傷を活性化させてしまったことに気づいた。マークの感情的な反応性が、ふたりに傷を認識させるのではなく、マークに壁をつくらせたのだ。とはいえ、会話を一休みしたり、自分を落ち着けたりしてはいけないというわけではない。今起こっていることを認めて、立て直しに必要なことを伝えればいいだけだ。

「もしあなたが自分の傷の活性化に気づいていたら、どのように言っていたと思いますか」わたしはマークに聞いた。

「非難されているように感じると、トロイに言えたと思います。ぼくがうまくできないことと、愛される価値がないと感じることとは別なんですね」

こうして感情的なケアが始まった。弱さをさらけ出せば、感情は受けとめられてケアされ、わたしたちはさらに弱さをさらけ出せる。マークのように感情的欲求を口に出して傷に寄り添えば、道は開ける。これはモナ・フィシュベイン博士〔訳注／米国の臨床心理学者〕が「弱さのサイクル」と呼ぶものと同じで、反応するのではなく内省するようにわたしたちを変えてくれる。[*5]

あなたが最近、心をすっかり閉ざしたのはいつだろうか。どの傷が活性化したせいで、そのような不健全な対処法をとったのだろう？　壁をつくったことで、あなたは何を伝えようとした？

最近、誰かに壁をつくられたのはいつだろうか。どの傷が活性化したのだろう？　あなたはどのように反応した？　相手に壁をつくられても腹が立たないときもあるが、腹が立つときもある。そのとき、あなたはどんな役割を果たしたのだろうか。壁をつくらせるようなことをした？　おそらくうまくいかなかっただろうが、あなたは何を伝えようとした？

反応性を理解に置き換える

かつてジョン・ゴットマン博士はこう語った。「あらゆる不満の背後には、その人の心からの切望がある」。わたしたちは感情的欲求が満たされないとき、パートナーや、家族、友人を非難したり、不満をぶつけたりする。また、感情的欲求に寄り添って知ろうとし、相手に伝えるかわりに、遠ざかって反応的になり、相手のせいにする。

しかし、感情的欲求は心の傷であることが多い。その場合、気をつけて扱うことが大切だ。衝突と反応性のループから抜け出したいなら、傷を認識してケアする必要がある。もし心の根元にある傷を見つけて人に話せたら、わたしたちは自分のことを見てもらい、聞いてもらい、理解してもらうほうへと向かっているのだ。

あなたが最近口にした、またはよく口にする不満や非難について考えてみよう。相手は誰でもかまわない。不満や非難の内容に焦点を当てよう。たとえば、このようなものかもしれない――「こちらの時間の都合を少しも考えてくれない。支配的すぎる。いつも携帯ばっかり見てる。メールしてるとき、こちらを見ようともしない。お金を全部使って、ふたりの将来のために貯めてくれない」

これらの不満や非難を読んで、心の傷や隠れた感情的欲求に気づけるだろうか。たとえば、「こちらの時間の都合を少しも考えてくれない」という不満からは、価値があると思われたいという願望が聞こえる。「支配的すぎる」からは、帰属意識の傷とありのままでいたいという自由への願望。「いつも携帯ばっかり見てる」からは、優先されたいという願望。「メールしてるとき、こちらを見ようともしない」からは、信頼の傷。「お金を全部使って、ふたりの将来のために貯めてくれない」からは、安心の傷が見える。自分の不満をよく調べて、傷がないか見てみよう。また、感情的欲求を明らかにしよう。

ベロニカとパートナーとの大げんかを思い出してほしい。わたしはベロニカに、傷や反応性に引きずられるのではなく、どうするか自分で選べるように、不満や非難を感情的欲求に置き換えられるか尋ねてみた。「なんだか、ばかばかしいけど」彼女はそう答えたが、微笑んでこう言った。「いいわよ、でも、どうやるの?」

わたしはひとつずつ置き換えてみせた。「あなたは自分勝手よ」と言うかわりに、「わたしは自分があなたにとって大切な存在だと感じたいの」と言う。「わたしのことを気にかけてくれない」のかわりに、「わたしのことを思いやってほしいの」と言う。「あなたはこれまでで最低の恋人だわ」のかわりに、「自分があなたにとって大事だと感じたいの」と言う。「コツがつかめてきましたか」とわたしが尋ねると、ベロニカは頷いてやりはじめた。

じつは、わたしたちの不満にはきりがないし、感情的欲求も同じである。それは傷のすぐ後ろにつながっている。あなたも不満を感情的欲求に置き換えてみれば、自尊感情や、帰属意識、優先、安心、信頼を求めるものになるだろう。また、自分のことを見てもらい、聞いてもらい、理解してもらいたいという欲求になるだろう。

さあ、自分で置き換えてみよう。最近の衝突や、繰り返し起こる衝突を思い出し、衝突が始まる前の瞬間についてよく考えよう。どの傷が活性化したかわかるだろうか。自分のことを見て、聞いて、理解してもらうために、どんなふうに衝突したのだろう? あなたは批判的、防衛的、侮辱的、支配的になった? もしくは壁をつくった? どれを試そうとしたかわかるだろうか。そして、その試みはうまくいった?

●活性化した傷は（　　　　　　　　　　　　　　）。
●今ならわかる。なぜなら（　　　　　　　　　　　　　）。
●わたしが衝突する理由は（　　　　　　　　　　　　　）。
●でも、その結果は（　　　　　　　　　　　　　　）。

オーケー。すばらしい出来だ。さあ、もう少し。

●わたしが本当に不安に感じることや、疑っていることは（　　　　　　　　　　）。
●わたしについて、相手に本当に理解してもらいたいことは（　　　　　　　　　　）。
●もし非難や、自己防衛、侮辱、支配、壁をつくることを、自分の感情的欲求に置き換えたら、わたしができるようになることは（　　　　　　　　　　）。

忘れないでほしい。あなたは傷ついている。起こった出来事は、なんであろうと、あなたがかつて負った傷を活性化している。その傷は今も生々しい。傷の生い立ちと、それほど苦痛だった理由がわかるだろうか。自分をいたわりながら探っていこう。

衝突していないときにワークをしよう

どのクライアントにも話しているのだが、衝突の真っ最中に変えようとしても、ふつうはうまくいかない。衝突していないとき、たとえば衝突の合間や、好奇心のあるときに探ってみよう。衝突の最中はたいてい感情的になりすぎているので、うまく処理できない。もっと重要に思える別のことに反応してしまう。

傷が活性化されて動揺しているときに、どの傷が影響を与えているか探ることを想像してみよう。目が回りそうだ。衝突がエスカレートしているときに、非難を感情的欲求に置き換えることを想像してみよう。罵詈雑言だらけだ。もしできたらすばらしいが、ふつうの人なら無理だと笑い飛ばすだろう。もっとほかのときを選んで傷に取り組むはずだ。衝突していないときに、置き換えや境界線の練習をするほうがいい。

好奇心が湧いてきたら、相手にも傷があることを思い出そう。相手の心の根元にある傷を認めることは、自分の傷を認めるのと同じぐらい大事なことだ。もちろん、この傷は本人が責任をもつべきである。でもパートナーや、家族、友人という親しい関係のなかで、彼らにもさまざまな過去があり、すぐそばで燃え上がるかもしれない心の傷をもっているのだと覚えていることは、このうえない思いやりだ。たとえ、彼らにはまだ傷に向き合う用意ができていなくても。

衝突を舵取りするコツをつかめば、つながりと親密さにおける果てしない可能性を見出すだろう。意識的な衝突を経ることで、あなたと愛する人とのつながりが深まっていく。なんとすばらしい再生だろう。

Chapter 9 コミュニケーション

反応性を理解に置き換えれば、衝突を通じて関係は深まり、さらに親密なものになるだろう。すでに学んだように、反応性のせいで心の傷がたびたび開いても、理解することで傷を癒やせるようになる。ただし、衝突をつながりに変えたいなら、けんかの仕方だけでなくコミュニケーションのスタイルも改善しなくてはならないだろう。

本当のところ、あらゆる感情の反応性から解放されることはない。自分が衝突の発端になるときもあれば、発端となった相手に反応してしまうときもあるだろう。ワークによって対処できるようにはなるが、まったく反応しなくなるわけではない。人間なら誰でもあることとして受け入れよう。覚えておいてほしいのだが、あなたと相手の反応性からはお互いの重要な情報が得られる――そのことに気づいて伝え合えるようになってほしい。

アレクサンドラ・ソロモン博士〔訳注／米国の臨床心理学者、作家〕によると、健全で親密なコミュニケーションにおいてもっとも大事なのは、関係性の自己認識だという。これは、「親密な人間関係において自分が腹を立てやすい物事と、怒りを感じたときに自分を抑える方法を正直に見つめる能力と意志」だそうだ。[*1] 大半の人がそうだが、あなたもおそらく直線思考〔訳注／これまでの常識や定説どおりに考える線的な思考〕になりやすく、心の内ではこんな声が聞こえているかもしれない――「あなたが無神経で、わたしが頼りないから、頼んだことをやってくれない。あなたがもっと気にかけてくれればこんなことにはならないし、わたしがこんなにバカだからこうなるんだ」。こうした心の狭い思考タイプは叱責や恥につながり、お互いがもつ豊かで複雑な物語を見えなくしてしまう。だが興奮しているときは、このような心境に陥りやすい。リニア思考にはまり込むと、つながりはまったく生まれない。

その一方で、システム思考〔訳注／問題をひとつのシステムとしてとらえ、さまざまな視点から考える手法〕は育った家庭や過去の関係性を考慮に入れるので、どんな瞬間にも複雑で豊かな物語があることを思い出させてくれる。また、ほかの人についても同じような見方ができるようになる。そうした視点で自分や他者を見るようになると、今起こっていることが、この瞬間に限ったことではないとわかるようになり、それ以前のすべての瞬間が大切になってくる。自分や人についてそのように思い出せたら、コミュニケーションがどれほど変わるだろう。そこにある深い思いやり、共感、優しさを想像してほしい。

たとえばパートナーに責められたとき、家庭にありがちな小言だけでなく、これまでに体験した（両親や元パートナーなどからの）あらゆる非難も聞こえてくるものだ。そのときの自分の反応は、リニア思考よりもシステム思考で考えたほうが腑に落ちるだろう。そのことにパートナーも気づいてくれるなら、協力して会話を違うほうへと導き、致命的な断絶になる可能性もあるなかで、つながりの瞬間を見出すことができるかもしれない。

本書の冒頭で触れたように、生い立ちや家族の複雑さについて考えても、言いわけが見つかるわけではない。悪い状況がよくなるわけでもない。しかし、背景がわかると、得られるものがある。ここからコミュニケーションを始めれば、些細なことや口論に勝つ必要から離れて、互いに傷つけ合っていることに気づき、本当はお互いが見てもらい、聞いてもらい、理解してもらいたがっているのだと深く知ることができるだろう。このようにして、コミュニケーションの質は高まっていく。

伝えること、伝えないこと

傷が活性化したときには、伝えるか伝えないか、２つの選択肢がある。伝えない場合、傷について相手に知ってもらうことはできない。しかし、伝える場合には注意してもらいたいことがある。

コミュニケーションを避けるのにはもっともな理由がある。もちろん、目標はうまく伝えることだが、伝えるべき相手を見抜くことも欠かせない。ここではっきりさせておきたいのだが、ときには伝えないことがもっとも健全な選択となる。伝えないことは消極的な行為ではない。たとえ優しく、思慮深く、明確に話しても、特定の人との会話が自分にとって安心にも癒やしにもつながらないと認識することは、積極的な決断である。相手に虐待されたことがあるなど、自分が傷つくとわかっている場合には伝えないことを選ぶだろう。相手が何かしらごまかそうとしたり、仕返しをしようとしたりする場合もそうだ。また、これまでの経験から、相手が話を聞こうとしなかったり、自分の立場を守ろうとしたりするとわかっている場合も、伝えないだろう。伝えないことを選ぶとは、相手にわかってもらえないことでもあるが、これ以上傷つかないことでもある。それが癒やしとなることもある。癒やしには洞察力が欠かせない。そして、ときに最良の選択とは、自分自身を大切にしながら前へ進み、耳を傾けてくれる人を見つけることだ。

伝える選択を慎重に考えなくてはならない理由がもうひとつある。ご存じのとおり、人はコミュニケーションというものを家族や過去の人間関係から学ぶ。健全な家庭では、コミュニケーションは明快で、優しく、思いやりがあり、穏やかで、好奇心旺盛で、しっかりとしていて、正直で、率直なことが多い。しかし、あなたが教わったのはそれとは違うかもしれない。健全というよりも破壊的なものかもしれない。伝えることを選んでも、心の根元にある傷にまだ気づいていない場合、これから述べるような破壊的なコミュニケーションスタイルを使って、叱責や恥というリニア思考的なものを伝えてしまう可能性が高い。

Chapter 8でも触れたが、破壊的なスタイルのコミュニケーションをとってしまうと、また傷口を開き、衝突を繰り返すだけだろう。それでは、話を聞いてわかってもらいたいという気持ちのまま苦しむことになる。伝える前にまずは振り返ってみて、自分の傷を見定めたほうがいい。

もっと健全なコミュニケーションがとれるようになりたいなら、まず変えなくてはいけないのは、自分が心から伝えたいことをはっきりと把握することだ。簡単そうに思えるかもしれないが、けんかの最中に、何について言い争っているのだろうと思ったり、数日前のけんかを思い返して、パートナーに「わたしたち、なんで怒ってたんだっけ?」と尋ねたりしたことがあるなら、話すべきことから脱線しがちなことがわかるだろう。わたしは愛情をこめてこう言いたい。口を開く前にやるべきことは、自分が本当に伝えたいことは何かと考えることだ。

コミュニケーションの邪魔ものをなくす

当然、健全なコミュニケーションが目標だが、目標に到達する前に、それを妨げているものを理解しなくてはならないだろう。明白で、親切で、穏やかで、好奇心があり、しっかりとした、率直なコミュニケーションを阻害しているものはなんだろうか。そして最終的に、どうすればそれにもっと近づけるのだろう？　受動的なコミュニケーションスタイル、攻撃的なスタイル、受動攻撃的なスタイル、支離滅裂なスタイルのせいで、見てもらい、聞いてもらい、理解してもらうことがどのように妨げられるのかを見てみよう。そして、かかわりたいと思われ、自分も望むようなコミュニケーションをとるにはどうすればいいのかを考えてみよう。

自分の声を大切にする

家族とのさんざんな休暇の後に新年を迎え、アリーはようやく気になる人と出会った。これまでいろいろな人とデートをしてみたが、いい人が見つからなかったのだ。でも、この男性は違った。数カ月ほど出かけているうちに、気持ちが盛り上がっていった。

「彼に恋してると思うなんておかしいかしら?」セッションのときにアリーは言った。出会ってからまだ数カ月で、交際についての話もなく、２人の関係について何も合意していないことを考えると、自分の気持ちが進むスピードが心配になったのだ。

「少し落ちつかないといけないと思うの。傷つきたくないし。彼がわたしと付き合うことに興味なくて、わたしのようには思っていなかったらどうしよう?」

「そうですね。自分の気持ちを伝えましたか。こういう関係になったらいいと思っていることについて話したことは?」

「ないわ。まったく。そんなのはまだ早いんじゃない?」

「そんなことはないですよ。はっきりさせることと方向性は大事だと思います。彼がどう思っているか、ああでもないこうでもないと考えているけれど、あなたは彼の今の気持ちすら尋ねていません。彼もあなたと同じように思っているかもしれないし、そうではないかもしれない。いずれにしても、いろいろなことがはっきりする会話を避けていると、大切な情報も得られませんよ」

アリーはじっとこちらを見た。その目は、わたしの口が動くのが見えたし、言葉も聞こえたが、その提案は遠慮すると語っていた。

「わたしはそういう女になりたくないの。なりゆきにまかせたほうがいい気がするわ」

「わかりました。では、なりゆきにまかせて、どんなふうになるか見てみましょう」わたしは答えた。

アリーは驚いた。その表情は「待って。わたしを助けてくれるんでしょ？」と言っているようだった。だが、わたしはアリーを助けようとはしなかった。彼女にはそのための準備がまだできていない。もっと経験すべきことがある。

1週間後、アリーはセッションにやってきた。「とってもつらいの。あれから彼に2回会ったけど、もう彼に夢中よ。どうしたらいいの？　恋人になりたい。ああ、こんなの拷問よ！」

アリーは受動的なコミュニケーションをとり、なんとしても真剣な話を避けていた。思いを伝えずに内に秘めていた。受動的なコミュニケーションをとる人はたいてい、自分のことを話したり、自分の気持ちを伝えたりしたがらない。衝突や、望まない方向に会話が進むことを恐れて、ただ相手に合わせようとする。自分の気持ちを伝えたら、相手が同じ気持ちではないとわかって失望するかもしれないと思うと、とても耐えられそうにない。

「言えない。そんなことしても仕方ないわ。ただ、曖昧なままでも平気でいたいだけなの」

受動的なコミュニケーションをとる人の多くがそうであるように、アリーも自分の気持ちに価値はないと言いきかせていた。彼の考えを優先し、彼が望んでいるだろうと自分が思うことに従い、流れに身をまかせる従順な女性に見せようとしていた。実際はとてもそんな気分ではないのに。このような状況がアリーを苦しめていた。

「アリー、口に出したら何が起こると思って怖がってるんですか」

「よくわからないわ。たぶん、彼が気を悪くするとか、もう終わりにしようって言いだすとか。もしかしたら、はっきりさせようとしたせいで、今のいい関係を台無しにしたって思われるんじゃないかしら」

アリーの安心の傷が明らかになっていた。この傷をもつ人の多くは、コミュニケーションが受動的になる。これまでの経験から、声に出し、気持ちを伝え、何かを求めることが安全ではないと思ってしまう。実際に率直に話すと、敵意や、自己防衛、優位に立とうとする試み、虐待、批判、侮辱などに遭うことが多いと学んだからだ。避けるのが安全で、伝えることは安全ではない。

「以前に、率直に話すことに不安を感じたのはいつですか」わたしは訊いた。

「母に、ということ?」とアリー。

「そうだと思いますよ、アリー。お母さんからコミュニケーションについてどんなことを学びましたか」

「安全ではないことよ」アリーは答えた。「話を聞いてもらえないこと、もっと悪いことになること、なりゆきにまかせて何も言わないほうがいいこと」

「そのとおりです。あなたは母親とのコミュニケーションが安全ではないと学んだのです。

それはそのとおりでしょう。ほんの数カ月前、休暇のあいだにもそれがわかりました。お母さんに対しては、気持ちを打ち明けたら受けとめてもらえると信じることができないのです。だからといって、誰ともコミュニケーションをとらないことが正解というわけではありません。話す相手を見極めて、本当に言いたいことを伝える勇気をもてるようにならなければいけません」

ようやくアリーの準備ができた。まだ気は進まないが、はっきり主張するコミュニケーションが正しい方向への重要なステップだとわかりはじめていた。安心の傷を認識し、それがどのようにコミュニケーションを妨げているのかを理解しなくてはならない。そして、その受け身の姿勢が、話を聞いてもらい、見てもらい、わかってもらうのを妨げているだけでなく、自分自身をしっかり見て認めるのも妨げていると気づく必要がある。これは、アリーの声を取り戻すワークだ。彼女の声は、何年も前に安心できない家庭環境で奪われたままなのだ。

わたしは言った。「いいですか。では、わたしと一緒にやってみましょう。自分が完璧な環境にいると想像してください。怖いものは何もなくて、会話は自分の思いどおりに進みます。そうしたら、どんなことを伝えたいですか？　彼に伝えるように話してください」

「あなたのことが大好きよ。ほかの人とはデートしたくないの。あなたが同じ気持ちかどうか知りたいんだけど」アリーは、これでよかったか窺うようにわたしを見た。

「すばらしい！　自分の気持ちを伝えて、彼の気持ちを尋ねましたね。彼の反応からもっといろいろわかるけれど、まずは上々の滑り出しです」

「でも、完璧な環境じゃなかったら？」

「自分の声を大切にするための環境はいつでも完璧なんですよ、アリー」

アリーがとらわれていたのは、「もし……ならこうしよう」という駆け引きだ。これには世界中で毎日無数の人がとらわれている。「もし（自分が望む結果が出たら）こうしよう」と。「もし……ならこうしよう」から、「何があっても自分の声を大切にする」に変えれば、とても大きな力が生まれる。

自分の声を大切にすることとは、相手に聞いてもらえるかどうかとは関係がない。自分の声を大切にするために必要なのは、いつも自らの声に耳をすませることだ。アリーにとっては、彼と付き合いたいという自分の声を聞くことだった。そして、相手にそれを伝えることだ。彼が受け入れてくれるか、同じように望んでいるかは重要ではない（もちろん、そうなれば文句なく完璧な結果だが）。重要なのは、アリーが自分自身の声に耳を傾け、言いたいことを口に出すことである。

自分の声を強めるには、継続して練習しなくてはならない。コミュニケーションを避け、受動的な選択をしていると、自分の経験や真実を低く評価するようになる。健全なコミュニケーションへと踏み出し、わたしがアリーを導いたのと同じステップを踏んでいこう。

あなたはどんなことを言おうとしているだろうか。まわりくどい言い方をするのはやめよう。不必要に謝ったり、自分のせいではないことに責任を感じたりしなくていい。自分のメッセージをはっきりさせよう。

カウンセラーはよく、「わたし」という言葉を使うよう勧める。この言い方をすると、相手について話すのではなく、自分自身について語ることになる。アリーは、「あなたが付き合いたいと思っているのかわからない」という言い方から「わたしはこの関係をすばらしいと思っている。わたしはあなたと付き合いたい」というふうに変えなくてはならなかった。

さあ、あなたもやってみよう。大切にしたいのに、言うのを避けてきたことはなんだろうか。今すぐ誰かに向かって大声で伝えようと言っているのではない。あくまで自分自身に対して、自分の声を大切にしてほしいのだ。

●わたしが口にするのを避けてきたことは（　　　　　　　　　　）。
●わたしが望んでいることは（　　　　　　　　　　）。
●自分でこのことを認めると、（　　　　　　　　　　）と感じる。

次は制約するものを理解することだ。この制約のせいで、意見を表明したり、はっきりしたコミュニケーションをとったりできない。アリーにとって、それは安心の傷だ。自分自身を表現し、伝えてもいいことが彼女にはわからない。振り返ってみると、意見を伝えて状況が悪化した事実を裏づける証拠がたくさんある。あなたにはどんなことが起こっているだろうか。どんなことが起こるのが怖いのだろう？　自分の生い立ちがどんな役割を果たしているか、ここで認められるだろうか。

- ●過去において、大事なことを言ったときに起こったことは（　　　　　　　　）。
- ●意見を伝えることについて、そのとき学んだのは（　　　　　　　　）。
- ●今わたしが起きるのを恐れていることは（　　　　　　　　）。

次のステップがとても大事になる。すでに触れた識別するステップである。ここで、その環境や相手が実際に安全かどうかを判断する。難しくて混乱するかもしれないので、不安な場合、いつでも自分の安全を優先してほしい。つまり、安全だと感じるまでは気持ちを表さなくていい。わたしがカウンセリングルームで一緒にいるわけではないし、あなたの事情もわからないので、わたしが望むようなかたちでは行えない。とはいえ、とりあえずあなたが探ることができるものがひとつある。それは、安心なときと不安なときの身体の感覚の違いに気づくことだ。これまででいちばん快適で、心地よく、自由な空間や場所を想像してほしい。それは、ベッドでやわらかな毛布にくるまっている状態かもしれないし、休暇で大好きな自然に囲まれてハイキングに出かけたときかもしれない。もしかすると、犬を抱きしめているときだろうか。あるいは、ソファーで親友と話しているときとか。そうした身体の感覚に気づいてメモをとろう。

●（　　　　　　　）を想像すると、身体に（　　　　　　　）を感じる。

では、恐ろしいものを思い浮かべてみよう。高いところ？　身体をはい回っているタランチュラ？　聴衆の前で話さなくてはいけないときかもしれないし、狭い空間に閉じ込められる恐怖かもしれない。あまり長い時間はしなくてもいいが、感覚の違いに気づいてほしい。

●（　　　　　　　）を想像すると、身体に（　　　　　　　）を感じる。

胸がどきどきしたり手に汗をかいたりするからという理由だけで、これを避けないでほしい。緊張するほど真剣な会話をしたり、無理だと思うことをやったりするときに、偉大な勝利の瞬間が訪れることがある。とはいえ、身体から伝わるものに気がつくことから始めるのがいい。知恵と癒やしは、優先することとしないことを理解するときに生まれるが、とりあえずその違いに気づくことが重要だ。

アリーのために、わたしたちはデート相手について知っていることを探ってみた。セッションで気持ちを伝える話題を出すだけで彼女の胸は高鳴ったが、アリーの知るかぎりでは、彼はこうした話をもちだしても口論になったりせず、耳を傾けて応じてくれるだろう。望んだような結果になるかはわからないが、わたしたちには、彼は優しく、穏やかで、落ちついたままでいてくれる確信があった。

アリーは勇気を出して思いを伝えた。次のセッションのとき、彼女は有頂天でやってきて、声をあげた。「彼も付き合いたいって！」

わたしたちは微笑み合った。時とともに、ふたりはお互いのことをもっと知っていくだろう。それこそがコミュニケーションのすばらしさであり、コミュニケーションの恩恵なのだ。アリーが受動的になってしまう理由を伝えるのはまだ早いが、いずれもっと詳しく伝えていくだろう。健全なコミュニケーションを目指すアリーの取り組みはこれからも続く。長いあいだ彼女は受動的になりがちだった。これは、あなたにも当てはまるかもしれないが、繰り返すことで、あなたの声を聞きたい人がいて、その人に打ち明けることは安全だと学べるかもしれない。

他者を尊重する

トリシュは準備万端でオフィスに入ってきた。「友人からずっと言われていることがあるので、それについて話したいの」。トリシュは脳性麻痺を患っているのだが、子どもの頃、彼女の身体的な違いの存在を否定する両親のもとで育った。

「どうしたんですか」

「何度も言われていることがあるので、それを気にしないといけないと思って。友人たちから、わたしの話し方はぶっきらぼうだと思われているの。はっきり言いすぎるって。よくわからないいんだけど、友人たちから相談されても、わたしがまったく同情も共感もしないって言われる」。トリシュはそこで口をつぐんだ。「嫌なら相談しなきゃいいのに。とにかく、このことにはきっと何かありそうだから考えたいの」

トリシュは彼女のコミュニケーションの仕方について指摘されていた。トリシュのことを好きな友人たちは、話しかけても彼女が、心遣い、思いやり、心配、共感を示さないという。友人たちは、個人的なことや、仕事のアイデア、今度のデートの服装などを話しにくる。だが、どんな話題であっても、トリシュは無神経でぶしつけなのだ。

「みんなから、ずけずけと本当のことを言う人って言われている。あなたもそう思う?」

「どうでしょうね、トリシュ。もう少し掘り下げてみましょう」とわたしは答えた。

トリシュは頷いた。

「どこから話を始めたらいいか、わかっているでしょう?」とわたしは尋ねた。

「ぜったいに家族が関係してる」トリシュはくすくす笑った。

わたしも笑いかえした。「では、家族でのコミュニケーションについて考えてみましょう。子どもの頃、コミュニケーションについて何を教わりましたか」

「そんなものは存在しないこと。コミュニケーションなんてなかった。みんなは事実を避け、わたしが認めてほしいことを認めなかった」

「それについてどんなふうに感じましたか」

「嫌だった。腹が立った。みんなには率直になってほしかった。わたしの脳性麻痺をそのまま言ってほしかった。隠されたり、守られたりしたくなかった。わたしはもうわかってるのに、それを避けられるほうが、守ろうとされるよりもずっときつかった」

コミュニケーションについて、トリシュは正反対の道を歩んできた。両親のコミュニケーションのとり方を見て、180度反対のことをすると決めたのだ。「ぜったいにストレートに伝える。深刻な話題を避けない。ありのままをいつもみんなに伝えよう。事実を隠されるのがどれほどつらいかわかっている」これがトリシュの声なき宣言だった。しかし彼女は、自分が過剰に修正したことに気づいていなかった。彼女は攻撃的なコミュニケーションをとるようになった。

帰属意識の傷をもつ人のコミュニケーションはひと通りではないが、わかっているのは、帰属しようとするか、自分はどこにも属さないという物語を続けようとするか、どちらかのコミュニケーションをとることだ。つまり、まわりに合わせるか、自分の傷が真実であることを証明するかだ。

トリシュは最終的に、傷を負った物語が真実であることを証明するようなコミュニケーションをとっていた。彼女の極端さがみんなを遠ざけた。彼女がストレートだと思うものが、ほかの人には攻撃的に映る。友人たちはトリシュから遠ざかり、距離を置きはじめた。この正反対の道を選んだせいで、トリシュはよそ者だと感じるようになってしまった。傷口が大きく開いたわけだが、それをどうするか、今回は彼女しだいだ。

「人生においてみんなに率直でいたいのはわかります。でも、中間があるのではないでしょうか。正直でありながら、ほかの人の経験を思いやることもできるのでは?」とわたしは尋ねた。「子どもの頃にとても傷ついたのは、あなたの経験をないがしろにされたからです。両親には、彼らに必要なことではなくあなたに必要なことを考えてほしかった。でも、ある意味ではあなたも同じことをしていると思いませんか。友人たちはもっと思いやりを求めています。ここで成長するには、ずっと前にあなたが望んでいたように、相手にとって必要なものを大事にしなければいけません」

トリシュはこれを受け入れた。彼女の心に響いたのだ。「大変だけど、そうよね。あなたの言うとおりだと思う」

恋人と別れた友人に、そんなに長く付き合うなんてバカだ、自分から別れようとはしなかっただろうから、振られてよかった、と言ったことをトリシュは話してくれた。なんと、まあ。「ねえ、あなたならどう言った？」トリシュが尋ねた。正直なところ、さまざまな言い方があるだろうが、わたしはこう答えた。「傷ついてるのね。かわいそうに。別れるのはつらいね。わたしでよければ話を聞くよ」。これならうまくいったかもしれない。

トリシュが受け入れなくてはならなかったのは、攻撃と回避は違うということだ。

「ここで修正が必要だとは思いませんか。あなたには大切な友人がいます。人生で長いあいだかかわっている人たちです。あなたを信頼し、好きでいてくれる人たち。彼らがあなたに伝えたことには大きな意味があります。自分のこととして受けとめ、認めたほうがいいと思うものはなんですか」

「自分がどれだけぶしつけだったかわかった。残酷で無神経だったことを認めなくちゃ。友だちに不当な態度をとってた。どうして距離をとられていたのかがわかった」

「これまで率直で、思いやりのないコミュニケーションをとっていた理由について、何か伝えたほうがいいとは思いませんか。それがあなたの帰属意識の傷をどのように活性化させていたかを伝えるのです」

トリシュは泣きだした。さまざまな意味で、友人たちは家族だった。彼女は、弱さを見せても、自分の傷をケアしながら人を大切にすることができると気づいた。

辛辣で荒々しいコミュニケーションを、思いやりや、いたわり、共感のあるものに変えなくてはならなかった。だが、トリシュは魔法の杖を振る前に、そうした穏やかなスタイルになるのを妨げているものを理解する必要があった。彼女は、「攻撃しないことは、避けていることにはならない」と大きな声で繰り返した。このことを忘れずに自分に言いきかせて、人に心を開こうとした。攻撃しないことは回避だと思いつづけていたら、トリシュはまわりの人も自分自身も傷つけてしまうだろう。自分のやり方を押しつけるのではなく、人と自分との経験について考える必要があった。

人生のさまざまな局面で傷は活性化される。でもそうした活性化のなかに傷を癒やす機会があるとは、なんてすばらしいのだろう。トリシュは自分の弱さを表すチャンスを得て、友人たちは、予想どおり、心から彼女を支えてくれた。

トリシュの前に開けた道はあなたとまったく同じではないかもしれないが、どんな傷であれ、それが自分の人生における人とのかかわり方に影響を与えていると思わないだろうか。トリシュのような帰属願望が自分のコミュニケーションにどう影響しているか考えてみよう。事を荒立てないようにというみんなの望みに従い、まわりに合わせようとしているだろうか。もっと自己主張して、自分の居場所をつくろうとしているだろうか。自分で気づいてみよう。とはいえ、コミュニケーションが自分をどのように形成したか、大人たちがどのようにコミュニケーションをとっていたか、そのコミュニケーションのスタイルが帰属意識にどう影響したか、それをもっと探ってもいいかもしれない。

自分自身と他者につながる

ベロニカはセッションに時間どおりにやってきた。「どうでした？」とわたしは尋ねた。ベロニカとパートナーが1週間前の衝突を乗りこえたか、彼女が前に言っていた批判でなく、感情的な欲求を伝えてみたか知りたかった。

「彼とは1週間口をきいてないわ」

「えっ、どうしてですか」わたしは尋ねた。

「わたしが怒ってるのを彼が知っているからよ。連絡をとろうとしてきてるけど、わたしは電話に出てないし、メッセージにも返信してないの。数日中には返事するつもりだけど」

ベロニカは受動攻撃性［訳注／ふくれる、強情を張る、引き延ばすなど、受身の形をとる攻撃性］を示すコミュニケーションをとる。彼女はパートナーからの連絡を無視した。言葉のかわりに、そのような方法で言いたいことを伝えるのだ。関係性のなかにヒエラルキーをつくり、そこでは彼女が上でパートナーが下である。彼が謝る必要のないことでも、彼女に許しを請い、謝罪することを要求した。こうすることで、ベロニカがコントロールできるようにしていた。

受動攻撃的なコミュニケーションをとる人は、はっきりと表現するかわりに自分の気持ちを間接的に伝える。言葉ではあることを伝えても、行動では別のことを伝えている。例を挙げると、大丈夫と口では言いながらも、話しかけてもこちらを見ようとしない人だ。また、ベロニカのような人は連絡を完全に断ち、怒りや不満を言葉で伝えようとしない。受動攻撃的なコミュニケーションでは、罰として愛や連絡をお預けするのだ。

「どうして彼を罰しているのですか」

ベロニカは答えなかった。わたしたちはそのまま黙っていた。ベロニカには永遠に思えるほど長く感じただろう。わたしはその沈黙を埋めようとはしなかった。彼女にはその質問をじっくり考え、準備ができたら答えてほしかった。

「たぶん、わたしが傷ついているとき、彼にも傷ついてほしいのね」とベロニカ。

「数日のうちに返信すると言っていましたが、こんなふうに彼を罰しているとき、いつ返信すればいいのかどうやってわかるのですか」

「彼が心からお願いすれば返信するわ。仲直りするために彼がなんでもするとわかったときよ。わたしに許してもらって、もう一度好かれるためなら、なんでもするわよ」

ベロニカの自尊感情の傷は明らかだが、彼女はまだわかっていなかった。ベロニカは受動攻撃的なコミュニケーションを利用して、相手になんとしても連絡をとりたいと全力を尽くさせ、彼女を崇拝させようとする。こうすることで、彼女は自分に価値があると感じられるのだ。

これは、けっして自分の価値を証明する方法ではない。誰かに力を行使する方法だ。価値があるという幻想は生まれるが、同時に関係性と関係する人を損なってしまう。

しかし、ベロニカは受動攻撃的コミュニケーションによって、彼女が望む（あるいはそう思っている）ものを手に入れられることを学んでしまった。このようにふるまうと、優位に立てるからだ。誰かがなんとかして彼女に好かれようとすると、相手にとって価値があるような気分になれる。自分が特別で、重要で、相手に高く評価されたと感じる。彼女の受動攻撃的コミュニケーションは自尊感情の傷を守るよう設計されたのだが、最終的には関係を終わらせる結果にしかならなかった。

ベロニカのパートナーが食品を買ってこなかったとき、彼女の自尊感情の傷が活性化した。そのとき彼女の主な反応が受動攻撃的になった。「あなたに思い知らせてやる。居心地悪くして、わたしがじつはどれほど価値があるのかを、あなたが証明するように仕向けてやる」。だがその状況では、ベロニカは何かを感じることも、話し合う必要もなくなってしまう。自分自身につながることも、自分の傷に寄り添うこともないため、パートナーと本当につながり、自分の傷や、無価値感を相手に伝えることができない。そのように自分やパートナーとつながれなければ、癒やしには向かえない。

わたしとのカウンセリングが彼女にとって最後の切り札だったので、このときを逃すわけにはいかなかった。

「受動攻撃的なコミュニケーションは、あなたが自分に価値を感じられなくなっている原因のひとつです」

ベロニカはハッとしてわたしを見た。

「こんなふうにふるまっているとき、自分についてどんな感じがしますか？　あなたが気にかけている人をこんなふうに扱うとき、どんな感じがします？」

「ひどい気分。自分にうんざりするわ」

わたしたちはしばらく黙ったまま、ベロニカに自らの言葉の衝撃を感じさせた。

「自己嫌悪が自尊感情の傷にどう働くと思いますか？」

「悪化させるわ。こんなふうにふるまってたら、愛やパートナーシップに値するとは思えないもの。彼はわたしを捨てたほうがいいのよ」

力と支配は守ろうとするためのものだ。しかし、力や支配を行使しているとき、傷は守られない。ベロニカが自分に価値があると感じられなかったのは、人にそう感じさせてもらおうと強いていたからだ。ありのままの自分を好きになり、自分を恥じるような行動をやめられたら、ベロニカはもっと自分に価値を感じられるだろう。

「もうこんなことしたくないわ。どれだけ人を試し、遠ざけてきたか。心の奥底では自分に価値があると思いたいのに、実際にやっているのは正反対のこと。わたしが手にしたと思ったものは、すべて偽物だった」

これはベロニカにとって大きな転換点だった。そこには痛みと感情が伴う。彼女の関係は終わってしまったが、いろいろな意味で、彼女にとって重要な経験になった。ベロニカは話し方を変えようと取り組んだ。傷ついたときは、落ち着いてから、本当に伝えたいことを考えた。そのためには話す前にいくつかの分析が必要だが、ベロニカは傷つきながらも自らの自尊感情の傷を探し、すぐに受動攻撃的なコミュニケーションをとりたがることに気づいた。「どうしたら自分を守れるか」という見方をやめて、「どうしたらこの関係を守れるか」と考えるようになった。あなたもこれを取り入れてほしい。

どのような関係性でも、考えるべきすばらしい質問がある。「わたしはどんなふうにあなたと話して、わたしたちを守りたいのだろう?」という質問だ。ちょっと待って、うんざりしないでほしい。ここにわたしとあなたがいて、お互いがこの瞬間をどう感じて経験しているか、それが重要なのだ。コミュニケーションや衝突の際、いつもそうできるわけではないだろう。激しい言い合いになると難しいだろうが、ときどきでもこの質問を思い浮かべたら、コミュニケーションがどれほど変わるか考えてほしい。そして、自分の感情を言葉にする前にこの質問について考えることができたら、どんな可能性が広がるだろうか。わたしたちのことを考えても、あなたの経験は損なわれない。自分より他者を優先させろと言っているわけではない。自分の次に関係性を大事にしてほしいのだ。

どんな傷であれ、あなたは受動攻撃的なコミュニケーションによって、その傷の生い立ちを裏づけようとしているか、否定しようとしていることに気づいてほしい。自分が不快なものと向き合わずにすむように、相手に言外の意味を読みとってもらおうと、受動攻撃的になるのではないだろうか。育った家庭で形成されたコミュニケーションの方法が、現在の人とのかかわり方にどのような影響を与えているか考えてみよう。

あなたも一緒に取り組めることを忘れないでほしい。それどころか、互いに争っていないときや、対立していないときに、断絶をつながりに置き換えられるかもしれない。破壊的なコミュニケーションから離れれば、自分にも相手にも、見て、聞いて、理解するチャンスが生まれる。そのようなシステム思考の視点から、出来事を見直す機会が生まれるのだ。これはつながりへと向かうすばらしい転換だ。

安定させる

少し前にミヤコとジンの話をした。ジンには安心の傷があった。ミヤコの事情にはまだそれほど触れていなかったが、彼女には優先の傷がある。これは、ミヤコがジンに婚約と結婚を優先してもらいたがっていることを考えると、驚くことではないかもしれない。

「ミヤコにはとても冷静な日もあれば、ぼくらの将来を突きつけてくる日もあるんです。一歩ずつ一緒に歩んでいくことに決めたと思っていたんだけど」ジンは、カウンセリング外での会話でけんかになり、動揺していた。

「ミヤコ、あなたはジンが何について話しているのかわかりますか」わたしは尋ねた。

「はい。ふたりで決めたとおり話し合ってくれるのか、わたしがしょっちゅう確かめるから怒ってるんです」

ジンが話に割って入った。「ぜんぜん違う。ぼくらの今後について話すことじゃなくて、きみの話し方に怒ってるんだ。ある日は冷静に見えたと思ったら、ほかの日にはぼくを怒鳴りつけて、安心の傷を克服しろと言ってあざけるし、また別の日にはぼくを無視する。これじゃ、たまらないよ」

ミヤコのコミュニケーションスタイルは支離滅裂になっていた。以前は、一日にひとつのことを伝え、ほかのことは次の日に伝えていた。だが、今では目まぐるしくコミュニケーションのスタイルが変わり、思いやりと気遣いがあると思ったら、別の日は攻撃的になり、その翌日は受動攻撃的になった。これではジンは安心できない。しかしわたしは、ミヤコに何が起こっているのかもっと知りたくなった。

ミヤコは多忙な両親の一人娘として育った。両親は働き者だったが、仕事に多くの時間と労力を注ぎ、ミヤコと過ごす時間はあまりなかった。おまけに、父親はかなりのギャンブル好きで、仕事以外の時間はギャンブルばかりしていた。

賭けに勝ったときは、親切で、愛想がよく、優しかった。上機嫌で、ミヤコに素敵なものを買ってくれた。自分の話をしたがり、ミヤコの毎日の出来事にも興味をもってくれた。だが負けたときには、不機嫌で近寄りがたかった。あっちに行け、邪魔をするな、と言われ、かまってほしがると激怒されることも多かった。母親に慰めてもらおうとしたが、母親は忙しくてミヤコの気持ちを気遣ってくれなかった。

わたしはミヤコの幼少期のこうした事情を知っていたので、彼女の支離滅裂なコミュニケーションのとり方は、育ったときのことを繰り返しているような気がした。優先の傷が残ったミヤコは、自分のやり方を優先させようと、あらゆるコミュニケーションのスタイルを利用していた。

優先の傷をもつ人のコミュニケーションに特定の方法はないが、自分を優先してもらいたい人が思いどおりの結果を得るため、なんでも試そうとするのは理にかなっている。「回避的になったら、優先してもらえる？　攻撃的になったら、うまくいく？　落ち着いていて冷静沈着ならどうだろう？　それでもだめ？」こうしたことを何度も繰り返す。

ミヤコはどれもジンに試してみた。いくらか進展が見られても、そのペースでは満足できなかった。わたしたちが目標に向かって懸命に取り組んでも、ミヤコの優先の傷は活性化した。彼女はコミュニケーションをとろうとしながら、実際にはあらゆる方法を試し、どれがうまくいくのか探っていた。これではうまくいかないだけでなく、ジンの安心の傷も活性化させてしまう。ミヤコのコミュニケーションが支離滅裂なので、ジンは嫌というほど味わった混沌と恐怖から逃れて安心を求めようと、ますます自分の殻に閉じこもっていった。

カウンセリングでは、何かしら根本的なものに到達すると、進行が遅くなることがある。長いあいだ隠されていたものが露呈しはじめ、個人でもカップルでも、数週間で解決法が見つかるだろうと思ってやってきたのに、それ以上かかることになる。もどかしいだろうが、状況の一部ではなく全体を把握して決断するほうがはるかにいい。

「わたしたちのペースは、あなたが思っていたよりもずっと遅いですよね？」わたしはミヤコに質問をぶつけた。

ミヤコは頷いた。

ミヤコのいら立ちは理解できたが、わたしたちが意図的にペースを落とすことを選んだ理由を思い出してもらおうとした。「ミヤコは、本当はジンに何を伝えようとしているのですか」

ミヤコはしばらく黙ったあと、顔を上げてわたしを見た。「本当のところわかりません」困惑しているようすだ。

「わかりました。じゃあ、ジンに何を伝えてほしいですか」

「ジンにとってわたしが大事だということ。この関係が彼にとって大切なこと」この質問にはすぐに答えた。「でも、わたしに表してくれないんです」

「ジンが表してくれないのか、それともそれを表すペースが遅いのか、どっちですか」

この質問が気に入らないことはわかったが、ミヤコはそれについて考えてみた。

「遅いんじゃないかと思います」

わたしがこの質問をしたのは、しばらくジンとミヤコとワークを続けてきて、ジンがミヤコとふたりの関係を優先しているとわかっていたからだ。彼は婚約に向けて、たゆまず誠実に努力していた。ただプロポーズして終わりにするのではなく、深い愛情や、願望、尊敬、連帯感からプロポーズをしたかった。ジンはあと少しだったのだが、ミヤコの友人たちが婚約したり結婚したりしたとたん、彼女の優先の傷が活性化してしまった。彼女はまずは穏やかに、思いやりをもって話し、ジンにプロポーズさせようとした。しかし、ジンにはそれが本物には感じられなかった。それからミヤコは攻撃的になり、それがうまくいかないと、受動攻撃的になった。

わたしは、ミヤコの支離滅裂なコミュニケーションスタイルが父親に似ている点に注目した。「今までにそのことに気づいたことはありますか」

ミヤコはかすかにうなだれると、泣きだした。「なんてことなの」彼女は心を落ち着けようとしたが、涙はとめどなく流れた。ようやくミヤコはジンのほうをまっすぐ向いた。

「本当にごめんなさい。どんなふうだかわかってるし、あなたに同じ思いをさせたくない。でも怖くて不安になると、わたしを大事にしてもらうためになんでもしてしまうの」

「でも、ぼくはミヤコを大事にしているよ。愛してる。ぼくらの未来にわくわくしている。ただぼくは、しっかりと安定したかたちで進みたいんだ」

ジンは正直だったが、ミヤコは怖かった。こんなバカなまねをしたくはなかったし、その挙句に恥ずかしい思いをして失望したくもなかった。でも自分の恐れを打ち明けてお互いに心を開くかわりに、混沌や断絶や疑念を生むような伝え方をしてしまった。これは、ミヤコが幼少期に嫌というほど味わった伝え方だ。

このセッションでは、ジンの安心の傷とミヤコの優先の傷の両方を扱った。ふたりがお互いに何を望んでいるのかを会話で明確にしなくてはならない。しかも、しっかりと明確に伝えなくてはならなかった。ふたりとも互いの傷に気づいていたので、それぞれの反応性を理解し、好奇心に置き換えることができた。それは印象的な光景だった。

この好奇心のおかげで、新たな会話がたくさん生まれた。ふたりは弱さをさらけ出し、正直に、率直に伝えようと取り組んだ。もちろん、衝突や断絶が生まれるときもあったが、ふたりの絆は強く、自信をもって前に進んだ。お互いに同意したことは実際に信頼できた。これこそが勝利だ。同意するのは簡単だが、その同意を確信できたら大きな違いが生まれる。ジンは安心でき、ミヤコは優先されていると感じられるようになる。

コミュニケーションをどのようにして安定させればいいか考えてほしい。これまでそれを妨げていたものはなんだろうか。混乱をもたらすのではなく、自分の言いたいことに焦点を絞れるだろうか。何よりもまず、自分が本当は何を伝えようとしているのかをはっきりさせなくてはならない。あなたは相手に何を伝えようとしているのだろう？　これはミヤコが最初に苦労していたことだ。もしわからないなら、わたしがミヤコにした質問が役に立つだろう。その質問とは、「相手から何を伝えてほしいと思っているか？」である。これに答えることで、自分の感情が求めているものに少し近づけるかもしれない。

支離滅裂なコミュニケーションのスタイルを安定した無防備さと明快さに変え、同時に優しく、正直で、率直でいられたら、あなたが相手に伝えたい言葉と、返してほしい言葉はなんだろう？

目標は、安定したコミュニケーションを通じて、自分と相手を尊重できるような関係になることだ。たとえ声が震えていても発することができたなら、大きな勝利になる。それと同時に、その言葉が相手に及ぼす影響を考えて気遣うことができれば、すばらしい愛と尊敬の表現となるだろう。

言いたいことを明確にする——進むべき道

もうおわかりかもしれないが、どんな傷にも合致するコミュニケーションのスタイルがある。アリーのように安心の傷がある人は、衝突を避けるために受動的なコミュニケーションをとる。だが、安心の傷がある人でも、わが身の安全のためには攻撃的になるしかないと思いこんでいるなら、攻撃的になるかもしれない。そういう人は「敵よりも大きな態度で声をはりあげ、攻撃的になれば、わたしは守られる」と考えるのだろう。トリシュのように帰属意識の傷をもつ人でも、まわりの空気を読んで、攻撃的ではなく受動的なコミュニケーションをとるかもしれない。属するためには大らかさが必要なら、受動的なコミュニケーションのスタイルをとるのも頷ける。ある人にはあるスタイルを、別の人には別のスタイルを使うこともあるだろう。しかし、わたしが本当に気づいてほしいのは、あなたの傷が攻撃されたとき、それを守ろうとし、自分のことを見て、聞いて、理解してもらうために、どのような方法をとろうとするかだ。

いくつかのことを一緒に探ってほしい。コミュニケーションがうまくいっていない人間関係について考えてみよう。とりあえず、ひとつの関係に注目するが、後で好きなだけ試してもらいたい。その人物と衝突が起きたとき、自分がどんなコミュニケーションのスタイルをとるか考えて、それを今特定してほしい。受動的になるのか、それとも攻撃的になるのか。受動攻撃的になるかもしれないし、3つのスタイルが組み合わさって支離滅裂になるかもしれない。そのコミュニケーションのスタイルで、あなたはどのように自分を守ろうとするだろうか。

次に、生まれ育った家庭ではどんなコミュニケーションのスタイルがあったか、少し考えてみよう。あなたの現在のコミュニケーションのスタイルは、見聞きしたコミュニケーションのスタイルの繰り返しだろうか。それとも正反対のものだろうか。トリシュにとって、自分がどのように正反対の道を進んだかを知ることは重要だった。あなたも似たようなことをしていないか照らし合わせてみよう。

あなたが注目した関係をよく見ていくと、コミュニケーションがうまくいかないときにどの傷が活性化するかがわかるだろう。その傷のせいで、明快で率直なコミュニケーションがどのように妨げられているだろうか。この制約の質問はとても重要だ。アリーがこの質問に答えるなら、母親との関係に注目し、彼女の安心の傷が活性化するせいで、明快で率直なコミュニケーションが阻害されていると認めるだろう。アリーは率直になれないと感じている。率直になれば、母親から自己弁護やごまかしの言葉を聞かされるからだ。ベロニカなら、パートナーに注目し、彼女の自尊感情の傷が足かせになっていると言うだろう。明快で率直なコミュニケーションではなく、相手を試すことでつながりの証拠を見つけようとしてしまうからだ。

これは大きな気づきだが、それで終わりではない。このように気づくことで、自分の要求をはっきりさせ、明確に伝えられるようになるにちがいない。感情的な反応性から明快で優しく率直なコミュニケーションに変えることが目標だ。

「あなたは本当は何を言おうとしているのか」

つまり、何かを口にする前に、自分が言おうとしていることを明確にするのが目標だが、そのためには、うわべを剝ぎとってその奥を探らなくてはならない。考えることがたくさんあるだろう。話す前に処理すべきものが多いと感じるだろう。しかし、これが最終段階だ。人生に大きな変化をもたらしたいなら、大仕事に取り組まなければならない。

じつは、だからこそ、ここでこのワークに取り組むのだ。会話中や衝突中には無理である。衝突の最中に中座して、本書を取りだし、ワークをするのはかなり難しい。そのようすを想像してほしい！　だからこそ、今取り組もう。本気になって、自分自身のことや、自分の傷、衝突、コミュニケーションのスタイルを探っていこう。自分の要求をはっきり自覚しよう。自分について知れば知るほど、そのときに会話を誘導しやすくなる。

あなたの自由

数年前、プロデューサー、脚本家、作家として活躍中のションダ・ライムズの文の一節を読み、コミュニケーションがこれほど大切な理由が腑に落ちた。ここでライムズの言葉を紹介しよう。「なぜなら、どれほど会話が難しくても、その難しい会話の先には平和があるとわかるからです。知っているのです。答えは出ています。性格が明かされ、和解がなされ、誤解は解消されます。困難な会話という戦場を越えたら自由が待っています。会話が難しければ難しいほど、自由はすばらしくなるのです」[*2]

難しい会話の先には答えがあり、進むべき道が開け、ライムズが言うように自由がある。しかし、ここで強調しなければならないことがある。彼女の言う自由には、あなたの気づきが必要だ。意識的なコミュニケーションが求められる。あなたが受動的か、攻撃的、受動攻撃的、または支離滅裂なら、そこに多くの自由はない。活性化した傷に主導権を握られ、戦うように難しい会話をしても、自由は得られない。それでは、自分を人質にしているようなものだ。もっと違う話し方を選んだとき、難しい会話の向こうに自由がある。

アリーの自由は、デート相手に自分の弱さをさらけ出した会話の先にあった。トリシュの自由には、自分を安全に保つが人を遠ざけるコミュニケーションのスタイルに責任をもち、変えていくことが必要だった。ベロニカの自由には、受動攻撃的な態度をやめ、自分の痛みを言葉で伝えることが欠かせなかった。そして、ミヤコとジンは、お互いの事情がもっとわかるような難しい会話をするたびに、ますます自由になった。

難しい会話をすれば望んだ結果が得られるとはかぎらないが、かけがえのないものを得られるはずだ。勝利とは、相手が自分の話を聞いてくれたことではなく、自分自身を尊重したことかもしれない。勝利とは、相手と付き合えることではなく、弱さをさらけ出して自分を表すという、なかなかできないことをしたことかもしれない。また、友人がまた親しくしてくれるかわからなくても、責任感をもち、それまで無視してきたものに謝罪したことかもしれない。コミュニケーションのスタイルを変えるのは、そうすればもっと自分と他者を尊重できるからだ。自分の人生を支配してきた過去にもう操られないと決めたからこそ、もっと自由になれる。あなたしだいなのだ。そのことを忘れないでほしい。

Chapter 10

心の境界線

人生のほとんどの期間、わたしの心の境界線はお粗末なものだった。驚かないかもしれないが、一応言っておくと、何も必要としない女性のふりをすることは、健全な境界線のつくり方ではない。わたしは、何もかも大丈夫という顔をして、「クールな女」のふりをしていた。もしまともな境界線を引けば、パートナーが離れていったり、友人に失望されたり戸惑われたりすると思っていた。わたしにはそれが耐えられなかった。どんなことをしてでも、たとえ自分の幸せを犠牲にしても、関係を維持したかった。自分自身に失望したり過剰に要求を課したりすることになっても、人とつながっていたかった。「つながり」が命綱だったのだ。あらゆる人間関係がうまくいっていると思えるかぎり、わたしは安心だと信じていた。

オーリア・マウンテン・ドリーマー〔訳注／カナダのケースワーカー、詩人、先住民のシャーマンの資格をもつ〕の「インビテーション」という詩の一節に、「あなたが自分に正直でいるために、誰かを失望させられるかどうかを、わたしは知りたい」とある。初めてこの詩を読んで、この一節を見つけたときのことを覚えている。わたしは心を打たれて涙した。「あなたが自分に正直でいるために、誰かを失望させられるかどうかを、わたしは知りたい[*1]」

ああ。わたしはこんなふうには生きていない。わたしは誰かを失望させる以前に、自分に失望していた。結局は偽物だとしても、誰かとのつながりを失うことをあまりに恐れていた。誰かを失望させることが怖かった。わたしは両親のあいだで引き裂かれて育ち、いつも父か母を失望させてきたから。そうして生み出される痛み、傷、混乱を目の当たりにしてきたから。

わたしの両親が離婚するまで9年かかったことを覚えているだろうか。まだ7歳のときに、わたしは裁判官室で審理に加わるよう言われた。判事はわたしに言った。「やあ、ヴィエナ。きみの両親についていくつか質問をするよ。この会話は録音されて、両親にそのコピーが渡されるからね」と。どちらの親と暮らすのが楽しいか、どちらの家に住みたいか、居心地がいいのはどこかなどを質問された。でも、わたしは「お父さんとお母さんは、わたしの言ったことを聞くんだ。じゃあ、どっちも傷つけたり、がっかりさせたりしないですむには、どうしたらいいのかな」としか考えられなかった。

本質的にわたしが尋ねられたことは「母親を選びますか。それとも父親を選びますか」だった。「自分自身を選ぶなら、どんなふうにしたいですか？」という3つ目の選択肢は思い浮かばなかった。この手順が適切だとみなされていることに啞然としたが、残念ながら、安心の傷から生まれたお粗末な境界線が悪化しただけだった。はっきりいって、健全な境界線をもつことは子どもの責任ではない。健全な境界線が存在する環境を整えるのは大人の責任だ。でも健全な境界線がない状況で、わたしは自分に関心をもつのではなく、まわりの人の感情を守るようになった。

周囲の大人に健全な境界線がない場合、自分も健全な境界線をもたないように教わって育つことになる。自分を選ぶことがとても不快で、馴染みがなく、身勝手に感じてしまう。しかし、いくつかの議論はあるものの、健全な境界線は自分勝手なものではない。境界線は自分を愛し、自分を思いやるものであり、同時に他者も尊重するものだ。健全な境界線のある人は、信頼する人に対して正直だ。過剰に伝えず、自分の意見を大事にして、人を受け入れる余裕をもち、明快で率直なコミュニケーションをとり、落ち着いて断ることができ、断られても個人的な問題として受けとらず、自分の価値を尊重する。

わたしの友人で同僚のネドラ・グローバー・タワブ［訳注／米国のセラピスト、作家］が、「心の境界線は関係性を守ろうとするもの」と述べている。[*2] それは、自分と自分以外のあいだにある見えない線である。人間関係において、受け入れられるものと受け入れられないものを仕分ける見えない濾過システムのようなものだ。人とつながりながらも、安心し、守られ、尊重されていると感じられるように、決まりごと、期待、人間関係の条件を明確にするのに役立つ。境界線があれば、自分がどう扱われたいかや、受け入れられることと受け入れられないことなどを人に伝え、「はい」と「いいえ」を心から言えるため、恨みや、燃え尽き、いら立ち、怒りに支配されずにすむ。

ふつうは健全な境界線をもちたいはずだが、自分を守ることが最優先されるときもあることをあらかじめ言っておきたい。虐待関係や危険な状況にいる場合、ときには境界線を越えることで命や身の安全が守られることもある。本章で説明することは、あなたが安全な環境にいる場合の話だと考えてほしい。

2種類の不健全な境界線

境界線づくりに助けが必要なクライアントに会うと、ふたつのうちのどちらかに当てはまる。それは、「穴だらけの境界線」をもつ人か、「硬すぎる境界線」をもつ人だ。どちらもそれぞれに不健全なので、ひとつずつ見ていこう。

穴だらけの境界線

アレクサンドラ・ソロモン博士が自著『Loving Bravely』（未邦訳）で使っている境界線の用語をわたしは気に入っている。[*3] ひとつ目の穴だらけの境界線は、わたしが人とかかわるのに使っていた方法だ。わたしは穴だらけの境界線の典型だった。みんなの人気者で、誰かをがっかりさせることを恐れ、断れず、みんながわたしと一緒にいていつも喜んでいることを確かめたがった。穴だらけの境界線をもつ人は、共依存、過剰な共有、つねに確認したい欲求に悩まされ、人とつながり好かれるためにひどい扱いも受け入れてしまう。穴だらけの境界線は壊れた塀のようだ。塀の骨組みは家のまわりにまだあるが、木の部分は朽ち果てて穴が開き、ドアは蝶番から外れて鍵もついていない。どんなものも好きなように出入りできる。

穴だらけの境界線をもつ人はたいてい、リスクや悪い出来事が怖くて塀を修理することを避ける。嫌われるのを恐れていて、誰かを失望させたり、動揺させたりしたくない。そして、誰かに与えられた罪悪感に苛まれている。態度をはっきりさせたら、相手を遠ざけたり、気難しい人だと思われたりしそうで怖い。あなたも、断られるのが嫌いな友人がいて、衝突しないために言いなりになっているかもしれない。あるいは、罪悪感を避けるために、どこにいようと、何をしていようと、母親からの電話に必ず出るかもしれない。どのように対処するかはのちほど扱うので、とりあえずどの人間関係に穴だらけの境界線があるかに気づくことから始めよう。

硬すぎる境界線

一方、「硬すぎる境界線」をもつ人は人気者ではない。そうした人は近い距離や親密さを避ける傾向にある。心を開いたり助けを求めたりするのに苦労し、他者を信頼するのが難しい。硬すぎる境界線をもつ人は個人情報を守ろうとし、人に弱さを見せず、柔軟性も合理性もなさそうな厳格なルールがあったりする。

穴だらけの塀を思い出そう。硬すぎる境界線の場合は、コンクリートの壁を思い浮かべればいい。このコンクリートの壁は高すぎて、なかの家が誰にも見えない。ドアも出入口もない。この壁の主な役割は人を寄せつけないことだ。ここでつながりが生まれるはずがない。

マークとトロイを覚えているだろうか？　マークが壁をつくったのも硬すぎる境界線の一例だ。マークがコンクリートの高い壁をつくったので、トロイは彼と話すことも、連絡することも、いつ家に戻るのか確かめることもできなかった。マークは非難されていると感じることから身を守るために、トロイと距離をとっていた。

硬すぎる境界線をもつ人がその壁を取りこわさないのは、リスクや悪いことがあるからだ。硬すぎる境界線の中心には傷つくことへの恐怖がある。過去の経験から、親しくなったり心を開いたりすると悪いことが起こると学んだため、彼らは身を守ることを優先する。

心の傷が健全な境界線を妨げる

誰かを怒らせたくない、誰かにがっかりされるのを恐れている、傷つくのを心配している、悪いことが起きてほしくない。これらは健全な境界線を避けるもっともな理由だ。だが、本当の理由は、心の傷が活性化しているからである。

なんとしても自尊感情、帰属意識、優先、信頼、安心を確立することが目的のとき、自分の境界線（や他者の境界線）を尊重するのがどれほど難しいかわかるだろうか。そのことを少し考えてみよう。

- 友人に何度か続けてドタキャンされたとする。だが、帰属意識の傷が活性化していて、帰属する最良の方法はできるだけ感じよくしていることだと身についているため、失礼なことをされたと感じていることを表さない。
- 友人から疲れているのでもう寝たいと言われたとする。だが優先の傷が活性化していて、大事にされていないと感じたくないため、断られたことを受け入れたくない。そこで相手に、すばらしい夜を逃すことになるし、来てくれないと困ると伝える。

●デート相手からどう思っているか正直に話してほしいと言われたとする。だが以前パートナーに心を開いたところ捨てられてしまった。安心の傷が支配的なため、硬すぎる境界線を崩さず、自分を守っている。

これらはすべて境界線の侵害だ。あなたが今、境界線の侵害だと感じるものは、見たことや経験したこと、期待されたことなどによって、どこかの時点で教わったものだ。傷が活性化していると、穴だらけか硬すぎる境界線をもつ可能性が高い。傷の活性化によって、健全な境界線をもつことがどのように妨げられているだろうか。ここで少し考えてみよう。

●わたしの傷は（　　　　　　　　）。
●その傷を守る方法は、（穴だらけの／硬すぎる）境界線で（　　　　　　　　　　　　）することだ。
●このおかげですぐに解決できることは（　　　　　　　　　　　）。

●これが相手に与える影響は（　　　　　　　）。

本物ではないつながりによってコミュニケーションと境界線が妨害される

アリーの顔をひと目見て、何かがおかしいと気づいた。「大丈夫ですか。恋愛関係のほうは?」とわたしは尋ねた。まだ彼と付き合いはじめた頃だったが、ここ数週間、近況報告はなかった。

「大丈夫よ。ただ、彼は興味がなくなっているみたい。何があったのかわからないけど、ここのところいつもデートに30分くらい遅れてくるの。バーでひとりで待っているのが恥ずかしくて」

「まあ、アリー、かわいそうに。どんなに居心地が悪いでしょう。どうなってるのかと不安に思うのも無理はないですね。それについて彼と話をしたんですか?」

「いいえ、何も言いたくない。彼の気分を害したくないから。わたしが心配してるのは、何か言って、話し合うことになって、別れを切りだされることなの」

アリーは、変える必要があることを伝えるよりも、パートナーのマイクとの関係を続けることを優先させていた。この関係を失うリスクを冒したくなかったので、ひどい扱いを受け入れるよう自分に言いきかせていた。「関係が終わるリスクを冒すよりも、自分との時間が大事にされないのをがまんしよう」アリーは健全な境界線を引くかわりに関係を維持することを選んだ。

　アリーの頭のなかでは、何もかもを胸におさめ、大丈夫なふりをしているほうが、健全な境界線を定め、衝突や関係が終わるリスクを冒すよりも安心なのだ。彼女はこのことを幼少期に母親との関係で身につけた。また、父親が同じことをしているのを見ていた。父は衝突するよりもなりゆきにまかせていた。

「アリー、彼はあなたの境界線を侵害しています。それはわかりますか」

「ええ、でも彼には理由があったのよ。残業しなくてはいけないときもあったし、約束の前に犬の散歩をしなくてはいけないときもあったから。お母さんから電話があって、手伝ったときもあったわ。それもしないように言ったほうがいいの?」

　アリーは境界線を引くのを避けるために、あらゆる口実を探していた。遅刻の理由は本当だろうが、境界線を伝える必要があることには変わりない。時間をうまく管理できるかはマイクしだいだ。もっと早く伝えるのも、いつもデートの時間を大事にするよう時間を調整するのも、マイクの問題だろう。アリーを待たせないために、マイクは待ち合わせを30分遅くする必要があるかもしれない。こうしたことはすべてマイクが考えることだ。もちろん、残業になるときもあるし、犬も散歩に連れていかなくてはいけない。家族を助けてもかまわない。でも、そんなことはどれもここでは関係ない。もし本物のつながりを求めるなら、アリーは穴だらけの境界線(「なんとしてでも関係を維持したい」)から健全な境界線へ変えなければならない。

アリーは、自分が健全な境界線を避けているとすでにわかっていた。でも、そこからさらに、穴だらけの境界線を維持することで何を選んでいるか気づいてもらいたかった。

「それはなんだと思いますか」とわたしは尋ねた。

アリーは、マイクが腹を立てて別れを切り出さないようにしたくて、それを優先したのだ。自分がどのように扱われているかは重要ではなかった。

健全な境界線をもつことを目指す際、安心の傷が活性化するかもしれないことをアリーにわかってもらわなければならなかった。何か馴染みのないものがあると、ふつうはまず不安定になる。健全な境界線の設定が客観的にはよいものだとしても、アリーにとっては新しいものになる。そして、新しいものは未知で、不確かだ。リスクを感じるかもしれない。アリーには健全な境界線の設定がうまくいくという保証がないので、避けるのも無理はない。

穴だらけの境界線から健全な境界線に変えるには、アリーが自分自身を尊重するために、結局のところ本物ではないつながりを、危険にさらす必要がある。健全な境界線は、悪気がなくても遅刻はよくないとマイクに伝えることを、アリーに求めるだろう。マイクを尊重しつつ、自分自身を尊重する方向へ勇気を出して進まなくてはならない。

アリーの安心の傷が、関係を危険にさらさないために、黙って何事もないふりをすることを望んでいても、癒やしのためには別の行動が必要だった。傷と健全な境界線が協力し合うことで、持続的な癒やしが得られる。

「どうしたらいいと思いますか」わたしは尋ねた。

「たぶん、こう言わなきゃね。何かで予定が変わるのはわかるけど、時間を守って、わたしとの時間をもっと大事にしてほしいって。遅刻されると、恥ずかしいし、失礼だと感じることも伝えたほうがいいかも」

　アリーはわたしを練習台にして、健全な境界線を試してみた。

「そう、それでいいんです。安心の傷はあなたを守りたいのだけれど、主導権を握っているときは、実際にはあなたを守らず、あなたを犠牲にしてでも、恐れていることが起こらないようにします。それはわかりますね？」わたしは続けた。

「自分のために健全な境界線を引かなければ、本物のつながりは得られません。あなたは本音を隠しています。本物ではないものでつながっているのです。健全な境界線を引くと、ときには関係を失うこともあるでしょう。考えるのもつらいでしょうね。でも目標は、正直で、心からつながる本物の関係になることです。幻想は要りません。そんなものは癒やしではありません」

穴だらけの境界線から健全な境界線へ

あなたも穴だらけの境界線をもっているなら、どんな人間関係や力関係のせいで、ノーと言えない人間になったのかを考えてほしい。誰かを失望させることへの恐怖がどこから生まれているのか、どうして断るのがそれほど大変なのかを考えよう。なぜみんなを喜ばせずにはいられないのか、なぜ不当な扱いをされても黙ったままでいるようになったのか、その原因にはどんな物語があるのだろう？　そこには必ず物語がある。さあ、次の質問に答えてみよう。

アリーが質問に答えるとしたら、下段のようになる。

1　あなたの穴だらけの境界線は、どの傷を守ろうとしていますか。

2　それを健全な境界線に変えたら、どんなことが起こるのが怖いですか。

1　わたしの安心の傷。

2　パートナーに拒絶され、身構えられ、捨てられること。

3 その恐怖から何を思い出しますか。

4 もし穴だらけの境界線を維持するなら、何を重視または優先することを選んでいるからですか。

5 自分自身を尊重しつつ安心を感じるには、何が必要かを考えてください。

6 相手が自分自身を尊重し、尊重されていると感じるには、何が必要かを考えてください。

7 境界線を相手に伝えましょう。

---

3 子どもの頃の母との出来事。

4 ぜったいにマイクに捨てられないために、彼とつながりつづけること。

5 わたしの時間を尊重してもらい、この関係も続けたい。

6 マイクは、自分に悪気がないことと、こういうことがあっても悪い人ではないことをわたしにわかってもらいたいと思う。

7 マイク、あなたのことを知るのが心からうれしいし、あなたとのデートも本当に楽しい。30分も待たずにすむように、時間を守るか、デートの時間を遅らせてほしい。待たせるのは、わたしの時間を尊重していない。

アリーが穴だらけの境界線にこだわったらどうなるだろうか。いつまでも最初の3つの質問を繰り返すだろう。アリーが安心の傷のせいで健全な境界線を引けないのは、その健全な境界線によって過去の出来事を思い出すのが怖いからだ。わかるだろうか。その恐怖のせいで穴だらけの境界線が維持され、アリーは堂々巡りをする。あなたもそうだ。

健全な境界線はあなたに、既知のものから飛び出すことを要求してくる。ふう、大変だ。わたしにも経験があるのでよくわかる。それでも、勇気ある行動によって進む道は変えられる。

わたしの勇気ある行動

わたしは境界線について、専門家としての意見と個人的な経験から述べている。わたしが穴だらけの境界線から健全なものへと移行したのは、人生におけるある重要なできごとがきっかけだった。20代後半のとき、わたしは「運命の相手」と思える人と付き合っていたが、ほどなくして、彼の元恋人がよりを戻したいと言ってきた。彼は困惑し、ストレスを感じ、どうすればいいかわからなくなった。わたしはまだ「クールな女」状態だったので、彼に好きなだけ時間をかけるよう伝えた。彼にとってどれほど難しい状況かわかるし、どんな決断を下してもわたしはそれを喜んで応援する、と。「わたしが超おおらかな人間なら、彼はきっとわたしといたいと思うはずでしょ?」そんなふうに思っていた。

だがある日、友人と話していると、自分が幼い頃の役割を繰り返していることに気づいた。わたしは平気ではないのに平気なふりをしていた。彼と元恋人が会っていて、復縁するかどうかを見極めようとたくさん話しているのに、わたしは（当時まだ恋人だったのに！）気にならないふりをしている。「むくれちゃダメ、いろいろ求めちゃダメ、そんなことしたら彼が離れていくかもしれない」と。その日、わたしははっきりと気がついた。そんな役割は終わったし、ふりをするのも終わったのだ。

その数週間後、彼に告げた言葉を、その夜に引いた健全な境界線を、わたしははっきり覚えている。彼に電話をかけ、緊張しながらこう言った。「あなたのしていることは受け入れられないわ。あなたのやり方には、わたしへの敬意も誠意もない。わたしと彼女のどちらを選ぼうかずっと考えてるけど、自分自身を選ぶならどうしたいのかを考えるべきよ。でも、わかってないみたいね。わたしという選択肢をなくして、楽にしてあげるわ」

その夜、わたしは彼との関係を終え、それ以来彼とは話していない。一度たりとも。何カ月にも感じるほど泣きつづけた。それはひどいものだった。未来をともにすると思っていた人なのだ。でも、自尊感情の傷のせいで健全な境界線をもてずにいるとわかった瞬間、そして育った家庭での役割を彼との関係でも果たしていると気づいた瞬間、これまでで最大の警鐘が鳴った。先ほどの質問にわたしが答えるとしたら、次のようになるだろう。

1 あなたの穴だらけの境界線は、どの傷を守ろうとしていますか。

2 それを健全な境界線に変えたら、どんなことが起こるのが怖いですか。

3 その恐怖から何を思い出しますか。

4 もし穴だらけの境界線を維持するなら、何を重視または優先することを選んでいるからですか。

5 自分自身を尊重しつつ安心を感じるには、何が必要かを考えてください。

6 相手が自分自身を尊重し、尊重されていると感じるには、何が必要かを考えてください。

7 境界線を相手に伝えましょう。

---

1 わたしの自尊感情の傷。

2 彼がわたしを捨て、元恋人と復縁すること。

3 わたしの感情よりも重要な人や物事。

4 不当な扱い。

5 これが敬意を欠いていると伝え、その結果どうなっても大丈夫になること。

6 優しさ、思いやり。彼が葛藤しているのを理解すること。でも、わたしも彼に率直でなければならない。

7 あなたのしていることは受け入れられない。あなたのやり方には、わたしへの敬意も誠意もない。わたしと彼女のどちらを選ぼうかずっと考えてるけど、自分自身を選ぶならどうしたいのかを考えるべき。でも、わかってないみたい。わたしという選択肢をなくして、楽にしてあげる。

　境界線に関して、あなたの勇気ある行動はどんなものになるだろうか。傷との関係は不可欠だ。健全な境界線を引くと決めたら、傷に目を向けて、リスクを負っていることを傷に知らせなければならない。ただ、意図的で、自覚し、よく考えたうえでのリスクと、無謀なリスクには違いがある。前者に取り組もう。

　あなたはすでに自分の傷についてよく知っているだろう。なぜ穴だらけの境界線があるのか、そのような境界線によって、向き合うのがつらいことからどう守られてきたのかも、わかっている。それでも、穴だらけの境界線のかわりになる健全な境界線がどんなものか、考えてみよう。冒そうとしているリスクを認識し、そのリスクを負うことが重要な理由を話してほしい。

●わたしの穴だらけの境界線は（　　　　　　　　　　）。
●わたしは（　　　　　）という健全な境界線によってコミュニケーションをとりたい。
●わたしが冒そうとしているリスクは（　　　　　　　　　）。
●それでも、そのリスクを負う理由は（　　　　　　　　）。
●その結果がどんなものだろうと、このことが心の傷にもたらす恩恵は（　　　　　　　）。

すばらしい。穴だらけの境界線を健全な境界線に変えられる瞬間を探そう。その瞬間に気づくことができたら、最高だ！　後で気づいたとしても、どんな感じだったか覚えておこう。誰とのあいだで穴だらけの境界線が生まれるかを予測できるかもしれない。先を見据え、健全な境界線がどんなものかを考えて、実行してみよう。

硬すぎる境界線から健全な境界線へ

トニーの父親は母親に身体的な虐待をしていたが、やがてトニーがたくましくなり、ついにそれを終わらせた。でも虐待後も母親の解離症状は続き、母親との愛とつながりを失った。同じように愛とつながりを失うことを恐れて、トニーはずっと人間関係を避けてきた。

2、3カ月前にある女性と出会ったトニーは、その人のことをどれほど好きか、わたしに話してくれた。彼女は聡明でおもしろく、とても魅力的で、彼女のほうもトニーに興味をもっていた。トニーは「何度もデートをしてるし、いい感じなんだ」と恥ずかしそうに言った。

「ふたりでどんな話をしているのですか」とわたしは尋ねた。

「えっと、ほとんど彼女が話してて、ぼくのことをいろいろ訊くんだ。とてもたくさん」

「あなたのことが知りたいようですね。それはどんな感じですか」

誰かと親しくなるのが難しいことをトニー自身もわかっていた。心のまわりに壁をつくり、ほかの人がそのなかに入ることも、トニーを知ることも難しくしていた。トニーも相手を知ろうとすることを控えていて、めったに質問しなかった。用心深かったのだ。そうなるのも無理はないが、それでは人間関係や、つながり、癒やしも同時に断たれてしまう。

「正直いって、しんどいよ。重苦しいんだ。家族について訊かれると、反応してるのを感じることもあるし。でも、こうしてワークをしてきたから、ぼくの傷が刺激されてるんだってわかってる」

トニーは大事なことに気づいていた。自分の感情をとらえるだけでなく、自分自身を観察できるトニーの能力にわたしは感心した。

「もう少し心を開いたらどんな感じがすると思いますか」

「死ぬほど怖いよ。でも、やらなくちゃいけないと思ってる。いつまでもこの壁の奥に隠れていたくない。誰とも親しくなれないから。愛することも、本当につながることも、パートナーシップをもつこともできない。仮にそうしても、相手を失望させてしまうだけだ。こんなままでいたら、父に負けたみたいだし。変かもしれないけど、ある意味、この壁を打ち破ることは、自分の決心をはっきり示すことでもあるんだ。つまり、おまえは母から大事なものを奪ったけど、ぼくからは奪えないぞ、みたいな。わかってもらえるかな?」

よくわかった。トニーの言葉には深みがあった。あえて壁の外へ出ていくことは彼にとって癒やしの一部だった。それは、トニーなりに父親とのあいだに境界線を引くことだ。「ぼくから愛やつながりを奪わせはしない。自分の人間関係や、人に心を開くことを優先させるのを邪魔させない」と。わたしたちは同じ質問に取り組んだ。

1　あなたの硬すぎる境界線は、どの傷を守ろうとしていますか。
2　それを健全な境界線に変えたら、どんなことが起こるのが怖いですか。
3　その恐怖から何を思い出しますか。
4　もし硬すぎる境界線を維持するなら、何を重視、または優先することを選んでいるからですか。

5 自分自身を尊重しつつ安心を感じるには、何が必要かを考えてください。

6 相手が自分自身を尊重し、尊重されていると感じるには、何が必要かを考えてくださ い。

7 境界線を安全に解いてみましょう。

トニーはすぐに答えた。「安心の傷を守ろうとしている。心を開いて、そこに彼女を入れたら、思いはもっと強くなる。それから彼女が離れていったら、ぼくは悲しくてボロボロになる。それが怖いんだ。母とのことを思い出してしまう。ぼくは傷つく可能性から自分を守ることを優先している。でも、愛のためにはリスクを負わなきゃならない。彼女が必要としているのは、ぼくが心を開くことだ。そして、境界線を安全に解くとは、まずひとつのことを伝えて、どうなるかを確かめ、そこからもう少し心を開くことだと思う」

硬すぎる境界線から健全な境界線への移行は段階的に起こる。心を開くステップを、すなわち信頼できる相手に自分のことを伝えるステップを、少しずつ踏んでいこう。

境界線の話をしていて、硬すぎる境界線の話をする人はめったにいない。まちがいなく、穴だらけの境界線の話をする人ほどはいない。SNSでも、境界線を引くことは声高に叫ばれるが、境界線を解くことにはほとんど触れられない。だが、境界線を解くことも同じように重要だ。これもまた勇気ある行動である。硬すぎる境界線から健全な境界線へ変えるのに、ドアを大きく開く必要はない。人生の物語をすべて一度に伝えることも、心をさらけ出し、感情の鎧を全部脱ぎ捨てることもない。段階的に変えていけばいい。

境界線を解きはじめるときは、ゆっくり、少しずつ行うことだ。健全な境界線も守ることを優先させるが、つながりよりも守ることをただ優先させるわけではない。トニーの目標は、守ることとつながりのちょうどいい割合を見極めることだった。壁を下げはじめるなら、5パーセント下げてみて、どう感じるかを確かめよう。頑丈な壁を建てるなら、10パーセント高くしてみて、どんなふうに守られるのかを見てみよう。壁を完全になくす必要もなければ、要塞を築く必要もない。

これには完全なやり方はないが、わたしがお勧めするのは、心から信頼できる相手にひとつだけ伝えることから始め、どうなるかを見て、その後でもう少し心を開いたり、ほかの人に試したりすることだ。抵抗感がもっとも少ない道を選ぼう。自分の心に近すぎず、それほど大事ではないことを伝えてみる。ネガティブな反応が返ってきても、打ちのめされないようなものを選んでほしい。

不健全な境界線をもっていると、堂々めぐりに陥っていつまでも癒やされない。あなたは自分が穴だらけの境界線や、硬すぎる境界線をもちやすいことに気づいているかもしれない。そのふたつを行き来したり、ある人には特定の境界線を使ったりしているかもしれない。境界線のタイプは人によって違う。どんなことに気づいていようと、そろそろ堂々めぐりから抜け出し、その場しのぎの幻想から離れ、健全な境界線をゆっくりと引いていこう。その境界線が、自尊感情、帰属意識、優先、信頼、安心に必要なのは、身を守るもののない人生や、偽物のつながりの人生ではないことを傷に教えてくれるからだろう。あなたは安心と本物のつながりを感じることができる。そして健全な関係のなかで、人はそれを応援してくれるだけでなく、あなたとともに喜んでくれるだろう。

Part 4

あなたは再生できる

Chapter 11

変化を確かなものにする

パートナーや友人ができたとき、そして親になったとき、わたしたちは幼少期に負った心の傷を繰り返していることに必ず気づくだろう。親の傷が自分の傷になり、やがて子どもの傷になってしまう。ふつうのことだが、防げないわけではない。そのパターンを断ち切る（もしくは少なくとも認識する）ことが、本書で取り組んでいるワークであり、生涯のワークでもある。あなたはきっと新しい道を築くことができる。ただそのためには、自分の生い立ちを理解し、その知識を生かして新しい未来へ進むことを意識的に選ばなければならない。そうしなければ、「繰り返しと反発」という双子の悪魔にいつまでも操られるだろう。

繰り返しと反発についてクライアントに説明するときは、振り子が揺れているようすを思い浮かべてもらう。多くの人が、一方の端から他方の端へと揺れている。つまり、パターンを繰り返すか、パターンに反発して逆の行動をとるか、そのあいだを無分別に延々と行き来している。しかし、揺れているときは自分でコントロールできず、大混乱に陥ったままだ。これでは、よい生き方とはいえない。もっと別の方法がある──それは自己統合だ。

「自己統合」とは、振り子の中心点である。おもりは中心点に集まり、コントロール不能の動きをそこで止める。自己統合は、ふたつの極端な反応のあいだにある。そこでこそ、静けさや、穏やかさ、安定を味わうことができる。自分の心の傷を知り、痛みを味わい、傷からのメッセージを受けとめ、傷に寄り添うことで、自己を統合できるようになる。

自己統合は、ばらばらな自己の各部分をひとつにまとめるワークだ。外面と内面を一致させる。決断と本心を一致させる。行動や人への態度を、傷ついた自分ではなく、本来の自分と一致させる。恐れや、不安、心の傷に振り回されずに、目的にかなう行動をとれるようにする。

もっとよいことをお教えしよう。変化はつねに可能なのだ。立証研究などしなくても、わたしはたしかに知っている。ありがたいことに、毎日一緒にワークをしている人たちが目の前で見せてくれるからだ。とはいえ、これは神経可塑性、すなわち脳が変化する能力によって科学的にも証明されている。また、神経の再配線・再編成は若いときのほうが容易だが、成人でも可能だという。[*1] 日々の運動で脳の血流を増やし、新しい学びに集中すると、神経可塑性が高まることが研究でわかっている。[*2、3] だから、心を開いて好奇心を保つワークには、人生を変える力がある。

あなたがここを読んでいるなら、そのワークを実行していることになる。本書を読みながら、あなたはずっと心を開かなければならなかった。自分自身や、生い立ち、信念、体験を新しい視点から見つめてきた。自分について認めたくなかったことを認め、不健全なパターンにおける自分の役割を理解した。そう、まさにあなたが、人生を変えるワークをしているのだ。

変化の鍵を握っているのはほかでもない自分だと、今では気づいているだろう。あなたは反応の仕方や、衝突の仕方、コミュニケーションのとり方、そしてどのような境界線をもつかを選べるようになった。他者の反応をコントロールすることはできない。もし人が先に変わるのを待っていたら、あなたはいつまでも変われないだろう。

このワークを過小評価しないでほしい。何十年も繰り返してきた人間関係における習癖は、自動的なものだ。その癖はあなたが気を抜く瞬間や、目をそらす瞬間を手ぐすね引いて待ち、同じパターンを繰り返そうとする。すると気づかないうちに、あなたは以前と同じ反応、同じ衝突、同じ受動攻撃的なコミュニケーションに戻ってしまう。これが、本書を開いてワークに取り組み、納得し、心に深く響くのを感じても、ほんの数週間で自動的な習癖に戻ってしまう理由だ。

がっかりするだろう。その気持ちはよくわかる。

でも、大丈夫だ。心に留めておいてほしいのだが、あなたは一夜にして変わるわけではない。自己統合はものの考え方だが、変わりつづける作業でもある。一度に起こるものではなく、少しずつ、ひとつずつ変わっていくのだ。あなたは小さな変化を何度も繰り返すだろう。ひとつ、またひとつと。その小さな変化が積もり積もって大きな変化を生む。アルゼンチンのサッカー選手で、史上もっとも偉大な人のひとりであるリオネル・メッシの言葉を、わたしはよく思い出す。「ぼくは朝早くから練習を始めて、遅くまで残っていた。くる年もくる年も。一夜にして成功するのに、17年と114日かかったよ」と彼は言う。もしあなたが達成不可能な目標を掲げながら、小さなこともまだ実行していないなら、失敗していると感じて自信を失うだろう。勝利は変化しつづける過程にあるのだ。

このワークは人間関係の改善だけでなく、心身の健康にも不可欠だ。パートナーと幸せな関係にある成人は、不幸な関係にある人より、肉体的にも精神的にも健康だとわかっている。[*4] だが、これはパートナーシップだけの話ではない。ハーバード大学の過去最長の研究によれば、どんな人間関係であれ、50歳の時点で人間関係にもっとも満足していた人たちが、80歳のときにもっとも健康だったという。[*5] 1972年から2004年までこの研究の指揮を執ったハーバード大学の精神科医、ジョージ・E・ヴァイラント教授は、この結う。もっと愛せるようになり、愛を妨げるものをもっと認識できるようになりたいと思うだろう。ざけることなく人生に対処する方法を見つけることです」[*6]。なるほど！　これを聞けば、愛を遠果にはふたつの基本要素があると語っている。「ひとつは愛です。もうひとつは、愛を遠

どうしたら本物の愛をもてるのだろうか。どうしたらつながりをもてるのだろうか。どうしたら安心して親密になれるのだろう？　そして、どうしたら愛を妨げたり遠ざけたりするのをやめられるのだろう？　すでに熱心に答えを求めてきたあなたなら、前へ進むためには、心の傷の解決が何よりも大切だとわかっているはずだ。

気づいていてもそうでなくても、あなたは本書を開いたことで、すでに本物の愛や、つながり、親密なパートナーシップ、友情、家族関係をもつための作業を始めている。ただ、それを確かなものにしたいなら、生涯取り組みつづける必要があるだろう。

脅しているわけではない。まったく逆だ。完全に正しく理解して実行しようというプレッシャーを感じるほうが、はるかに大変だと思う。わたしが言いたいのは、理解するのに一生の時間があるということだ。一生の時間をかけて、もっと瞬間的に気づくようになり、反応を変え、自分をコントロールし、衝突を別の目的に導けるようになっていこう。それは、自分が受動攻撃的になっていることに気づいて中断し、コミュニケーションのとり方を変える瞬間だ。また、ふだんは言い訳することに対して責任をとる瞬間。そして、偽物

の自分を誰かに認めてもらうより、本当の自分でいるほうが大切だと自覚する瞬間。気づくようになる過程にも価値がある。責任を伴わない気づきは、ただの知識だ。知識だけを頼りに、安心で平和な自分らしい人生を生きることはできない。責任を伴う気づきは、知恵である。そこにこそ成長があり、知恵なしに自己統合は起こらない。

自分らしく生きる

もし本来の自分らしさを愛情と交換する癖がついているなら、または、ときどきそうしているなら、自分らしさを取り戻すことにも取り組もう。まわりからは本来の自分ではないものを優先するよう絶えず求められるので、たやすくはないが、やってみる価値のある挑戦だ。そのためには、自分の自尊感情や、帰属意識、優先、安心、信頼に自信をもち、それらを人から得るために、ありのままの自分を変える必要があるという思いこみを捨てなければならない。

自分の育った家庭が、初めて自己否定的な行動をする場になることが多い。すでに見てきたように家庭内には、家族の世話をするためにありのままの自分を手放し、本来の自分を捨てるか偽るようにと、有言もしくは無言の圧力が存在することがある。文字どおり命じられる場合もあれば、まわりの大人の反応性や、怒り、ストレス、失望を減らすために、自分から世話をする場合もある。だが、あなたの仕事はけっして、他者の感情をなだめることではない。それは本人が責任をもって行うべきことだ。もしあなたが家族のためにそうしなければならなかったり、びくびくしながら過ごさなければならなかったのなら、気の毒なことだと思う。しかし、今のあなたには行動する力がある。誤解しないでほしいのだが、ほかの人を気遣うなと言っているわけではない。本来の自分らしさを失ってまで、人の感情の処理という重荷を負ってはいけないのだ。このことをしっかり理解しよう。

自分らしく生きるには、自分を曲げるのをやめる必要がある。ずっと前に身につけたパターンの繰り返しをやめて、本来の自分らしさを大切にしよう。今日、少し時間をとって、人から選ばれ、受け入れられ、認められ、愛されるために自分を曲げていないか、よく考えてみよう。自分にこのように問いかけていないだろうか——「一緒にいたいとこの人に思われるには、どんな人間になればいいのだろう？　ずっと一緒にいてもらうには？　愛されるには？　選ばれるには？　優先されるには？」

あなたは、なんらかのふりをする必要があるような気がしないだろうか。ありのままの自分ではなく、相手が望む人間になろうと力を注いでいないだろうか。このような質問は、訊くのも答えるのも嫌かもしれない。でもその答えによって（ときには質問だけで）、何年も前に生き延びるために身につけた行動、つまりもう不要な行動をしていることがわかるだろう。かつて自尊感情や、帰属意識、優先、信頼、安心を得るために必要だったことが、今望んでいる人間関係からあなたを遠ざけているかもしれない。このワークで重要なのは、自分が守りたいものは何かを知り、もう自分の役に立たないものを捨てることだ。

もちろん、わたしたちは誰かに求められたいし、一緒にいてもらいたいし、愛してもらいたいし、選んでもらいたい。だが、欲しいものを得るために身につけた方法は、じつは望んでいる結果を手にするのをかえって難しくしている。愛を求めて自分を変えたり努力したりしているかぎり、本当の自分だから愛されるのか、演じているから愛されるのか、けっしてわからない。与えられた愛を信じる唯一の方法は、自分らしくあることだ。目新しくはないかもしれないが、これには強烈なパンチ力があるだろう。

ここではっきりさせておきたいのだが、自分自身を選ぶことは、自分勝手になることではない。自分自身を選ぶとは、本来の自分らしさを大切にすることだ。胸を張って本心を話し、人のために自分を偽らないことだ。これは難しい。その結果、批判されたり、恥をかいたり、拒絶されたり、勘当さえされたりしたら、本当につらい。それでも、ここまで来たら、穏やかさが心に打ち寄せるだろう。苦しくても真実が解放されたことに気づくだろう――「あなたが賛成してくれなくても、非難しても、あざ笑いさえしても、わたしは大丈夫。これが自分の本心だとわかっているし、自分に属することで自由を感じている」。やった！　自己主権の誕生だ。これは自動的に生まれるものではない。

本来の自分らしさを愛情と交換すると、傷がむき出しになる。すると、その傷を誰かに一時的になだめてもらいたくなるだろう。何にも属していないという恐れは、まわりに合わせるためだけに、自分が思ってもいない言葉を口にすることで、とりあえず落ち着く。愛される価値がないという恐れは、パートナーを怒らせないためだけに、大丈夫ではないことでも大丈夫なふりをすることで、とりあえずは落ち着く。傷を自分でケアして持続的な安心を築くのではなく、一時的な安心を外に求めてしまう。

あなたに自分を偽ることを求めない人たちが、できるだけ多くまわりにいることが大切だ。もちろん現状はそうではないかもしれないが、時間をかけてそうなるように目指していこう。そしてときには、いちばん自分を偽るよう求める人は自分自身だということに気づいてほしい（わたしも何度がっかりしたことか）。ありのままの自分ではないものになるよう求める人を、そっと指させるだろうか。本来の自分らしさを交換することで何を得られるのか、しばらく考えてみよう。

本書のさまざまなワークによって、あなたはこの瞬間に導かれてきた。自分らしく生きることがまだ難しいなら、傷があまりに生々しくて実行できないということだ。自分にいら立ったりせず、好奇心をもちつづけよう。そうすれば必ず深く理解できるようになるだろう。身体から送られるサインの読み方を学ぶ必要があるかもしれないが、情報はいつもあなたに示されている。

もし本来の自分らしさを試してみる用意ができたら、まずは、日々の生活のなかで自分らしさを手放してしまうのはどういうときか、突きとめることから始めてみよう。人に合わせたいと思うのはいつだろうか。グループに属したいと思うのはいつだろう？　相手は親？　友人？　デート相手？　わたしたちは心の傷を見つけるためにさまざまなワークを行ってきた。さあ、今度は自分の人間関係と環境をよく調べて、どういうときにまだ自分を偽っているのか見ていこう。ひとつの人間関係を選んで、本来の自分らしさを自尊感情や、帰属意識、優先、安心、信頼と交換していないか考えてみよう。デートで相手を喜ばせるためだけに、好きではないものを好きなふりをしているのでは？　家族を楽にするためだけに、ずっと嫌だと思ってきたことに協力しているのでは？　自分の行動に気づいてみよう。

わたしがあなたに与える課題は、偽りの瞬間を本物の瞬間に置き換えることだ。リスクを冒してみよう。危険性が低いときに試してみて、どう感じるか見てみよう。惑わされる瞬間、偽ることを選んでしまう瞬間に気づいてほしい。それからできるときに振り返ってみて、どうしたらよかったか、本来の自分らしさを大切にするにはどう反応したらよかったか考えよう。

自分らしく生きることとは、すぐに身につくようなものではない。しかし、自分を通すか偽るか、また、自分と人のどちらを優先するかという選択があることに気づくたびに、自分らしく生きられるようになっていく。ゆとりをもって選択の瞬間に気づけるようになろう。そしてそのたびに、自分や人について学んだことを実践して確かなものにしていこう。

いったん立ち止まることの大切さ

言い返す前に10数えなさいと人から言われると、わたしはいつも癪にさわったものだ。1から数えはじめても、次を数えるたびに怒りが増していった。問題は、その10秒間に何をしたらいいかわからなかったことだ。何に力を注げばいいのか、また、その時間をどう使えば役に立つのかわからなかった。

ホロコースト生還者で、作家、精神科医のヴィクトール・フランクルの有名な言葉がある――「刺激と反応のあいだに空白の瞬間がある。その空白の瞬間に反応を選ぶ力がある。その反応に成長と自由がある」。もちろん、事情はさまざまなので、ただ別の反応を選べばいいというわけではない。トラウマをもつ人はなおさらだ。それでも彼の語る空白の瞬間とは、わたしたちがこれから学ぼうとしている、いったん立ち止まる瞬間のことだろう。

いったん立ち止まり、活性化した心の傷に気づく。いったん立ち止まり、散歩に行って自分を抑えたり、心が落ち着く曲を聴いたり、身体を動かしたり、呼吸に集中したり、信頼できる人にハグしてもらったりする。いったん立ち止まり、自分のパターンを思い出す。いったん立ち止まり、自分に問いかける――「これと同じことが前にもあった？　その生い立ちは？　いつもは、どんなふうに反応している？　目の前にあるのは、どんなチャンス？　どんな癒やしを自分に与えられる？　この繰り返しから抜け出して、どんなふうに変われる？」

いったん立ち止まれば、気づく瞬間をもつことができる。本書を読んだあなたなら、どこに目を向ければいいかわかるだろう。あなたの反応性がまだ生々しい傷を指している。パターンを繰り返すのをやめ、自分に好奇心をもとう。いったん立ち止まれば、傷を見つけてケアし、客観視し、悲しみ、最後に方向転換できるようになる。

これらすべてを一瞬のうちにすることはできないだろう。それでも、「気持ちを整理する時間が欲しい」と言えるかもしれない。また、言い返さずに話を聞けるかもしれない。そしてついには、相手とともに衝突を乗り越えて、関係を深めることができるかもしれない。

最近あなたがした口論やけんかについて考えてみよう。相手は誰でもかまわない。内容に目を向けよう。何に怒りを引き起こされ、どう反応したか覚えているだろうか。今、あなたが反応する直前の瞬間を思い浮かべてほしい。テレビのリモコンを手にとったつもりで一時停止ボタンを押し、その瞬間の静止画像を見てみよう。さあ、その静止画像を注視し、よく調べ、分析しよう。何が見えるだろうか。何が起きている？誰が怒っている？

どうしてそれがわかる？　自分の身ぶりは何を表している？　相手の身ぶりは？　そして、この一時停止の瞬間に、今ならどうするだろうかと考えてほしい。傷についての知識をすべて使って、停止中の自分に何をしてあげたいだろうか。どうすれば自分を優しくケアし、大切にできるだろうか。これをぜひ、じっくり考えてみてほしい。ノートに書いてもいいし、目を閉じて心のなかでやってみてもいい。また、誰かに話すのもいいだろう。

いったん立ち止まることを大事にするほど、うまくできるようになる。ただ、けんか中ではないときのほうが練習しやすいことも忘れないでほしい。カッカしていたら、いったん立ち止まることなど頭に浮かばないかもしれない。頭に浮かんでも、すぐに消し去ってしまうかもしれない。けんかの真っ最中に全体を見渡すことなどできないかもしれない。けんかが終わった後にようやく、この筋肉を鍛えることができる。そうしなければならないことが多いだろう。

けんか、決裂、自分の反応を振り返って、じっくり考えよう――「もしちゃんといったん立ち止まっていたら、自分について何を学べただろう？　どの傷が活性化していることに気づいただろう？　わたしの反応はまわりの現状に合っている？　どうしたら、癒やしになるようなけんかの仕方ができる？」

立ち止まることを大事にするほど、フランクルの言う刺激と反応のあいだの空白の瞬間を尊重できるようになり、自分が望んでいる変化や人間関係に近づける。自分に平和をもたらすか、おなじみの痛みを味わうかを選択するのは、この空白の瞬間だ。この瞬間をうまく利用できるようになれば、癒やしと自由に近づけるだろう。

平和か、苦しみか

カウンセラーとしての経験から言うと、ほとんどの人が苦しみを嫌がるものだ。おそらく、あなたもそうだろう。そしてこれは言いすぎかもしれないが、本書を読んでいるということは、苦しみや痛みをできるだけ減らすことに興味があるのだろう。

立ち止まることの大切さについてわたしが学んだとき、もっとも役に立った言葉は、「自分が言おうとし、やろうとしていることは、自分を平和に導くのか？　それとも苦しみに導くのか？」というものだった。反応について深く探る前に、あなたが平和と苦しみをどのように定義しているかをはっきりさせる必要がある。あなたにとって、平和と苦しみとはなんだろう？　身体ではどのように感じるだろうか。

じつは、あなたにとっての平和は、必ずしも楽で心地よいものとはかぎらない。苦しみのほうが実際には簡単な道で、その瞬間は緊張や摩擦がないかもしれない。よく考えてみよう。平和が本来の自分らしさを選ぶことであり、人から拒絶されることでもあるなら、その選択はかなり不快で気まずいものだろう。これが、このワークの難しいところだ。しかし、わたしたちは短期的な話をしているのではなく、長期的に目指したいものについて話しているのだ。質問の焦点を絞ってみよう――「傷の癒やしと大きな目標という点から見れば、自分が言おうとし、やろうとしていることは、自分を平和に導くのか？　それとも苦しみに導くのか？」

あなたはいつも苦しみより平和を選べるとはかぎらない。いや、ハードルをもっと下げよう。最初の決心をほんの少しでも抱いていられたら、それだけで大きな勝利だ。癒やしを選ぶ決心は、なんらかの抵抗に遭うだろう。そうなって当然だ。

それでもいつか、あなたは苦しみより平和を選ぶようになるだろう。それが大変で、気まずくて、不快に感じるときでも。その秘訣は、自分の声に耳を傾け、自分が選んでいるものと選んだ理由を明確にすることだ。そうすれば、気まずさに耐える力が湧いてくるだろう。なぜなら、行動を変えて癒やしに責任をもつことは、自尊心と自己愛による行為だからだ。

自己愛

自己愛という言葉を聞いて、あなたは何を思い浮かべるだろうか。わたしはかつて、自己治療（セルフケア）と混同していた。マッサージやバブルバスを楽しんだり、自然のなかへ出かけたりして、元気を回復することだと思っていた。たしかにこれも自己愛の一部だろう。でも時間をかけて本気で考えた末に、次のように定義した。自己愛とは、自分への思いやり・慈悲・優しさと、自分がもつべき義務・責任・当事者意識の交差する点である。一方がうまく働かなければ、他方も働かない。自分が欠点のある人間だと認め、過ちや失敗を許すことなしに、自分を愛することはできない。そこには慈悲が必要だ。だが責任を負う必要があるのに避けたり、義務をかわそうとしていたら、やはり自分を愛せない。

あなたはわたしと同じで、雑然とした存在だ。欠点がありながら、愛される値打ちがある。過ちを犯し、人の期待を裏切り、失望させ、それでもやはり価値のある人間だ。ただし、これには責任が伴う。過ちを犯したときや、人の期待を裏切って失望させたとき、人を傷つけたときには、自分で責任をもつことが、人と自分に対するもっとも愛情深い行為だ。これを避けていると、自尊感情や、帰属意識、優先、安心、信頼は、自分が完璧でないと得られないと自分に言いきかせることになる。そして、人間らしくありながら愛されることはできないと、自分に教えこんでしまう。

自己統合の練習にも、自己愛が必要になる。あなたは、雑然とした人間の自分と顔を突き合わせるだろう。以前と同じパターンに陥っている自分に気づいて、腹を立て、がっかりするかもしれない。懸命に直そうとしたのに、また以前と同じ行動をしてしまい、恥ずかしく思うかもしれない。こういうときはとくに、自己愛には両方が必要であることを思い出そう。優しさと義務の両方、慈悲と当事者意識の両方、思いやりと責任の両方である。

あなたの癒やしは成長のワークでもあるので、それに伴う人間的な体験を受け入れていく必要がある。今から数十年後、あなたは一夜にして成功するだろう。さあ、元気を出して。あなたはこの世でもっともすばらしいワーク、すなわち自分自身の癒やしに取り組んでいるのだ。

本書を著すことができたのは、ありがたいことに多くのすばらしい人たちが勇気を出して自身の話を打ち明けてくれ、ともに心理療法に取り組んでくれたおかげである。わたしはこの人たちの氏名や特徴がわからないよう細心の注意を払った。いくつかのケースでは、何人かの相談者（クライアント）の症状を合わせて、ひとりの症状として紹介している。どの話も考え方としては真実であり、どの書き換えもひとりひとりの物語を尊重しながら行った。

また、Chapter 7「安心したい」では、虐待、自殺、重度の精神疾患がテーマとなっているので、読むときには注意してほしい。

最後に、本書を読んだ方には、自分にも当てはまる点を見つけてほしいと願っているが、この本を読んだからといってすべてが解決するわけではない。変化は人によって異なるし、誰にとっても困難なものだ。新たに気づいたことでうろたえたり、家族との関係が大きく変わったりするかもしれない。関係性の回復を目指す際には、臨床心理士や心理カウンセラーとともに取り組むのが助けになる。とくにトラウマ治療の場合は深いアプローチが必要だ。もし心身に深い傷を受けた経験や複雑性トラウマをもっているなら、専門医にかかるのが効果的だろう。

おわりに

自分の痛みに向き合うと、自分が人に与えた痛みにも気づくようになる。もしかしたら、あなたはパートナーを優先しなかったかもしれない。息子をずっと非難してきたかもしれない。友人に受動攻撃的なコミュニケーションをとってきたかもしれない。さあ、ここで優しさと義務を思い出そう。慈悲と当事者意識を。思いやりと責任を。自分を厳しく責めても、ろくなことにはならない。自己愛を抱いて生きよう。

自分の短所に気づくと、打ちのめされる思いがするかもしれない。自分に優しくなろう。あなたは数世代にわたる連鎖のひとつの輪である。あなたは傷つき、裏切られ、失望してきた。でもあなたも人を傷つけ、裏切り、失望させてきたのだ。そういうものである。ことわざにもあるように、「傷ついた人は、人を傷つける」からだ。しかし、癒やされている人は人の癒やしを助けることもできる。たとえ誰も変えられなくても、連鎖に及ぼすものを変えられるだろう。[*1] あなたが変われば、まわりがその変化を感じる。喜ばれないかもしれないが、影響を与えるのは間違いない。

あなたは家族の連鎖を揺さぶっている。そして、不要になった古い役割から抜け出そうとしている。親や祖父母たちから与えられた信念や、価値、アイデンティティに異議を唱えている。あなたが信じる、ありのままの自分を選びはじめている。自分の心の傷に気を配り、落ち着いて客観視し、ともに悲しんでいる。傷にきちんと対応し、必要なケアをしている。傷はときどき顔を出すかもしれないが、そういうときはどうしたらいいか、あなたならわかるだろう。

あなたは衝突の仕方を変え、自分をつながりや、癒やし、相手との深い親密さへと導いている。傷を守ろうとする以前のコミュニケーションから、明確で率直で優しいものへと変えて、自分と相手を尊重している。また、たとえ気まずくても、境界線を引くことを自分に許している。ときには境界線を解いて、つながりや親密さを取り戻し、世間にはあなたを利用したり、傷つけたりせずに近づく人もいると信じはじめている。これらすべてを始めているのは、あなたが家族や、生い立ち、心の傷を探るために心を開いたからだ。

あなたがしているワークは、なんと見事なことか。あなたは勇敢だ。強さそのものだ。あなたは立ち直り、進むべき新しい道をつくることを選んでいる。わたしはあなたと直接会ったことはないが、あなたをどれほど誇らしく思っているか、言葉では言い表せないほどだ。このワークをやりとげるには何が必要か、わたしは知っている。わたしがあなたに行うよう求めてきたことは、すべて自分に求めてきたことだ。これはかなり大変な作業だが、あなたはしっかりと実行している。

このワークで、あなたが自分自身について新たな知識を得てくれたらと願っている。そして、生い立ちを深く探ることで新しい視点を手に入れ、その視点から自分と人を見るようになってほしい。最初は成人した子どもとして本書を読みはじめたものの、いつのまにかパートナーとして、友人として、親として読んでいることに、あなたは気づいたかもしれない。本書で紹介した話のなかに自分の姿を見たかもしれない。自分の親や、パートナー、きょうだい、友人の姿も見たかもしれない。大半の人が知らない話を、わたしとあなたが共有していると思うと、心から嬉しくなる。

また、どの人をも、とくに愛する人を新しい視点から見られるとは、なんという幸運だろう。彼らもかつては子どもであり、不完全な家庭で育ち、その影響と傷が残っているのだ。カナダの作家で研究者のマイケル・カー博士によるワークは、わたしたちが子として成熟するのを助け、親を母親や父親としてだけでなく、現実の人間として、独立した個人として見るという視点をもたせてくれる。[*2、3] 彼がわたしたちに求めるのは、「母親を祖母の娘として考え、よく知る」ことだ。

あなたも自分をそのように見ることができたらどうなるか、想像してみよう。痛みを感じたり、腹が立ったりするたびに、そこには原因となる物語があることを思い出そう。それは、奥深い過去をもち、あなたの関心を引こうとし、そして耳を傾ける価値のある、生い立ちという物語だ。自分の生い立ちについて、これからも理解を深めていってほしい。きっと新たな発見があることだろう。

謝辞

本書の執筆は、わたしのキャリアで最大の挑戦だった。人々の話や、人間関係、癒やしについて書くためには、自分のことも人のこともよく知っていなければならないと固く信じているからだ。

カウンセリンググルームでわたしに助けを求めてくれたすべての人に感謝したい。過去の、そして現在のクライアントのみなさんへ。わたしはあなたたちからとても多くのことを学ばせてもらった。あなたたちの物語を知り、満ち干を繰り返す癒やしの場をともにするのは、このうえなく光栄なことだ。セッションに来て、心を開き、いつも刺激を与えてくれたことに感謝する。人は変われるという信念をもてたのは、あなたたちが勇敢にも、大なり小なり人生を変えるのを見せてくれたおかげだ。

近くで、また遠くからご教示いただいた教授、上司、顧問、同僚、臨床医のみなさんへ。温かく指導し、鼓舞してくださったことに心から謝意を表したい。わたしはいつまでもあなたたちから学びつづけることだろう。

代理人のスティーブ・トロハとジャン・バウアーへ。わたしを優しく後押しし、執筆するよう力を尽くして勧めてくれたことに感謝の言葉を贈りたい。いったん取りかかったら、その後は魔法にかかったようだった。

編集者のミシェル・ハウリーへ。不思議な話だが、あなたに出会った瞬間から、この人しかいないと思っていた。その熱気、献身ぶり、洞察力、勤勉さは一目でわかる。あなたは優しく、思いやりがあり、やる気に満ちていて、ずっとそばにいたくなるタイプの人だ。あなたのすばらしい才能に心から感謝している。

デディへ。わたしたちは、とうとうやりとげた。あなたがいなければ、ぜったいにできなかっただろう。あなたの忍耐、助言、洞察力、勤勉さに感謝する。仕事中もユーモアを忘れずにいられたことがとても嬉しい。わたしたちは互いに励まし合ってやりつづけた。わたしの初めての著作のために助言し、サポートしてくれたことを永遠に感謝したい。本書がよりよくなったのは、あなたのおかげだ。

ペンギン・ランダムハウスのチームのみなさんへ。あなたたちの創造的な洞察力、サポート、献身に感謝の言葉を贈りたい。本を出版するには舞台裏で非常に多くの苦労がある。この見過ごされがちな果てしない苦労を担ってくれたみなさんに、永遠に感謝したい。

アレクサンドラとアンジェリカへ。必要なときにいつも原稿に目を通してくれたことに感謝している。あなたたちの感想や指摘はとても役に立った。

わたしの心の支えであるすべての人へ。わたしに自身の姿に気づかせ、変化するよう促してくれて、ありがとう。わかっている人もいるだろうが、多くの人は自分が与えた影響や癒やしに気づいていないだろう。でも、わたしにはわかっているし、心から感謝している。

大切な友人たちへ。いつも、そしてとくに本書の執筆中、愛と励ましをありがとう。あなたたちはわたしの家族、姉妹、兄弟だ。あなたたちがわたしのようすを見にきて、ともに泣いたり笑ったりしてくれなければ、執筆はこれほど楽しくなかっただろう。

父と母へ。大変だったときでさえ、あなたたちはわたしに多くのものを与えてくれた。その愛、配慮、受容、世話、心配、献身に永遠に感謝したい。いつも励ましてくれて、また、あなたたち自身の癒やしと変化の糸口を見つけてくれてありがとう。物事はずっと同じではなく、いつか終わることや、何歳であっても新しい生き方ができることを、あなたたちはわたしに教えてくれた。

夫であり、最高の心の支えであるコナーへ。あなたはとうとう、わたしに本を書かせることに成功した！　わたしがどこまで行けるかいつも先に見通し、つねに2年先を進んでくれてありがとう。あなたは、自分では気づけないわたしの一面を教えてくれ、同じ目標を抱いて一緒に歩いてくれた。そしてわたしを客観視し、ともに悲しみ、方向転換できるよう励ましてくれた。本当にありがとう。あなたを心から愛している。

3. Norman Doidge, "Redesigning the Brain," in *The Brain That Changes Itself: Stories of Personal Triumph from the Frontiers of Brain Science* (London: Penguin Books, 2008), 45–92.（ノーマン・ドイジ『脳は奇跡を起こす』2008年、講談社インターナショナル）
4. Janice K. Kiecolt-Glaser and Ronald Glaser, "Psychological Stress, Telomeres, and Telomerase," *Brain, Behavior, and Immunity* 24, no. 4 (2010): 529–30, doi: 10.1016/j.bbi.2010.02.002.
5. Healthiest at age eighty: Robert Waldinger, "What Makes a Good Life? Lessons from the Longest Study on Happiness," filmed November 2015 at TEDx-BeaconStreet, Brookline, MA, video, 12:38, https://youtu.be/8KkKuTCFvzI.
6. Melanie Curtin, "This 75-Year Harvard Study Found the 1 Secret to Leading a Fulfilling Life," *Grow* (blog), *Inc.*, February 27, 2017. https://www.inc.com/melanie-curtin/want-a-life-of-fulfillment-a-75-year-harvard-study-says-to-prioritize-this-one-t.html.

おわりに

1. Harriet Goldhor Lerner, *The Dance of Anger: A Woman's Guide to Changing the Patterns of Intimate Relationships* (New York: Harper-Collins, 1985).（H.G.レーナー『怒りのダンス：人間関係のパターンを変えるには』1993年、誠信書房）
2. James L. Framo, "The Integration of Marital Therapy with Sessions with Family of Origin," *in Handbook of Family Therapy*, ed. Alan S. Gurman and David P. Kniskern (New York: Brunner/ Mazel, 1981), 133–57.
3. Mona DeKoven Fishbane, "Healing Intergenerational Wounds: An Integrative Relational-Neurobiological Approach," *Family Process* 58, no. 4 (2019): 796–818, doi:10.111/famp.12488.

4. John M. Gottman, *The Marriage Clinic: A Scientifically Based Marital Therapy* (New York: W. W. Norton, 1999).
5. Michele Scheinkman and Mona DeKoven Fishbane, "The Vulnerability Cycle: Working with Impasses in Couple Therapy," *Family Process* 43, no. 3 (2004): 279–99, doi: 10.1111/j.1545-5300.2004.00023.x.

Chapter 9　コミュニケーション

1. Alexandra H. Solomon, *Loving Bravely: 20 Lessons of Self-Discovery to Help You Get the Love You Want* (Oakland, CA: New Harbinger Publications, 2017), 134.
2. Shonda Rhimes, *Year of Yes: How to Dance It Out, Stand in the Sun and Be Your Own Person* (New York: Simon & Schuster Paperbacks, 2015), 225.（ションダ・ライムズ『Yes：ダメな私が最高の人生を手に入れるまでの12カ月』2016年、あさ出版）

Chapter 10　心の境界線

1. Oriah, *The Invitation* (San Francisco: HarperSan-Francisco, 1999), 2.（オーリア・マウンテン・ドリーマー『ただ、それだけ』2001年、サンマーク出版）
2. Nedra Glover Tawwab (@nedratawwab), "Set Boundaries, Find Peace," Instagram Live, March 8, 2022.
3. Alexandra H. Solomon, "Establish Healthy Boundaries," in *Loving Bravely: 20 Lessons of Self-Discovery to Help You Get the Love You Want* (Oakland, CA: New Harbinger Publications, 2017), 48.

Chapter 11　変化を確かなものにする

1. Mona DeKoven Fishbane, "Healing Intergenerational Wounds: An Integrative Relational-Neurobiological Approach," *Family Process* 58, no. 4 (2019): 796–818, doi: 10.1111/famp.12488.
2. John J. Ratey with Eric Hagerman, *Spark: The Revolutionary New Science of Exercise and the Brain* (New York: Little, Brown Spark, 2008).（ジョン・J.レイティ、エリック・ヘイガーマン『脳を鍛えるには運動しかない！：最新科学でわかった脳細胞の増やし方』2009年、日本放送出版協会）

Jacquelyn Johnson, Healthline (Healthline Media, January 28, 2022), https://www.healthline.com/health/signs-of-mental-abuse.
4. *Diagnostic and Statistical Manual of Mental Disorders: DSM-5*, 5th ed. (Washington, DC: American Psychiatric Association, 2013). (米国精神医学会『DSM-5精神疾患の診断・統計マニュアル』2014年、医学書院)
5. Janina Fisher, "Dissociative Phenomena in the Everyday Lives of Trauma Survivors," paper presented at the Boston University Medical School Psychological Trauma Conference, Boston, May 2001.
6. Bessel A. van der Kolk, *The Body Keeps the Score: Brain, Mind, and Body in the Healing of Trauma* (New York: Penguin Books, 2015), 123. (ベッセル・ヴァン・デア・コーク『身体はトラウマを記録する：脳・心・体のつながりと回復のための手法』2016年、紀伊國屋書店)
7. Van der Kolk, *The Body Keeps the Score*. (ベッセル・ヴァン・デア・コーク『身体はトラウマを記録する：脳・心・体のつながりと回復のための手法』2016年、紀伊國屋書店)
8. Alexandra H. Solomon, *Loving Bravely: 20 Lessons of Self-Discovery to Help You Get the Love You Want* (Oakland, CA: New Harbinger Publications, 2017), 223.
9. Catherine P. Cook-Cottone, "Embodied Self-Regulation," in *Mindfulness and Yoga for Self-Regulation: A Primer for Mental Health Professionals* (New York: Springer Publishing Company, 2015), 3–18.
10. *The Wisdom of Trauma*, directed by Maurizio Benazzo and Zaya Benazzo, featuring Gabor Mate (Science and Nonduality, 2021), https://thewisdomoftrauma.com.

Chapter 8　衝突

1. John M. Gottman with Nan Silver, "The Four Horsemen of the Apocalypse: Warning Signs," in *Why Marriages Succeed or Fail: And How You Can Make Yours Last* (New York: Simon & Schuster, 1995), 68–102.
2. Susan M. Johnson, *Hold Me Tight: Seven Conversations for a Lifetime of Love* (New York: Little, Brown Spark, 2008), 30. (スー・ジョンソン『私をギュッと抱きしめて：愛を取り戻す七つの会話』2014年、金剛出版)
3. Johnson, *Hold Me Tight*, 31. (スー・ジョンソン『私をギュッと抱きしめて：愛を取り戻す七つの会話』2014年、金剛出版)

Why Marriage in America Is Becoming an All-or-Nothing Institution," *Current Directions in Psychological Science* 24, no. 3 (2015): 238–44, doi: 10.1177/0963721415569274.

5. Jandy Nelson, *The Sky Is Everywhere* (New York: Dial Books, 2010), 257.
6. Mary Etchison and David M. Kleist, "Review of Narrative Therapy: Research and Utility," *The Family Journal* 8, no. 1 (2000): 61–66, doi: 10.1177/1066480700081009.
7. Brene Brown, *Rising Strong: How the Ability to Reset Transforms the Way We Live, Love, Parent, and Lead* (New York: Random House, 2017), 90–91.（ブレネー・ブラウン『立て直す力：感情を自覚し、整理し、人生を変える３ステップ』2017年、講談社）

Chapter 6　信頼したい

1. Mary D. Salter Ainsworth and Silvia M. Bell, "Attachment, Exploration, and Separation: Illustrated by the Behavior of One-Year-Olds in a Strange Situation," *Child Development* 41, no. 1 (1970): 49–67, doi: 10.2307/1127388.
2. Patty X. Kuo, Ekjyot K. Saini, Elizabeth Tengelitsch, et al., "Is One Secure Attachment Enough? Infant Cortisol Reactivity and the Security of Infant-Mother and Infant-Father Attachments at the End of the First Year," *Attachment & Human Development* 21, no. 5 (2019): 426–44, doi: 10.1080/14616734.2019.1582595.

Chapter 7　安心したい

1. REACH Team, "6 Different Types of Abuse," *REACH Beyond Domestic Violence* (blog), accessed May 30, 2022, https://reachma.org/blog/6-different-types-of-abuse/.
2. Catherine Townsend and Alyssa A. Rheingold, *Estimating a Child Sexual Abuse Prevalence rate for Practitioners: A Review of Child Sexual Abuse Prevalence Studies* Charleston, S.C.: Darkness to Light, 2013), https://www.d2l.org/wp-content/uploads/2017/02/PREVALENCE-RATE-WHITE-PAPER-D2L.pdf.
3. Ann Pietrangelo, "Emotional Abuse: What It Is and Signs to Watch For," ed.

Identity (New York: Scribner, 2013), 2.（アンドリュー・ソロモン『「ちがい」がある子とその親の物語』2020年、海と月社）
2. Ashley A. Anderson, Dominique Brossard, Dietram A. Scheufele, et al., "The 'Nasty Effect': Online Incivility and Risk Perceptions of Emerging Technologies," *Journal of Computer-Mediated Communication* 19, no. 3 (2013): 373–87, doi: 10.1111/ jcc4.12009.
3. Alan I. Abramowitz and Kyle L. Saunders, "Is Polarization a Myth?," *The Journal of Politics* 70, no. 2 (2008): 542–55, doi: 10.1017/s0022381608080493.
4. W. S. Carlos Poston, "The Biracial Identity Development Model: A Needed Addition," *Journal of Counseling & Development* 69, no. 2 (1990): 152–55, doi: 10.1002/j.1556-6676.1990.tb01477.x.
5. William E. Cross Jr., *Shades of Black: Diversity in African-American Identity* (Philadelphia: Temple University Press, 1991), 39– 74.
6. David Morris Schnarch, "Differentiation: Developing a Self-in-Relation," in *Passionate Marriage: Love, Sex, and Intimacy in Emotionally Committed Relationships* (New York: W. W. Norton, 2009), 53–74.（デイヴィッド・シュナーチ『パッショネイト・マリッジ』2002年、作品社）
7. Brene Brown, *Braving the Wilderness: The Quest for True Belonging and the Courage to Stand Alone* (New York: Random House, 2017), 37.

Chapter 5　優先されたい

1. Robert A. Glover, *No More Mr. Nice Guy! A Proven Plan for Getting What You Want in Love, Sex, and Life* (Philadelphia: Running Press, 2003).（ロバート・A・グラバー『ナイスガイ症候群：人生が思うようにならない理由』2017年、パンローリング）
2. Susan Branje, Sanne Geeraerts, Eveline L. de Zeeuw, et al., "Intergenerational Transmission: Theoretical and Methodological Issues and an Introduction to Four Dutch Cohorts," *Developmental Cognitive Neuroscience* 45 (2020): 100835, doi: 10.1016/j.dcn.2020.10085.
3. Hannah Eaton,"The Gottman Institute," *The Gottman Institute* (blog), accessed May 30, 2022, https://www.gottman.com/blog/redefining-individuality-and-togetherness-during-quarantine/.
4. Eli J. Finkel, Elaine O. Cheung, Lydia F. Emery, et al., "The Suffocation Model:

原注

Introduction　わたしが育った家庭・あなたが育った家庭

1. William M. Pinsof, Douglas C. Breunlin, William P. Russell, et al., *Integrative Systemic Therapy: Metaframeworks for Problem Solving with Individuals, Couples, and Families* (Washington, DC: American Psychological Association, 2018).

Chapter 1　過去が現在をつくっている

1. Brene Brown, "The Power of Vulnerability," filmed January 3, 2011, at TEDxHouston, Houston, TX, video, 13:04,（ブレネー・ブラウン「傷つく心の力」https://www.ted.com/talks/brene_brown_the_power_of_vulnerability?language=ja)
2. Mona D. Fishbane, "Differentiation and Dialogue in Intergenerational Relationships," in *Handbook of Clinical Family Therapy*, ed. Jay L. Lebow (Hoboken, NJ: John Wiley & Sons, 2005), 543–68.
3. Gabor Mate, "Authenticity vs. Attachment," filmed May 14, 2019, video, 4:18, https://www.youtube.com/watch?v=l3bynimi8HQ.

Chapter 3　自分に価値があると感じたい

1. Patricia A. Thomas, Hui Liu, and Debra Umberson, "Family Relationships and Well-Being," *Innovation in Aging* 1, no. 3 (2017): igx025, doi: 10.1093/geroni/igx025.
2. David Denning Luxton, "The Effects of Inconsistent Parenting on the Development of Uncertain Self-Esteem and Depression Vulnerability" (PhD dissertation, University of Kansas, 2007), 86.

Chapter 4　何かに属したい

1. Andrew Solomon, *Far from the Tree: Parents, Children, and the Search for*

ヴィエナ・ファロン Vienna Pharaon

ニューヨーク州在住の認定マリッジ・ファミリーセラピスト。幼少期に両親の離婚を経験。米リーハイ大学で心理学を学んだ後、米ノースウェスタン大学でマリッジ・ファミリーセラピーの修士号を取得。ノースウェスタン大学のファミリー・インスティテュート等でさらにトレーニングや臨床経験を積んだ後、ニューヨークでマインドフルMFT（Mindful Marriage & Family Therapy）を開設。親身かつ体系的なセラピーを行っている。また、ミレニアル世代の母親のプラットフォームであるマザーリー（Motherly）で「リレーションシップ・エキスパート」も務める。インスタグラムのフォロワーは約70万人（2023年9月現在）。

牛原眞弓 うしはら・まゆみ

神戸大学文学部卒業。ロシア文学と英米文学を学ぶ。訳書に『人生が変わる　血糖値コントロール大全』（かんき出版）、『SuperAgers スーパーエイジャー 老化は治療できる』（CCCメディアハウス）、『ジェームズ・クリアー式――複利で伸びる1つの習慣』（パンローリング）、『英語で読む――そして誰もいなくなった』（IBCパブリッシング）、『アナと雪の女王　エルサとアナ　真実の物語』（学研プラス）などがある。

親という傷

幼少期の心の傷をとりのぞけば
あなたの人生は好転する

2023年10月６日　初版第１刷発行

著　　者　ヴィエナ・ファロン
訳　　者　牛原眞弓
発 行 者　小川 淳
発 行 所　SBクリエイティブ株式会社
〒106-0032 東京都港区六本木2-4-5
☎03-5549-1201（営業部）
校　　正　ペーパーハウス
印刷・製本　中央精版印刷株式会社
編集担当　小澤由利子（SBクリエイティブ）

本書をお読みになったご意見・ご感想を
下記URL、またはQRコードよりお寄せください。

https://isbn2.sbcr.jp/21650/

落丁本、乱丁本は小社営業部にてお取り替えいたします。定価はカバーに記載されております。本書の内容に関するご質問等は、小社学芸書籍編集部まで必ず書面にてご連絡いただきますようお願いいたします。

ISBN978-4-8156-2165-0